政府和社会资本合作
项目法律文本体系及核心条款

政府和社会资本合作模式实训系列教程

丛书主编 贾 康

ZHENGFU HE SHEHUI ZIBEN HEZUO
XIANGMU FALV WENBEN TIXI JI HEXIN TIAOKUAN

谭 静 编著

山西出版传媒集团　山西经济出版社

图书在版编目（CIP）数据

政府和社会资本合作项目法律文本体系及核心条款／谭静编著.—太原：山西经济出版社，2016.7
政府和社会资本合作模式实训系列教程／贾康主编
ISBN 978-7-5577-0053-9

Ⅰ.①政… Ⅱ.①谭… Ⅲ.①政府投资-合作-社会资本-法律文书-教材 Ⅳ.①D912.28

中国版本图书馆CIP数据核字（2016）第142457号

政府和社会资本合作项目法律文本体系及核心条款

编　　著：	谭　静
出 版 人：	孙志勇
出版策划：	葛志强
责任编辑：	任　冰
助理编辑：	熊汉宗
复　　审：	李春梅
终　　审：	张宝东
封面设计：	陈　晓

出 版 者：	山西出版传媒集团·山西经济出版社
地　　址：	太原市建设南路21号
邮　　编：	030012
电　　话：	0351-4922133（市场部）
	0351-4922085（总编室）
E‐mail：	scb@sxjjcb.com（市场部）
	zbs@sxjjcb.com（总编室）
网　　址：	www.sxjjcb.com

经 销 者：	山西出版传媒集团·山西经济出版社
承 印 者：	山西人民印刷有限责任公司

开　　本：	787mm×1092mm　1/16
印　　张：	16.25
字　　数：	249千字
版　　次：	2016年7月　第1版
印　　次：	2016年7月　第1次印刷
书　　号：	ISBN 978-7-5577-0053-9
定　　价：	40.00元

序

贾 康

PPP 是英文 Public-Private-Partnership 的缩写，过去直译为"公私合作伙伴关系"，其机制创新在近年于国内引起前所未有的高度重视，有关管理部门已将 PPP 意译为"政府与社会资本合作"（以下简称 PPP），成为文件中的规范用语。

关于 PPP 的基本概念和定义表述，学者还有见仁见智的争鸣，但基本共识已比较清楚，它所指的是在基础设施、公共工程与公共服务领域由政府与非政府主体合作共赢式的供给机制。具体的运作形式，包括 BOT（建设—运营—移交）、TOT（转让—运营—移交）、ROT（重整—运营—移交）、BT（建设—移交，即政府按揭式工程采购），以及 RC（区域特许经营，即连片开发），等等。虽然 PPP 的雏形可以上溯到几百年前欧洲就已出现的政府授予公路养护者的"特许经营权"，但其在经济和社会生活实践中的大发展及其概念的明确化与大流行，还是上世纪后半期随着新公共管理运行的兴起，在发达经济体与新兴经济体的进一步创新发展中出现的。把原来已习惯地认为应由政府负责和兴办的架桥修路等公共工程以及医院、学校、航空港、垃圾和污水处理场等公共服务设施，改为与市场机制对接、吸引政府之外的企业和社会资本同政府在平等合作关系框架下一起办，其创新的特点显而易见。

从表征看，PPP 首先形成了投融资机制的创新，可以将大量非政府的民间资金、社会资本引入公共工程与服务领域，但其实它又决不仅仅限于投融资模式层面的创新，它还以风险共担、利益共享、绩效升级方面的鲜明性质形成了管理模式的创新，并天然对接混合所有制改革和法治化制度建设，具有国家和社会治理模式创新层面的重要意义。所以，应当恰如其分地和全面地理解与评价 PPP 这一制度供给的伟大创新：它是从投融资模式，到管理模式，再到治理模式贯通的新型制度供给，特别是对于在新历史起点上面对全面建成小康和现代化的"中国梦"目标，力行全面深化改革和全面依法治国的当代中国，PPP更具有不容忽视的重大现实意义，它至少将产生如下六大方面的正面效应：

第一，缓解面对城镇化、老龄化历史进程的财政支出压力，使政府更好地发挥作用。对于正在走向"伟大民族复兴"的中国，PPP的正面效应首先体现为：从政府主体角度看，减少财政支出的压力，提高财政资金总体使用绩效和政府履职能力。中国正处于快速发展的城镇化和迅速到来的人口老龄化过程中，未来几十年内将有约4亿农村居民要转入城镇定居，并将新增近2亿60岁以上人口的老龄医疗与生活服务供给需要，静态算账至少需60万亿元以上的公共工程投入，如作动态测算，这方面的投入将更是大得难以想象。政府再沿用"单打独斗"式思路去应对相关的城镇化、老龄化挑战，注定是没有出路的，但如能有效地调动业已雄厚起来的民间资金、社会资本，以与政府合作方式形成共同供给机制，将有效缓解上述财政支出压力。

第二，在公共服务供给中形成"1+1+1>3"的机制，使进入中等收入阶段的社会公众可持续地受益受惠。政府履职尽责和实现现代化战略目标，最终是"为人民服务"，使社会公众得实惠，并使这样的受益受惠可持续。从我国社会公众主体角度来看，在公共服务水平逐渐提升而确有受益的过程中，相关的问题亦不可回避、不能忽视：过去政府提供服务中存在的工程超概算、施工期拖长、质量出毛病、运行管理中服务不热情、不周到等等弊病，已与进入"中等收入阶段"后公众要求更美好生活的"公共服务升级"诉求形成了明显的反差，影响到社会生活的和谐和群众的"幸福感"。恰是PPP的机制创新带来了一种使政府、企业、专业机构于合作中形成"1+1+1>3"的公共服务绩效升级效应，因为这一合作机制，是将政府的规划与政策相对优势、企业的运行管理相对优势和专门机构的特定专业领域相对优势结合在一起，形成风险防范与处理能力的最优组合，来针对性地防控与化解项目中的相关风险。这就可望有效地克服过去司空见惯的那些弊端，可持续地使社会公众受益，从而提升公众的满意度、幸福感。这一点在实践案例中已有极好的体现，并将助益于跨越"中等收入陷阱"的全局性战略诉求的实现。

第三，为一大批作为市场主体的企业打开进一步生存、发展的空间，使现代市场体系更为健全和成熟。在我国已经壮大并在资金力量日益雄厚起来的民间资金、社会资本持有主体中，一大批有强烈发展意愿、并在偏好类型上适合 PPP 的企业，会由此打开他们新的生存与发展空间，并形成在我国本土和实行"走出去"（如"一带一路"战略）之中许多的 PPP 项目上，境外社会资本的参与和多方合作互动，这对于发展健全我国的市场经济有积极的促进作用。应当强调，所有参与 PPP 的企业的基本动机与行为定位，仍然是"在商言商"，是以市场主体"投资取得回报"的模式，来形成其物质利益追求与"社会责任"的统一，但企业方面必须接受 PPP "盈利但非暴利"的原则约束。所以客观地说，不是一切企业都适合于同政府合作参与 PPP，比如风险投资、创业投资、天使投资类型的社会资本，偏好"快进快出"和"以敢冒高风险博取高回报"，通常不是 PPP 的适宜参与者。有意愿和政府合作锁定较长期虽不很高但"可接受"回报水平的市场主体，其实"大有人在"且资本规模可观。这些企业家偏好于较长期、甚至极长期可预期、可接受的投资回报，愿意通过参与 PPP 提高生活质量并获得发展其他事项（包括收藏爱好、文化活动和从事公益慈善等）所需的时间与闲暇，这是市场体系成熟、健全的表现，在中国特色社会主义市场经济的发展中也不例外。

第四，联结、对接意义重大的"混合所有制"改革，促进企业改革与全面改革的实质性深化。在中国现在特定的发展阶段上，PPP 还有一项非常重要的、战略层面的制度创新意义：它直接呼应了十八届三中全会在现代国家治理、现代市场体系方面的要求，即混合所有制改革。中国现代市场体系建设面临的一项"攻坚克难"的改革任务是企业改革，包括使国有企业消除不当垄断和使非国有企业突破前后两个"三十六条"发布后仍未突破的"玻璃门""旋转门""弹簧门"，使国企、民企两方面都健康地"活起来"。在 PPP 的推行与发展中，恰恰可以通过其与"股份制—混合所有制"的天然贯通来实现这一目的，因为形成一个 PPP 项目在产权方面没有任何选择上的局限，是在法治环境下形成的多产权主体间的契约。最典型的即以 SPV（special purpose vehicles）的形式组成特殊项目公司来运营 PPP 项目，公司内所有股权都有清晰归属，每一份标准化的股权属于明确的股东，认定以后不会产生无法处置的纠纷（少数纠纷可通过法律途径解决），大家可以在这样稳定的、可预期的法治环境下，实现利益回报的共赢。而且，SPV 的股权结构，在天然具有混合所有制特征的同时，又天然地倾向于不使国有股权"一股独大"，因为政府股权参与的动机是发挥"四两拨千斤"的乘数效应来拉动、引致民间资本大量跟进，乘数越大，相关政府工作的业绩评价会越好，因此社会资本、民营企业的股份在PPP中通常会成为股权结构里的"大头"，甚至是绝大多数。显然，这方面的突破式发展，也将有效淡化贴标签式、吵得热闹但不会有结果的"国进民退还是民进国退"争论，深刻、长远地影响中国的现代化进程。

第五，促进"全面依法治国"的法治化建设，培育契约精神和催化专业、敬业的营商文明。PPP与十八届四中全会关于"全面依法治国""依法行政"的指导方针具有天然内在的契合，客观上必然要求加快法治建设、打造高标准法治化的营商环境。因为一个个PPP项目，都需要有可预期的法治保障使作为合作伙伴的企业产生对长期投资回报的确定性与认同感，否则是不会自愿签署合作协议的。政府方面的"强势"会在PPP实施中得到约束：不论政府在前期还有多少"主导性"和"特许权在手"的强势地位，一旦签约PPP，就要以与企业相同的"平等民事主体"身份依法定规范认定契约，并按照"法律面前人人平等"的原则遵守契约；假如政府违约，也要经由法律程序"公平正义"地加以校正和处理。这对于实质性地转变政府职能、优化政府行为和全面推进法治化，不啻是一种"倒逼"机制。PPP的发展，对法治、契约和上述所有这些营商文明的培育都将是一种催化剂，对于降低交易成本、鼓励长期行为和促进社会和谐进步，具有国家治理现代化和包容性发展层面的全局意义。

第六，有利于在认识、适应和引领"新常态"的当前与今后的一个阶段，对冲经济下行压力，优化支持经济社会发展后劲的选择性"聪明投资"，增加有效供给。面对现阶段的经济下行，需要特别强调投资的作用。中国投资领域的关键问题不在于总量和增速，而在于结构、质量与综合绩效。走向经济新常态，迫切需要把握好有助于支撑全局的"聪明投资"。PPP所关联的投融资项目，都属于有利于调结构、惠民生、护生态、防风险、增绩效的选择性项目，又配合了促改革与稳增长，是利用混合所有制创新将"过剩产能"转化为有效产能（诸如钢铁、建材、施工机械与设备的制造等行业和领域），会形成一大批"聪明投资"对冲下行压力，以有效供给来增加长远发展后劲，因此，它是在供给侧助益适应和引领"新常态"。

总之，PPP这一制度供给伟大创新的正面效应非常值得注重、发掘与期待。全面深化改革新时期，决策层和管理层对PPP的高度重视、明确要求及立法、示范、培训安排的紧锣密鼓，以及各界对PPP的高度关注和积极交流互动，已表现出这一制度供给伟大创新在中国将迎来前所未有的发展机遇。在我国《预算法》修订后，地方政府负债中部分存量的替代机制和今后部分增量的供给机制也都可以并需要与PPP机制创新对接；"新产业革命"时代中国"地方竞争"中"非梯度推移"地可匹配于东、中、西部的"连片开发"等创新事项，也会使PPP在中国实践中有望展示异乎寻常的亮色。本套PPP丛书的出版，正是期待于PPP方兴未艾的浪潮中给予相关部门、企业、人士一些可实用的参考，也欢迎各方批评指正。

当然，还应注意，鉴于PPP对法治化条件与专业化要素的高标准要求，PPP操作在实际生活中不可能一哄而起、一拥而上。但应强调:新时期迫切需要积极地消解畏难情绪和观望态度，引导与鼓励"实干兴邦""事在人为"的创新取向:把"想干事、会干事、干成事、不出事"的各界人士，以高水平长期规划和"亲兄弟明算账"的契约，结合成生龙活虎的PPP团队，在创业创新发展中打造无愧于时代的业绩。

目 录

1　中国政府和社会资本合作模式的法治建设历程

1.1　中国政府和社会资本合作模式的法律法规及政策沿革 …………… 001
1.2　政府和社会资本合作模式推进的法律政策框架 …………………… 007

2　政府和社会资本合作项目中的法律主体

2.1　政府和社会资本合作项目中的政府主体 …………………………… 016
2.2　政府和社会资本合作模式中的社会资本方 ………………………… 022
2.3　政府和社会资本合作模式中的融资方 ……………………………… 032
2.4　政府和社会资本合作项目中的承包商和分包商 …………………… 035
2.5　政府和社会资本合作项目中的专业运营商 ………………………… 037
2.6　政府和社会资本合作模式中的原材料供应商 ……………………… 039
2.7　政府和社会资本合作项目中的产品或服务购买方 ………………… 042
2.8　政府和社会资本合作项目中的保险公司 …………………………… 043
2.9　政府和社会资本合作项目中的其他参与方 ………………………… 045

3　政府和社会资本合作项目的基本法律文本体系

3.1　政府和社会资本合作项目合同体系的基本框架及内在逻辑关系 …… 048
3.2　政府和社会资本合作项目合同 ……………………………………… 051
3.3　股东协议 ……………………………………………………………… 057
3.4　履约合同 ……………………………………………………………… 060
3.5　融资合同 ……………………………………………………………… 063
3.6　保险合同 ……………………………………………………………… 067

4 政府和社会资本合作项目合同中的核心条款

4.1 引言、定义和解释 …………………………………… 073
4.2 项目的范围、期限和前提条件 ………………………… 081
4.3 项目融资 ………………………………………………… 108
4.4 项目用地 ………………………………………………… 117
4.5 项目的建设 ……………………………………………… 129
4.6 项目的运营与维护 ……………………………………… 138
4.7 股权变更限制 …………………………………………… 148
4.8 付费机制 ………………………………………………… 151
4.9 履约担保 ………………………………………………… 160
4.10 政府承诺 ………………………………………………… 168
4.11 保险 ……………………………………………………… 173
4.12 守法义务、法律变更与不可抗力 ……………………… 188
4.13 政府方的监督和介入 …………………………………… 191
4.14 违约、提前终止及终止后处理机制 …………………… 196
4.15 项目的移交 ……………………………………………… 204
4.16 适用法律及争端解决 …………………………………… 210
4.17 合同附件 ………………………………………………… 214

5 不同付费机制下的核心要素

5.1 政府付费 ………………………………………………… 217
5.2 使用者付费 ……………………………………………… 226
5.3 可行性缺口补助 ………………………………………… 229

6 不同行业下的特定条款

6.1 公共交通项目 …………………………………………… 233
6.2 公用设施项目 …………………………………………… 237
6.3 社会公共服务项目 ……………………………………… 241

参考文献 ……………………………………………………… 248

1 中国政府和社会资本合作模式的法治建设历程

法治是政府和社会资本合作（Public-Private Partherships，以下简称 PPP）模式顺利进行的基础和关键。我国从 20 世纪 80 年代开始探索 PPP 模式至今，三十多年来，在曲折中前进，PPP 立法工作也稳步推进，各项制度从无到有，PPP 项目操作日趋规范。

1.1 中国政府和社会资本合作模式的法律法规及政策沿革

1995 年，国家计划委员会①正式批准了第一个 BOT 试点项目，但受法律法规缺位、制度建设滞后、信用环境不完善等因素影响，之后几经反复，PPP 模式在国内始终未能系统发展起来。2013 年，党的十八届三中全会《中共中央关于全面深化改革若干重大问题的决定》（以下简称《决定》）提出"允许社会资本通过特许经营等方式参与城市基础设施投资和运营"，开启了 PPP 模式发展的新局面。我国 PPP 模式的法律法规及政策沿革可以划分为五个阶段。

1.1.1 探索阶段（1984～1993 年）

20 世纪 80 年代以来，单纯以政府财政投资为主导的基础设施供给和公共服务已无法满足我国扩大内需、发展经济的需要，而由于政府与社会资本的合作既能有效弥补公共部门的资金不足，又能充分发挥私人部门的高效性，PPP 模式应运而生。地方政府与投资者就基础设施建设签订协议进行合作，本质上就是 PPP，只是当时尚未引起国家层面的关注，无相应政策和规章，地方政府与投资者都在探索中前进。

改革开放期间，外国资本逐步参与我国各个行业领域的投资建设，也尝试了公共基础设施领域。1984 年深圳沙角 B 电厂项目是我国第一个 BOT（建

---

① 简称"国家计委"，现更名为"国家发展和改革委员会"。

设—运营—移交，以下简称 BOT) 的 PPP 项目，此阶段 PPP 项目中的社会资本以外国资本为主。PPP 项目没有公开招标环节，通常是由社会资本方发起的，并通过谈判方式与政府达成了一致意见。同时，地方政府也是自发地与社会资本方进行合作。随着改革开放外资大规模的涌入，一部分外资尝试进入公用事业和基础设施领域。这一阶段除了深圳沙角 B 电厂作为我国真正意义上的第一个 BOT 项目之外，广州白天鹅饭店和北京国际饭店也是具有代表性的 PPP 合作项目。

1.1.2 小规模试点阶段（1994~2003 年）

自 1994 年分税制改革后，地方政府事权与财权不统一，地方财政需要承担地方机关运作及维持地方经济、社会正常运转所需要的城市道路交通、水电气热等各项市政公用事业所需的支出，而由于预算法的限制，地方政府从法律和政策上不允许列编赤字预算，巨大的基础设施设建资金缺口开启了我国投融资体制的改革进程，由此以 BT、BOT、TOT 等为代表的 PPP 融资模式，开始在我国发展起来。

党的十四大确立了"社会主义市场经济体制"的改革目标，为公共基础设施市场化投融资改革提供了理论依据。1993 年，开始研究投融资体制改革问题，包括 BOT 模式可行性问题。随着国家计委等部门有组织地推行 PPP 项目，加之 20 世纪 90 年代开始全球 PPP 项目的迅速增长，1997 年国内掀起了第一波 PPP 热潮。从 1994 年开始，在国家计委的主导之下，福建泉州刺桐大桥、广西来宾 B 电厂、成都自来水六厂及长沙电厂、兰州自来水股权转让项目、北京地铁 4 号线项目、北京亦庄燃气 BOT 项目、北京房山长阳新城项目等几个 BOT 试点项目相继开展。其中来宾 B 电厂项目被认为是我国第一个 PPP 试点项目。依据 1995 年国家计委、电力部、交通部发布的《关于试办外商投资特许权项目审批管理有关问题的通知》，此阶段 PPP 项目中社会资本仍以外国资本为主。1997 年爆发的亚洲金融危机使得此后的 PPP 项目步入低潮。

这一阶段，对外贸易经济合作部、国家计委和建设部先后颁布相关政策和文件鼓励社会资本（含国有资本、民营资本和外国资本）与政府部门合作建设公共基础设施。国内学术界也开始研究 PPP 模式。而事实上，国家计委一度启动的 BOT 立法工作因种种原因而最终陷于停顿。若干试点项目无论成功与

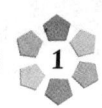

否，也没能真正起到由点及面的示范效应。PPP模式在中国的第一轮发展浪潮，在几个相关部委的几份文件出台之后，基本归于平息。因此PPP模式在此阶段仍停留在市政公用设施如污水处理、电厂等传统领域，此次"试水"虽未取得理想效果，但为中国式PPP进入下一个发展阶段奠定了一定的基础。

表1-1-1 PPP模式小规模试点阶段的政策法规

发文机关	文件名	文件号	颁布时间	文件内容
对外贸易经济合作部	《对外贸易经济合作部关于以BOT方式吸收外商投资有关问题的通知》	外经贸法函〔1994〕第89号	1995-1-16	外商可以以合作、合资或独资的方式建立BOT项目公司；以BOT投资方式吸引外资应符合国家关于基础设施领域利用外资的行业政策和有关法规。政府机构一般不应对项目做任何形式的担保或承诺（如外汇兑换担保、贷款担保等）；如项目确需担保，必须事先征得国家主管部门的同意，方可对外做出承诺
国家计划委员会	《国家计委关于印发促进和引导民间投资的若干意见的通知》	计投资〔2001〕6653号	2001-12-11	鼓励和引导民间投资以独资、合作、联营、参股、特许经营等方式，参与经营性的基础设施和公益事业项目建设；各级政府应积极创造条件，通过财政贴息、设立担保基金和投资补贴等形式，引导民间资本投向高新技术、基础设施和公益事业，支持民间投资者到西部地区投资
建设部	《关于加快市政公用行业市场化进程的意见》	建城〔2002〕272号	2002-12-27	鼓励社会资金、外国资本采取独资、合资、合作等多种形式，参与市政公用设施建设，形成多元化的投资结构。对供水、供气、供热、污水处理、垃圾处理等经营性市政公用设施的建设，应公开向社会招标选择投资主体

表1-1-2 PPP模式小规模试点阶段的代表性项目

项目名称	时间	投资方	备注
广西来宾B电厂项目	1995年	外国资本	国内第一个正式由政府批准的BOT项目；应于2015年移交广西政府
福建泉州刺桐大桥	1994年	内地民营资本、国有资本	国内最早采用BOT模式建设的路桥项目；第一个以内地民营资本投资为主的基础设施BOT项目；因出现竞争性项目以失败告终
成都市自来水第六水厂项目	1999年	外国资本	国内首个采用BOT模式建设的城市供水基础设施项目；将于2017年8月移交给成都市人民政府
武汉汤逊湖污水处理厂	2001年	内地上市公司	武汉市首个非国有资产进入城市污水处理领域项目；因配套设施和排污费收取等问题以失败告终

1.1.3 推广试点阶段（2004~2009年）

2003年，党的十六届三中全会通过的《关于完善社会主义市场经济体制若干问题的决定》明确指出，清理和修订限制非公有制经济发展的法律法规和政策，消除体制性障碍。放宽市场准入，允许非公有资本进入法律法规未禁入的基础设施、公用事业及其他行业和领域。这标志着民营资本可以全面进入基础设施和公用事业领域,成为中国形成具有现代意义 PPP 的重要标志。2004 年,住建部颁布的《市政公用事业特许经营管理办法》(建设部令第 126 号),将特许经营的概念正式引入市政公用事业,并在城市供水、污水处理及燃气供应等领域发起大规模的项目实践。各级地方政府也纷纷以建设部第 126 号令为模板,先后出台了大量地方性法规、政府规章及政策性文件,用于引导和规范各自行政辖区范围内的特许经营项目开发。自此,中国式 PPP 进入第二轮发展浪潮。当时最为引起民营资本兴趣的领域是城市居民供水。法国威望迪集团以约 20 亿元人民币的价格,拍得浦东自来水厂 50%的股权、50 年的经营权就是当时较为著名的 PPP 案例之一。

建设部第 126 号令所倡导的被广泛应用于中国市政公用事业的特许经营项目,同时被其他行业主管部门及地方政府参考与借鉴,与 126 号令的内容及框架一脉相承的部门规章、地方性法规和规章及规范性文件应运而生,PPP 项目在各地各行业犹如雨后春笋般不断涌现。2005 年,国务院颁布的《关于鼓励支持和引导个体私营等非公有制经济发展的若干意见》(国发〔2005〕3 号),再次"允许非公有资本进入公用事业和基础设施领域"等。这一阶段政策与法规的制定和落实,以及政府和行业主管部门的强力主导与推动,对于中国式 PPP 发展具有重要意义。2006~2008 年,国家发展战略和项目升级计划中,已将 PPP 模式认定为一种主要的基础设施项目融资的创新性工具。

这一阶段的 PPP 项目以经营性基础设施项目居多,项目竞标过程公开透明,国外公司、民营企业、国有企业、上市公司竞争激烈,项目溢价频出。

通过 25 年的探索与实践,实践与理论共识初步成型,政策法规框架、项目结构与合同范式在这个阶段得到逐步确立。而在现在看来较为平常的市政环境基础设施建设领域却对当时居民生活环境的改善效果明显,不得不算是该阶段对 PPP 项目范围的一种突破。

表 1-1-3 PPP 模式推广试点阶段的政策法规

发文机关	文件名	文件号	颁布时间	文件内容
建设部	《市政公用事业特许经营管理办法》	建设部令第 126 号	2004-2-24	市政公用事业特许经营,是指政府按照有关法律、法规规定,通过市场竞争机制选择市政公用事业投资者或者经营者,明确其在一定期限和范围内经营某项市政公用事业产品或者提供某项服务的制度,城市供水、供气、供热、公共交通、污水处理、垃圾处理等行业,依法实施特许经营的

续表

发文机关	文件名	文件号	颁布时间	文件内容
国务院	《国务院关于鼓励支持和引导个体私营等非公有制经济发展的若干意见》	国发〔2005〕3号	2005-2-19	允许非公有资本进入公用事业和基础设施领域、社会事业领域、金融服务业；鼓励非公有制经济参与国有经济结构调整和国有企业重组；鼓励、支持非公有制经济参与西部大开发、东北地区等老工业基地振兴和中部地区崛起。加快完善政府特许经营制度，规范招投标行为，支持非公有资本基金参与城镇供水、供气、供热、公共交通、污水垃圾处理等市政公用事业和基础设施的投资、建设与运营

表1-1-4　PPP模式推广试点阶段的代表性项目

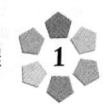

项目名称	时间	投资方	备注
北京地铁4号线	2003年	香港上市公司、国有资本	我国官方广泛推广PPP项目；我国城市轨道交通行业第一个正式批复运营PPP模式（BOT）地铁项目；将于2039年移交给北京市政府
合肥王小郢污水项目	2004年	外国资本、国有资本	国内公开规范招标最大的以TOT方式转让资产和权益的污水处理项目；2004年国内污水行业合资收购第一大项目
杭州湾跨海大桥项目	2003年	民营资本（前期参与投资，后期部分退出）；国有资本（后期参与投资）	国内第一座投资超百亿的民营化基础设施项目
北京国家体育场项目（"鸟巢"）	2006年	国有资本、外国资本	国内第一个大型体育场馆PPP项目
北京第十水厂项目	2007年	外国资本、国有资本	北京市首个国际招标以BOT模式建设的市政供水设施项目
北京高安屯垃圾焚烧发电厂项目	2008年	外国资本、国有资本、民营资本	北京市第一家垃圾焚烧发电厂项目，以BOT模式建造

1.1.4 短暂停滞阶段（2009～2012年）

受2008年全球金融危机影响，世界和中国经济增速下滑，中央政府推行积极的财政政策和4万亿刺激经济增长计划。该经济刺激计划的投资由政府主导，但鉴于地方政府无法以市场主体的身份参与投资，各地政府都充分利用所属融资平台进行投融资，PPP项目数量有所减少，有些项目处于短暂停滞阶段。这一阶段，各地公共基础设施项目主要由地方政府投融资平台负责投融资，同时地方政府投融资平台可依靠信用贷款、城投债、土地出让收入、土地抵押获取项目贷款等融资方式，获得充足且成本较低的资金保障。地方政府投融资平台投资类型以准经营性和公益性项目为主，项目运作方式以委托代建、回购为主。社会资本在公共产品和服务领域的参与度有所下降，PPP的发展处于调整停滞的状态。

4万亿经济刺激计划在短时间内带动了经济的快速增长，但也暴露出地方政府债务增速过快等问题，中央政府开始再次重视社会资本参与项目投资。该阶段案例较少。后期，民营资本虽然开始参与PPP项目，但民营资本进入具有一定的局限性。

1.1.5 新一轮发展热潮阶段（2013年至今）

2010~2013年我国地方政府债务迅速膨胀。根据2013年全国政府性债务审计结果（2013年第32号公布），截至2013年6月底，中央和地方政府负有偿还责任的债务余额为20.70万亿元。城镇化建设仍需要投入大量资金，而地方政府的债务规模大，以前的土地财政模式难以维持。继党的十八届三中全会提出"允许社会资本通过特许经营等方式参与城市基础设施投资和运营"的改革方向后，财政部和国家发改委于2014年相继发力推进PPP项目相关工作。作为能够有效引导社会资本参与公共服务或产品制造及供给的项目运作方式，PPP以及特许经营模式迅速受到各级地方政府及社会各界的高度注目，PPP模式在中国迎来又一轮新的发展浪潮。

2014年以来，从中央到地方大量推出PPP试点项目，2015年4月18日，发展改革委印发了《关于进一步做好政府和社会资本合作项目推介工作的通知》，要求各地发展改革部门尽快搭建信息平台，及时做好PPP项目的推介工作。发展改革委以各地已公布的项目为基础，经认真审核后建立了PPP项目库，集中向社会公开推介。

2013年至今，国务院、发改委、财政部、住房建设部等各部委陆续颁布了与PPP相关的各项文件（详见《PPP法律法规汇编全集》）:（1）规定了PPP的概念，PPP的运作模式以及PPP相关的政府采购、特许经营等；（2）颁布规范PPP项目的全周期流程。2015年5月19日，国务院办公厅转发财政部发展改革委、人民银行关于在公共服务领域推广政府和社会资本合作模式指导意见的通知（国办发〔2015〕42号），明确提出，在公共服务领域推广政府和社会资本合作模式，是转变政府职能、激发市场活力、打造经济新增长点的重要改革举措。

表 1-1-5　PPP 模式新一轮发展热潮阶段的代表性项目

项目名称	时间	投资方	备注
北京地铁 16 号线	2015 年	香港上市公司、国有资本、外国资本	借鉴北京地铁 4 号线、大兴线 BOT 模式；项目公司获得 30 年的特许经营权
广东省汕头市海湾隧道项目	2015 年	国有资本	BOT 模式，该项目创新了 PPP 模式下城市基础设施的建设和运营的投融资机制
那考河流域治理项目	2015 年	国有资本	广西首个 PPP 试点项目；特许经营期 10 年
池州市污水处理及市政排水设施购买服务	2014 年	国有资本	项目采用"厂网一体"模式，被财政部和住建部列为首批污水处理 PPP 试点项目，被业内称为 PPP 项目的"池州模式"；污水处理厂以 TOT 模式运作，管网的模式是政府购买服务，项目特许经营期 26 年

1.2 政府和社会资本合作模式推进的法律政策框架

截至目前，我国 PPP 模式推进的法律依据主要包括法律、行政法规、国务院关于 PPP 的文件、发改委关于 PPP 的文件、财政部关于 PPP 的文件、其他部门关于 PPP 的文件、示范性文本、地方关于 PPP 的立法等。

1.2.1 法律

PPP 模式的推进必须要在我国既有的法律框架下进行，与我国现有的法律相衔接，与 PPP 相关的法律见表 1-2-1。

表 1-2-1　PPP 项目操作涉及的主要法律汇总

序号	法律名称	文号	颁布时间	开始施行日期
1	《中华人民共和国中央人民政府组织法》		1949 年 9 月 27 日	
2	《中华人民共和国国务院组织法》	全国人大常委会委员长令第 14 号	1982 年 12 月 10 日	1982 年 12 月 10 日
3	《中华人民共和国民法通则》	主席令第 37 号	1986 年 4 月 12 日	
4	《中华人民共和国地方各级人民代表大会和地方各级人民政府组织法》		1982 年 12 月 10 日	1982 年 12 月 10 日
5	《中华人民共和国城市房地产管理法》	主席令第 29 号	1994 年 7 月 5 日	1995 年 1 月 1 日
6	《中华人民共和国担保法》	主席令第 50 号	1995 年 6 月 30 日	1995 年 10 月 1 日
7	《中华人民共和国价格法》	主席令第 92 号	1997 年 12 月 29 日	1998 年 5 月 1 日
8	《中华人民共和国合同法》	主席令第 15 号	1999 年 3 月 1 日	1999 年 10 月 1 日
9	《中华人民共和国招标投标法》	主席令第 21 号	1999 年 8 月 30 日	2000 年 1 月 1 日
10	《中华人民共和国外资企业法》（2000 年修订）	主席令第 41 号	2000 年 10 月 31 日	2000 年 10 月 31 日
11	《中华人民共和国政府采购法》	主席令第 68 号	2002 年 6 月 29 日	2003 年 1 月 1 日

续表

序号	法律名称	文号	颁布时间	开始施行日期
12	《中华人民共和国保险法》（2002年修订）	主席令第78号	2002年10月28日	2003年1月1日
13	《中华人民共和国行政许可法》	主席令第7号	2003年8月27日	2004年7月1日
14	《中华人民共和国商业银行法》（2003年修订）		2003年12月27日	2004年2月1日
15	《中华人民共和国公路法》（第二次修订）	主席令第19号	2004年8月28日	2004年8月28日
16	《中华人民共和国土地管理法》（2004年修订）	主席令第28号	2004年8月28日	2004年8月28日
17	《中华人民共和国公路法》（2004年修订）	主席令第19号	2004年8月28日	2004年8月28日
18	《中华人民共和国物权法》	主席令第62号	2007年3月16日	2007年10月1日
19	《中华人民共和国城乡规划法》	主席令第74号	2007年10月28日	2008年1月1日
20	《中华人民共和国企业国有资产法》	主席令第92号	2008年10月28日	2009年5月1日
21	《中华人民共和国专利法》（2008年修订）	主席令第8号	2008年12月27日	2009年10月1日
22	《中华人民共和国建筑法》（2011年修订）	主席令第46号	2011年4月22日	2011年7月1日
23	《中华人民共和国公司法》（2013年修订）		2013年12月28日	2014年3月1日
24	《中华人民共和国环境保护法》（2014年修订）		2014年4月24日	2015年1月1日
25	《中华人民共和国预算法》（2014年修订）	主席令第12号	2014年8月31日	2015年5月1日
26	《中华人民共和国行政诉讼法》（2014年修订）	主席令第15号	2014年11月1日	2015年5月1日
27	《中华人民共和国港口法》（2015年修订）	主席令第23号	2015年4月24日	2015年4月24日

1.2.2 行政法规

与PPP相关的行政法规主要是国务院出台的针对土地、公路环境以及政府招投标采购等方面相关的文件，具体内容见表1-2-2。

表1-2-2 PPP项目操作涉及的主要行政法规汇总

序号	行政法规名称	文号	颁布时间	开始施行日期
1	《收费公路管理条例》	国务院令第417号	2004年9月13日	2004年11月1日
2	《中华人民共和国土地管理法实施条例》	国务院令第256号	1998年12月27日	1999年1月1日
3	《建设工程质量管理条例》	国务院令第279号	2000年1月30日	2000年1月30日
4	《建设工程安全生产管理条例》	国务院令第393号	2003年11月12日	2004年2月1日
5	《中华人民共和国企业所得税法实施条例》	国务院令第512号	2007年11月28日	2008年1月1日

续表

序号	行政法规名称	文号	颁布时间	开始施行日期
6	《中华人民共和国招标投标法实施条例》	国务院令第613号	2011年11月3日	2012年2月1日
7	《城镇排水与污水处理条例》	国务院令第641号	2013年9月18日	2014年1月1日
8	《中华人民共和国政府采购法实施条例》	国务院令第658号	2014年12月31日	2015年3月1日

1.2.3 行政规范性文件

为规范PPP项目操作，国务院、财政部、发改委等各部门先后制定并出台了一系列规范性文件。

1.2.3.1 国务院制定并出台的规范性文件

（1）《国务院办公厅转发卫生计生委等部门关于推进医疗卫生与养老服务相结合指导意见的通知》（国办发〔2015〕84号，2015年11月20日发布）。

（2）《国务院关于实行市场准入负面清单制度的意见》（国发〔2015〕55号，2015年10月20日发布）。

（3）《国务院办公厅关于推进海绵城市建设的指导意见》（国发〔2015〕75号，2015年10月16日发布）。

（4）《国务院关于国有企业发展混合所有制经济的意见》，（国发〔2015〕54号，2015年9月23日发布）。

（5）《国务院办公厅关于推进城市地下综合管廊建设的指导意见》（国办发〔2015〕61号，2015年8月10日发布）。

（6）国务院办公厅转发《财政部、发展改革委、人民银行关于在公共服务领域推广政府和社会资本合作模式指导意见》的通知（国办发〔2015〕42号，2015年5月19日发布）。

（7）《基础设施和公用事业特许经营管理办法》（国家发展和改革委员会、财政部、住房和城乡建设部、交通运输部、水利部、中国人民银行令第25号，自2015年6月1日起施行）。

（8）《国务院关于创新重点领域投融资机制鼓励社会投资的指导意见》（国发〔2014〕60号，2014年11月16日发布）。

（9）《国务院关于发布政府核准的投资项目目录(2014年本)的通知》（国发〔2014〕53号，2014年10月31日发布）。

(10)《国务院关于深化预算管理制度改革的决定》(国发〔2014〕45号,2014年9月26日发布)。

(11)《国务院关于加强地方政府性债务管理的意见》(国发〔2014〕43号,2014年9月21日发布)。

(12)《国务院办公厅关于加强城市地下管线建设管理的指导意见》(国办发〔2014〕27号,2014年6月3日发布)。

(13)《国务院关于近期支持东北振兴若干重大政策举措的意见》(国发〔2014〕28号,2014年8月8日发布)。

(14)《国务院关于加快发展体育产业促进体育消费的若干意见》(国发〔2014〕46号,2014年10月20日发布)。

(15)《国务院办公厅关于政府向社会力量购买服务的指导意见》(国办发〔2013〕96号,2013年9月26日发布)。

(16)《国务院关于加强城市基础设施建设的意见》(国发〔2013〕36号,2013年9月6日发布)。

(17)《国务院关于鼓励和引导民间投资健康发展的若干意见》(国发〔2010〕13号,2010年5月7日发布)。

(18)《国务院关于加强地方政府融资平台公司管理有关问题的通知》(国发〔2010〕19号,2010年6月10日发布)。

(19)《国务院办公厅转发发展改革委、卫生部等部门关于进一步鼓励和引导社会资本举办医疗机构意见的通知》(国办发〔2010〕58号,2010年12月26日发布)。

(20)《国务院关于调整固定资产投资项目资本金比例的通知》(国发〔2009〕27号,2009年5月25日发布)。

(21)《国务院关于鼓励支持和引导个体私营等非公有制经济发展的若干意见》(国发〔2005〕3号,2005年3月28日发布)。

(22)《国务院关于投资体制改革的决定》(国发〔2004〕20号)。

(23)《国务院办公厅关于加强城市快速轨道交通建设管理的通知》(国办发〔2003〕81号,2003年9月27日发布)。

(24)《国务院关于加强城市供水、节水和水污染防治工作的通知》(国发〔2000〕36号,2000年11月7日发布)。

(25)《国务院关于固定资产投资项目试行资本金制度的通知》（国发〔2004〕13号，1996年4月26日发布）。

1.2.3.2 财政部制定并出台的规范性文件

(1)《政府和社会资本合作法（征求意见稿）》。

(2)《关于印发〈PPP物有所值评价指引（试行）〉的通知》（财金〔2015〕167号，2015年12月18日发布）。

(3)《关于规范政府和社会资本合作（PPP）综合信息平台运行的通知》（财金〔2015〕166号，2015年12月18日发布）。

(4)《关于印发〈政府投资基本暂行管理办法〉的通知》（财政〔2015〕210号，2015年12月10日）。

(5)《关于实施政府和社会资本合作项目以奖代补政策的通知》（财金〔2015〕158号，2015年12月8日发布）。

(6)《关于进一步做好政府和社会资本合作项目示范工作的通知》（财金〔2015〕57号，2015年6月26日发布）。

(7)《关于运用政府和社会资本合作模式推进公共租赁住房投资建设和运营管理的通知》（财综〔2015〕15号，2015年5月26日发布）。

(8)《财政部、环境保护部关于推进水污染防治领域政府和社会资本合作的实施意见》（财建〔2015〕90号，2015年4月9日发布）。

(9)《财政部、交通运输部关于在收费公路领域推广运用政府和社会资本合作模式的实施意见》（财建〔2015〕111号，2015年4月20日发布）。

(10)《财政部关于印发〈政府和社会资本合作项目财政承受能力论证指引〉的通知》（财金〔2015〕21号，自2015年4月7日起施行）。

(11)《关于市政公用领域开展政府和社会资本合作项目推介工作的通知》（财建〔2015〕29号，2015年3月13日发布）。

(12)《财政部关于印发〈政府和社会资本合作项目政府采购管理办法〉的通知》（财库〔2014〕215号，自2014年12月31日起施行）。

(13)《财政部关于印发〈政府采购竞争性磋商采购方式管理暂行办法〉的通知》（财库〔2014〕214号，自2014年12月31日起施行）。

(14)《财政部关于规范政府和社会资本合作合同管理工作的通知》（财金〔2014〕156号，2014年12月30日发布）。

(15)《财政部、民政部、工商总局关于印发〈政府购买服务管理办法(暂行)〉的通知》（财综〔2014〕96号，自2015年1月1日起施行）。

(16)《财政部关于政府和社会资本合作示范项目实施有关问题的通知》（财金〔2014〕112号，2014年11月30日发布）。

(17)《财政部关于印发政府和社会资本合作模式操作指南(试行)的通知》（财金〔2014〕113号，2014年11月29日发布）。

(18)《财政部关于印发〈地方政府存量债务纳入预算管理清理甄别办法〉的通知》（财预〔2014〕351号，自2014年10月23日起施行）。

(19)《财政部关于推广运用政府和社会资本合作模式有关问题的通知》（财金〔2014〕76号，2014年9月23日发布）。

(20)《政府采购非招标采购方式管理办法》（财政部令第74号，2014年2月1日起施行）。

(21)《关于公共基础设施项目享受企业所得税优惠政策问题的补充通知》（财税〔2014〕55号，2014年7月4日发布）。

(22)关于做好政府购买养老服务工作的通知（财社〔2014〕105号，2014年8月26日发布）。

(23)《财政部对中央集中采购机构监督考核暂行办法的补充通知》（财库〔2012〕158号，自2012年11月7日起施行）。

(24)《企业会计准则解释第2号》（财会〔2008〕11号，2008年8月7日发布）。

(25)《企业国有产权转让管理暂行办法》（国资委财政部3号令，自2004年2月1日起施行）。

1.2.3.3 发改委制定并出台的规范性文件

(1)《关于城市地下综合管廊实行有偿使用制度的指导意见》（发改价格〔2015〕2754号，2015年11月26日发布）。

(2)《国家发展改革委关于切实做好〈基础设施和公用事业特许经营管理办法〉贯彻实施工作的通知》（发改法规〔2015〕1508号，2015年7月2日发布）。

(3)《基础设施和公用事业特许经营管理办法（2015年6月1日起施行)》。

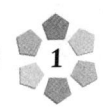

(4)《关于鼓励和引导社会资本参与重大水利工程建设运营的实施意见》(发改农经〔2015〕488号,2015年3月17日发布)。

(5)《国家发展改革委、国家开发银行关于推进开发性金融支持政府和社会资本合作有关工作的通知》(发改投资〔2015〕445号,2015年3月1日发布)。

(6)《国家发展和改革委员会关于开展政府和社会资本合作的指导意见》(发改投资〔2014〕2724号,2014年12月2日发布)。

(7)《关于开展政府和社会资本合作的指导意见》(发改投资〔2014〕2724号,2014年)。

(8)《关于加快推进健康与养老服务工程建设的通知》(发改投资〔2014〕2091号,2014年9月12日发布)。

(9)《外商投资项目核准和备案管理办法》(国家发展和改革委员会令第12号,自2014年6月17日起施行)。

(10)《政府核准投资项目管理办法》(国家发展和改革委员会令第11号,自2014年6月14日起施行)。

(11)《天然气基础设施建设与运营管理办法》(国家发展和改革委员会令第8号,自2014年4月1日起施行)。

(12)《国家发展计划委员会、建设部、国家环境保护总局关于推进城市污水、垃圾处理产业化发展的意见》(计投资〔2002〕1591号,2002年9月10日发布)。

(13)《国家计委、财政部、建设部、水利部、国家环保总局关于进一步推进城市供水价格改革工作的通知》(计价格〔2002〕515号,2002年4月1日发布)。

(14)《国家计委关于印发促进和引导民间投资的若干意见的通知》(计投资〔2001〕2653号,2001年12月11日)。

(15)《工程建设项目招标范围和规模标准规定》(中华人民共和国国家发展计划委员会令第3号,自2000年5月1日起施行)。

(16)《境外进行项目融资管理暂行办法》(计外资〔1997〕第612号,1997年4月16日发布)。

总体看,国家发改委和财政部规定的PPP基本框架大方向一致,但在细节上，尤其是在具体执行层面上略微存在差异。例如，财政部出于化解地方政府债务考虑，明确规定"本级政府所属融资平台公司及其他控股国有企业"不得成为 PPP 项目实施单位主体，而国家发改委并没有对此做出明确规定。两部委 PPP 指导意见不尽相同，自然会引申出不同标准的监管要求。浙江省发改委和财政厅在 PPP 项目外商投资限制方面就做出了截然不同的要求。省发改委要求国有控股，省财政厅则无此硬性规定。这些情况难免会引起 PPP 项目合作双方的困惑，增加了不必要的摩擦成本。部分地方以省一级政府发文或以省一级政府主办 PPP 项目推介会的形式规避国家层面两部委文件可能引起的潜在冲突是解决该问题的重要途径，而这些地区往往也是 PPP 项目进展较快的地区，例如福建省、四川省等。

根据财政部颁布的《财政部关于推广运用政府和社会资本合作模式有关问题的通知》（以下简称《通知》）和《政府和社会资本合作模式操作指南》（以下简称《操作指南》），PPP 模式适用于投资规模较大、需求长期稳定、价格调整机制灵活、市场化程度较高的基础设施及公共服务类项目，各级相关部门应优先选择收费定价机制透明、有稳定现金流的项目。财政部目前主推的 PPP 项目更倾向于经营性项目。根据国家发改委颁布的《关于开展政府和社会资本合作的指导意见》（以下简称《指导意见》），PPP 模式主要适用于政府负有提供责任又适宜市场化运作的公共服务、基础设施类项目。燃气、供电、供水、供热、污水及垃圾处理等市政设施，公路、铁路、机场、城市轨道交通等交通设施，医疗、旅游、教育培训、健康养老等公共服务项目，以及水利、资源环境和生态保护等项目均可推行 PPP 模式。各地的新建市政工程以及新型城镇化试点项目，应优先考虑采用 PPP 模式建设。与财政部 PPP 项目适用范围相比，国家发改委目前主推的 PPP 项目适用范围更广，除了经营性项目外，还包括准经营性和公益性项目。同时国家发改委还重点提出优先考虑新型城镇化试点项目，这需要 PPP 操作模式有进一步创新，比如汕头滨海新城连片开发模式。

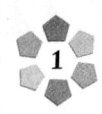

表 1-2-3　财政部与国家发改委 PPP 指导文件的对比

	国家发改委	财政部
项目实施单位	已建立现代企业制度的境内外企业法人，但不包括本级政府所属融资平台公司及其他控股国有企业	符合条件的国有企业、民营企业、外商投资企业、混合所有制企业，或其他投资、经营主体
项目储备	从准备建设的公共服务、基础设施项目中及时筛选 PPP 模式使用项目……各省区市发改委要建立 PPP 项目库	财政部门会同行业主管部门，对潜在政府和社会资本合作项目进行评估筛选，确定备选项目
项目分类	经营性项目 准经营性项目 非经营性项目	BOT BOO TOT ROT
项目识别	政府负有提供责任又适宜市场化运作的公共服务、基础设施类项目 发改委对投资规模无明确要求	投资规模较大、需求长期稳定、价格调整机制灵活、市场化程度较高的基设施及公共服务类项目

资料来源：国家发改委，财政部。

2013 年，党的十八届三中全会《决定》中，允许社会资本通过特许经营等方式参与城市基础设施投资和运营。2015 年 6 月 1 日，六部委共同制定的《基础设施和公用事业特许经营管理办法》（第 25 号）经国务院同意已正式实施。目前，《政府和社会资本合作法》征求意见已经结束，希望尽快出台。

1.2.4 示范文本

（1）《城市供水特许经营协议示范文本》（建设部 2004）。

（2）《管道燃气特许经营协议示范文本》（建设部 2004）。

（3）《城市生活垃圾处理特许经营协议示范文本》（建设部 2004）。

（4）《城市污水处理特许经营协议示范文本》（建设部 2006）。

（5）《城镇供热特许经营协议示范文本》（建设部 2006）。

（6）《PPP 模式合同文本暨政府和社会资本合作项目通用合同范本（指南）》（2014 年版）（发改委 2015）。

（7）《PPP 项目合同指南（试行）》（财政部 2014）。

2 政府和社会资本合作项目中的法律主体

PPP 项目涉及多方参与主体。一般而言,一个完整的 PPP 项目中,通常包括政府、社会资本方、融资方、项目监理方、承包商和分包商、原料供应商、专业运营商、保险公司以及专业机构等各类法律主体。不同类别的法律主体在 PPP 项目中分别扮演着不同的角色,发挥着不同的作用。

2.1 政府和社会资本合作项目中的政府主体

PPP 是 Public-Private Partnership 的简称,意为政府和社会资本合作。其中 Public 即是政府方。因此,政府主体是 PPP 项目中不可或缺的重要法律主体。根据 PPP 项目运作方式和社会资本参与程度的不同,政府在 PPP 项目中所承担的具体职责也各有不同。

2.1.1 政府方的定义

政府是一个国家为了维护和实现特定的公共秩序,按照一定的原则和程序组织起来的,以国家强制力做后盾的政治统治和社会管理组织。政府有广义与狭义之分,广义的政府指一国的立法机关、司法机关、行政机关;狭义的政府仅指国家权力机关的执行机关,即一国的行政机关。在 PPP 项目中的政府方仅指狭义的政府。

2.1.2 政府开展 PPP 项目的主要目的

传统经济理论认为,政府应该承担提供公共物品和公共服务进行基础设施建设的职能,然而随着政府能力在公共产品提供中的不足,以及效率和效益的多方权衡,政府和社会资本合作被认为是解决公共物品提供问题的良好途径。

政府开展 PPP 模式的目的主要包括以下几个方面。

(1) 缓解公共财政压力,提高财政资金使用绩效。我国是世界第一人口大国，目前我国正在积极开展城镇化建设，这是我国未来经济发展的动力所在，但也给地方政府带来沉重的支出压力。通过PPP模式，可以引入实力雄厚并不断壮大的民间资金或者境外资金，这既为这些资本提供了可以投资获利的空间，又在一定程度上缓解了政府的财政资金支出压力。

（2）降低建设和运营成本，提升服务质量和效率。通过采用PPP模式，由政府与社会主体共同建设公共服务项目，而由社会主体包括专业运营商来负责该项目的具体运营和维护，这可以使政府从该项目的日常管理中解放出来，从事其他事务，提高政府办事效率。专业运营商负责具体运营，由于该主体对项目的实施和维护具有相对丰富的管理经验和专业技术，可以提高服务效率，降低运营成本。

（3）风险共担，收益共享。在PPP机制下，政府负责全局性的政策制定和规划，可以有效对冲相关宏观风险，企业则是追求自身回报的最大化，企业具有专业的机构，可以发挥其在建设、法律、财务等具体事务方面的优势和经验来降低微观操作风险，通过双方合作，可以在保证各方利益的同时，使总体风险降到最低。

2.1.3 PPP项目中政府主体的范围界定和角色定位

PPP项目中政府主体是指项目所在地相应级别的各级人民政府和经本级人民政府授权的机构。根据PPP项目运作方式和社会资本参与程度的不同，政府在PPP项目中所承担的具体职责也不同。总体来讲，在PPP项目中，政府需要同时扮演两种角色：作为公共事务的管理者和作为公共产品或服务的购买者（或者购买者的代理人）。

2.1.3.1 对政府方的理解及范围界定

政府方包括各级人民政府和经本级政府授权的机构。各级人民政府一般是指项目所在地相应级别的地方人民政府。即对于完全属于下级政府管辖的项目，由该项目所属政府管辖；对于跨多个下级政府管辖范围的项目，由这些政府的上一级政府部门管辖。本级政府授权的机构既包括本级政府组成部门、本级政府直属事业单位、行政单位所属事业单位，也可以考虑包括经本级人民政府授权的国有资本投资运营机构。

2.1.3.2 政府方在PPP项目中的角色定位

（1）作为行政主体的公共事务管理者。作为公共事务管理者，政府负有向公众提供优质且价格合理的公共产品和服务的义务，承担PPP项目的规划、监督和管理等行政职能，并在行使上述职能时形成与项目公司（或社会资本）之间的行政法律关系。

①制定相关法律政策规范保障PPP项目的有效运行。国办发〔2015〕42号文件《关于在公共服务领域推广政府和社会资本合作模式指导意见的通知》第十一款"完善法律法规体系"指出，政府应"推进相关立法，填补政府和社会资本合作领域立法空白，着力解决政府和社会资本合作项目运作与现行法律之间的衔接协调问题，明确政府出资的法律依据和出资性质，规范政府和社会资本的责权利关系，明确政府相关部门的监督管理责任，为政府和社会资本合作模式健康发展提供良好的法律环境和稳定的政策预期。鼓励有条件的地方立足当地实际，依据立法相关规定，出台地方性法规或规章，进一步有针对性地规范政府和社会资本合作模式的运用"。

②负责基础设施及公共服务价格和质量监管。国办发〔2015〕42号文件《关于在公共服务领域推广政府和社会资本合作模式指导意见的通知》指出，行业主管部门应制定不同领域的行业技术标准、公共产品或服务技术规范，加强对公共服务质量和价格的监管。建立政府、公众共同参与的综合性评价体系，建立事前设定绩效目标、事中进行绩效跟踪、事后进行绩效评价的全生命周期绩效管理机制，将政府付费、使用者付费与绩效评价挂钩，并将绩效评价结果作为调价的重要依据，确保实现公共利益最大化。依法充分披露项目实施相关信息，切实保障公众知情权，接受社会监督。

③提供相应的申诉、仲裁及维权机制。在PPP项目实施过程中，政府应该建立相应的申诉、仲裁及维权机制。一方面，应保证PPP项目中各方主体的地位平等，这就要求在PPP项目运行中出现争议时，如果该争议属于民事范畴，那么政府与其他主体是平等民事法律关系，适用民事法律调整，如果该争议属于行政范畴，应有独立的行政机关进行裁决，不能由作为PPP项目参与主体的政府裁决；另一方面，要建立公开透明的渠道和程序，保障PPP项目各方主体维护自身权利，涉及行政争议的，可以采取行政复议、行政诉讼等手段，涉及民事争议的，可以采取调解、仲裁、民事诉讼等手段。

(2) 作为民事主体的公共产品或服务的购买者。PPP项目从行为性质上看属于政府向社会资本采购公共服务的法律行为。作为公共产品或服务的购买者（或购买者的代理人），政府基于PPP项目合同形成与项目公司之间的平等民事法律关系。作为与项目公司（或社会资本）法律地位平等的民事法律主体的政府，应当依法按照PPP项目合同中的约定履行义务、行使权利。

①作为民事合同主体的一方履行相关合同。PPP项目是建立在一个复杂的合同体系基础上的，其中涉及大量的民商事合同，政府作为PPP项目合同的一方主体，与其他主体（社会资本、项目公司）法律地位平等，政府方与其他主体通过意思自治，在双方合意的基础上，签订合同，设定双方的民事权利与义务，无论是其他主体还是政府，都受合同的约束，负有履行合同规定的相关义务，享有合同规定的相关权利，任何一方违反合同，都需要承担相应的违约责任。

②作为平等主体与其他主体风险分担与利益共享。财政部76号文件《关于推广运用政府和社会资本合作模式有关问题的通知》中提出，在PPP项目建设中，政府方和社会资本方要讲求风险分担和利益共享。风险分担原则是"风险由最适宜的一方来承担"，项目设计、建设、财务、运营维护等商业风险原则上由社会资本方承担，政策、法律和最低需求风险等由政府方承担。同时政府和企业应当在合作协议中确立合理的利润分配调节机制，确保社会资本能以规定的方式取得合理的投资回报。

③对PPP项目的运行进行出资人监管。PPP项目是公共投资项目，由社会资本负责PPP项目的投资运营，而社会资本本身存在着不公开、不透明的情况，因此要保障PPP项目按照国家规定的方向运行，单靠政府作为外部监管者是不够的，需要政府作为内部监管者，进行监管。这主要体现为在PPP项目中，政府作为出资人，在项目公司中持股，政府作为股东，可以派出代表列席企业的股东会，参与企业的运营，从而了解项目的内部情况，在关键时刻，采用股东表决权的作用，进行内部监管。

2.1.4 政府在PPP项目中的收益与风险分析

从广义上看，PPP模式可以涵盖依托政府行政授权的BOT和由此衍生发展的BT（建设—移交）、BOOT（建设—拥有—运营—移交）、BOO（建设—拥有—运营）、BLT（建设—租赁—移交）、OOST（建设—拥有—运营—补贴—移交）、BTO（建设—移交—运营）等非股权合作形式和买卖契约合作形式（政府采购、政府购买服务）及股权合作形式；从狭义上理解PPP模式，应当是以股权合作为主要特征的合作方式，政府与社会资本通过向项目公司共同注资的方式，项目公司在获得政府在公共基础设施建设领域的特许经营权后，由项目公司负责整个项目的后续融资、建设、移交、运营等具体经营事宜。政府方对于项目公司主要行使三种职责：作为行政管理者的公共事务管理职责，作为项目公司出资主体的出资人职责，作为公共服务或公共产品购买方的民事合同主体的权利义务。

三种不同表现形式下的 PPP 项目中，政府方的收益和风险点是不同的，具体而言有以下几方面。

2.1.4.1 依托政府外部行政授权的非股权合作形式

（1）政府的收益分析。第一，根据需要选择最合适的合作伙伴。依托政府外部行政授权的非股权合同形式，实际上是政府通过合同的形式将项目建设和运行中的某个或某几个环节外包给其他主体，例如 BT、BTO 方式，将建设环节外包，BOT 方式，将建设和运营环节外包等。因此，政府可以根据外包项目的内容，选择最合适的合作伙伴，提升服务质量，降低服务成本。第二，减轻政府负担。政府通过行政授权方式，将项目建设和运营的部分或者全部环节交给其他主体，政府只负责建设部分，例如 LBO；或者只负责运营部分，例如 BTO；或者把建设和运营环节全部交给其他主体，例如 BOT、BBO、BOO、BOOT、BLT 等。这样可以极大地减轻政府负担，尤其是最后一种，政府其实是以授予特许经营权的形式，把提供基础公共服务的职能交给了其他主体。

（2）政府的风险分析。第一，合作伙伴选择失误。政府采取行政授权方式选择合作伙伴，将项目的部分或者全部环节交给其负责，而自己并不参与该环节，因此失去对该环节的控制。如果选择合作伙伴失误，或者合作伙伴为了追求自身收益而提供低质量的服务，会极大地影响项目的整体效益，而其造成的严重后果，最终需要政府来买单。第二，对政府的管理能力提出要求。对于将项目部分环节外包给其他主体的项目合作形式，政府保留了全部的建设职能或者运营职能。这就对政府在该方面的管理能力提出了要求，政府如果管理不善，造成项目收益不佳，会迫使财政补贴，增加政府压力。

2.1.4.2 依托买卖合同的合作形式

（1）政府的收益分析。第一，政府在选择对象上富有灵活性。政府采取买卖契约的形式，购买公共服务，使政府在购买选择上更加具有灵活性，这种灵活性一方面体现于合作对象的选择上，政府可以在不同的买卖合同中选择不同的合作对象，以压低成本提高质量；另一方面，买卖合同体现意思自由原则，政府可以和其他主体就购买服务的数量、质量等各项要求灵活协商。第二，合同对双方的权利义务有明确的规定和保护。买卖合同体现权利义务对等原则。在政府与其他主体签订买卖合同时，可以事先就双方的权利和义务做出明确规定，这既有利于合同履行，明确各自职责，也有利于在出现违约时，通过法律途径对双方的权利进行保护，防止政府承担不属于自身原因造成的损失。

（2）政府的风险分析。第一，缔约风险。依托买卖合同的政府与其他主体合作，需要事先签订合同，对双方的权利义务以及相应的生效条件和违约责任等进行明确规定，但是由于缔约过失，导致合同不能成立、无效或者可撤销，或者合同生效要件存在瑕疵，导致合同效力待定时，都有可能使政府蒙受相关的合同履行风险。第二，违约风险。在买卖合同中，如果出现其他主体违约，会对所提供的公共服务产生很大的影响。因为政府签订买卖合同是为了完成公共服务职能，一旦其他主体违约或者提供产品或者服务存在质量问题，会严重损坏公众利益和政府在社会大众心目中的形象。

2.1.4.3 以股权合作为基础的合作形式

（1）政府的收益分析。第一，根据政府与社会资本的优劣势进行有效互补。采取股权合作形式，成立项目公司，由政府与社会资本方共同管理，收益共享，风险共担。这样既可以对项目的风险在政府与社会资本方之间进行合理分配，又可以发挥政府的资源优势和社会资本方的管理优势，在提供公共服务方面取长补短。第二，保持政府在全程的参与和管理。政府通过提供资本成立项目公司，成为项目公司的股东，这样政府既可以作为外部监管者监管项目建设和运行，又可以作为内部参与者，凭借股权全程参与项目的管理，这样可以有效防止社会资本方单纯追求私利而影响服务质量，保证项目按照事先约定的目标建设和运行。第三，缓解政府资金压力。通过政府和社会资本合作，政府和社会资本共同出资作为股权资本成立项目公司，然后由项目公司通过外部融资，吸收债务资本，这样有效地放大了政府所能控制的资本数量，既能满足 PPP 项目的巨大资金需求，又能缓解政府财政资金压力。

（2）政府的风险分析。第一，承担收益补充与资本流失风险。政府通过提供股权资本成立项目公司，对于某些项目，政府具有保障最大收益的义务。由此如果项目运行失败，则政府的投资将化为乌有。如果项目公司运营不佳，政府为了保证最低收益，相应会承担巨大的支出责任。第二，政府管理不当风险。政府参股项目公司，既赋予其参与管理的权利，也造成政府对项目公司不当干预的可能。如果政府对项目公司过度干预会影响项目运行和其他主体的积极性，使 PPP 项目本来的目的难以达到。

2.1.5 政府在 PPP 项目中应当坚持的原则

根据国务院发布的《关于在公共服务领域推广政府和社会资本合作模式指导意见的通知》中指出，在 PPP 建设运营过程中，应该坚持以下基本原则：

依法合规。将政府和社会资本合作纳入法制化轨道，建立健全制度体系，保护参与各方的合法权益，明确全生命周期管理要求，确保项目规范实施。

重诺履约。政府和社会资本法律地位平等、权利义务对等，必须树立契约理念，坚持平等协商、互利互惠、诚实守信、严格履约。

公开透明。实行阳光化运作，依法充分披露政府和社会资本合作项目重要信息，保障公众知情权，对参与各方形成有效监督和约束。

公众受益。加强政府监管，将政府的政策目标、社会目标和社会资本的运营效率、技术进步有机结合，促进社会资本竞争和创新，确保公共利益最大化。

积极稳妥。鼓励地方各级人民政府和行业主管部门因地制宜，探索符合当地实际和行业特点的做法，总结提炼经验，形成适合我国国情的发展模式。坚持必要、合理、可持续的财政投入原则，有序推进项目实施，控制项目的政府支付责任，防止政府支付责任过重加剧财政收支矛盾，带来支出压力。

2.2 政府和社会资本合作模式中的社会资本方

PPP（Public-Private Partnership）项目中的 Private 即社会资本方，是相对于政府方而言的法律主体。社会资本方是 PPP 项目合同体系中的重要法律主体。

2.2.1 社会资本方的定义和范围

2.2.1.1 社会资本方的定义

社会资本方是指依法设立且有效存续的具有法人资格的企业，包括民营企业、国有企业、外国企业和外商投资企业。

根据《PPP项目合同指南》规定，本级人民政府下属的政府融资平台公司及其控股的其他国有企业（上市公司除外），不得作为社会资本方参与本级政府辖区内的PPP项目。根据国务院《关于加强地方政府融资平台公司管理有关问题的通知》中的相关规定，所谓政府融资平台公司是指由地方政府及其部门和机构等通过财政拨款或注入土地、股权等资产设立，承担政府投资项目融资功能，并拥有独立法人资格的经济实体。

然而，国办发〔2015〕42号文件《关于在公共服务领域推广政府和社会资本合作模式的指导意见》第十三款"化解地方政府性债务风险"对此项规定进行了修改。提出要大力推动融资平台公司与政府脱钩，进行市场化改制，健全完善公司治理结构，对已经建立现代企业制度、实现市场化运营的，在其承担的地方政府债务已纳入政府财政预算、得到妥善处置并明确公告今后不再承担地方政府举债融资职能的前提下，可作为社会资本参与当地政府和社会资本合作项目，通过与政府签订合同方式，明确责权利关系。严禁融资平台公司通过保底承诺等方式参与政府和社会资本合作项目，进行变相融资。

从该项规定可以看出，经过市场化改制的政府融资平台公司可以作为社会资本方参与本级政府辖区内的PPP项目。然而该规定并未对本级政府控股的非上市国有企业是否可以参与本级政府辖区内的PPP项目做出更改。但有一条可以明确，"本级人民政府控股的其他国有企业（上市公司除外）不得作为社会资本方参与本级政府辖区内的PPP项目"的规定，并不意味着其他国有企业（上市公司除外）不能参与任何PPP项目，其参与PPP项目的方式包括作为社会资本方参与非本地PPP项目，可以与本地或外地PPP项目公司开展具体业务合作。

社会资本是PPP项目的实际投资人。但在PPP实践中，社会资本通常不会直接作为PPP项目的实施主体，而会专门针对该项目成立项目公司，作为PPP项目合同及项目其他相关合同的签约主体，负责项目具体实施。

项目公司是依法设立的自主运营、自负盈亏的具有独立法人资格的经营实体。项目公司可以由社会资本（可以是一家企业，也可以是多家企业组成的联合体）出资设立，也可以由政府和社会资本共同出资设立。但政府在项目公司中的持股比例应当低于50%，且不具有实际控制力及管理权。

建立项目公司的作用主要体现在以下几个方面：

第一，进行项目的统一协调与管理。通过建立项目公司，社会资本把资本的所有权集中于项目公司上，而不是分散于各个项目发起人处，这样可以节省项目实施过程中的协调成本和时间成本，同时通过对资金的统一使用和管理，可以提高管理和使用效率。

第二，独立承担风险和收益。具有法人主体资格的项目公司可以独立承担整个项目的投融资风险以及项目运行风险，项目公司对所承担的债务以项目运行过程中产生的现金流来偿付，各出资人以其出资额为限承担有限责任，不承担债务的无限追索责任，这就限制了各个项目出资人的风险负担，便于吸引投资者。

第三，作为独立主体签订合同。PPP项目是一个复杂的合同体系，而项目公司将作为独立的法人主体，处于整个合同体系的中心位置，项目公司将负责与政府签订特许权协议，与承包商签订建设施工合同，与经营者签订经营协议，与银行签订贷款合同，与保险公司签订保险合同等。

2.2.1.2 社会资本方的范围

社会资本方是指相互联系、相互制约的各个资本主体的总称。具体而言，社会资本方主要包括以下几类法人主体：

（1）民营企业。民营企业这个概念在我国指在中国境内除国有企业、国有资产控股企业和外商投资企业以外的所有企业，包括个人独资企业、合伙制企业、有限责任公司和股份有限公司。

（2）国有企业。国有企业是指国家出资设立的企业，包括国有独立企业、国有控股企业。根据《中华人民共和国公司法》的规定，所谓国有独资公司，是指国家单独出资、由国务院或者地方人民政府委托本级人民政府国有资产监督管理机构履行出资人职责的有限责任公司；所谓国有控股公司，是指由国有资本和其他资本共同出资设立，国有资本处于控制地位的公司。

（3）外国企业。根据《中华人民共和国外商投资企业和外国企业所得税法》中的规定，所谓外国企业，是指在中国境内设立机构、场所，从事生产、经营和虽未设立机构、场所，而有来源于中国境内所得的外国公司、企业和其他经济组织。

（4）外商投资企业。外商投资企业，又称为外资企业，根据《中华人民共和国外资企业法》的相关规定，所谓外资企业，是指依照中国有关法律，在中国境内设立的全部资本由外国投资者投资的企业，不包括外国的企业和其他经济组织在中国境内的分支机构。

2.2.2 社会资本方在PPP中发挥的作用

社会资本具有市场属性，在竞争环境中，必须不断提升自身的管理效率和经营效率。把社会资本引入PPP模式中，可以把社会资本的管理效率优势和经营效率优势带入基础设施建设运营中，实现资源的优化配置。具体而言，社会资本方在PPP中将发挥以下作用。

2.2.2.1 提供资本支持

随着这些年来我国经济的发展，社会资本相对充裕，社会资本进入公共基础设施建设，可以有效缓解政府资金压力。此外，社会资本在公共基础设施建设的过程中，可以相互联合，形成一个集团，共同与政府合作，这样既能提供规模巨大的资本支持，又可以提升自身与政府对话的话语权，发挥规模经济效益。

2.2.2.2 提供经验和技术支持

引入社会资本进入公共基础设施建设运营，可以把社会资本方所具有的经验和技术引进来。根据学习效应、曲线效应，社会资本方由于有相关的经验遵循，可以降低项目运行过程中的成本。此外，社会资本方为了提高效率，将更加注重技术的研发、升级换代，在高技术水平驱动下的PPP运行中，不仅可以降低相关成本，推动该领域的整体进步，而且还可以提升基础设施的服务效率和水平，提升大众的满意度。

2.2.2.3 提升管理效率

在PPP模式中，严禁政府在项目运营过程中发挥主导作用，严禁政府参与项目的运营和管理，这就可以有效防止项目运营的行政化和官僚化，防止政府官员和项目管理者互相调用，防止由缺乏管理经验和能力的领导参与项目管理。社会资本引入项目运行过程中，为了项目管理效率的提升，将采用市场化的手段选择项目的管理运营团队，从职业经理人市场选择管理者，并采用市场化的指标评价项目管理团队和个人的绩效，采用薪酬激励以及其他方式强化管理团队的工作效率。

2.2.3 社会资本方参加PPP的收益与风险

社会资本方参与PPP项目既能获得项目运营收益，也会承担与之相关的风险。此外，通过与政府合作，参与 PPP 项目的社会资本方还应考虑相关的社会成本和社会收益。

2.2.3.1 社会资本方的收益分析

在 PPP 项目建设过程中，作为社会资本方，主要享受的收益有以下几个方面。

（1）营造良好的政企关系。在 PPP 项目实施过程中，社会资本方与企业之间项目目标一致，实施过程中相互配合，互相支持，是良好的合作伙伴关系。这有利于企业与政府之间培养良好的政企关系，对于社会资本方来说，在项目运营的过程中可以获得政府的诸多政策便利和支持，避免在与政府部门沟通环节中的讨价还价成本。

（2）获得新的发展空间。通过 PPP 模式，社会资本将获准进入原来封闭的公共基础设施建设运营领域，使原来过剩的资本获得新的投资空间，有利于企业开拓新的业务，获得新的利润增长点。由于进入 PPP 模式的企业拥有政府授予的特许经营权，因此可以维持在该领域的垄断地位，尽管其收益受到政府的限制，但是在该领域竞争压力小，因此收益具有稳定性和长期性的特点，适宜于长期稳健型的投资。

（3）提升融资能力和拓展融资渠道。依托政府的国家信用可以更好地获取金融机构的信任和提升资信水平，解决民营企业依托自身商业信用而无法解决的融资难问题。

2.2.3.2 社会资本方的风险分析

在 PPP 项目建设过程中，作为社会资本方，主要承担的风险有以下几个方面。

（1）政治风险。政治风险是指在项目实施的过程中，政府政策的变化或者相关法律法规的变化给企业带来的不确定性。政府行为如果不受规制，其滥用权力，违反合同义务，给企业带来的影响是极其巨大的，这在以往的实践过程中屡有发生。

法律变更风险主要是指由于采纳、颁布、修订、重新诠释法律或规定而导致项目的合法性、市场需求、产品/服务收费、合同协议的有效性等元素发生变化，从而对项目的正常建设和运营带来损害，甚至直接导致项目的中止和失败的风险。例如，江苏某污水处理厂采用 BOT 融资模式，原先计划于

2002年开工,但由于2002年9月《国务院办公厅关于妥善处理现有保证外方投资固定回报项目有关问题的通知》的颁布,项目公司被迫与政府重新就投资回报率进行谈判。上海大场水厂和延安东路隧道也遇到了同样的问题,均被政府回购。

审批延误风险主要指由于项目的审批程序过于复杂,花费时间过长和成本过高,且批准之后,对项目的性质和规模进行必要的商业调整非常困难,给项目正常运作带来威胁。例如,2003年的南京水价上涨方案在听证会上未获通过;上海人大代表也提出反对水价上涨的提案,造成上海水价改革措施迟迟无法实施。因此出现了外国水务公司从中国市场撤出的现象,比较引人注目的是,泰晤士水务出售了其大场水厂的股份,Anglian从北京第十水厂项目中撤出。

政治决策失误/冗长风险指由于政府的决策程序不规范、官僚作风、缺乏PPP的运作经验和能力、前期准备不足和信息不对称等造成项目决策失误和过程冗长。例如青岛威立雅污水处理项目,由于当地政府对PPP的理解和认识有限,政府对项目态度的频繁转变,导致项目合同谈判时间很长。而且,污水处理价格是在政府对市场价格和相关结构不了解的情况下签订,价格较高,后来政府了解以后又重新要求谈判降低价格。此项目中项目公司利用政府知识缺陷和错误决策签订不平等协议,从而引起后续谈判拖延,面临政府决策冗长的困境。相似的,在大场水厂、北京第十水厂和廉江中法供水厂项目中也存在同样问题。

政治反对风险主要是指由于各种原因导致公众利益得不到保护、受损,或者公众主观认为自身利益受损,从而引起公众反对项目建设所造成的风险。例如大场水厂和北京第十水厂的水价问题,由于关系到公众利益,而遭到来自公众的阻力,政府为了维护社会安定和公众利益也反对涨价。

政府信用风险是指政府不履行或拒绝履行合同约定的责任和义务,而给项目带来直接或间接的危害。例如在长春汇津污水处理厂项目中,汇津公司与长春市排水公司于2000年3月签署《合作企业合同》,设立长春汇津污水处理有限公司,同年,长春市政府制定《长春汇津污水处理专营管理办法》。2000年年底,项目投产后合作运行正常。然而,从2002年年中开始,排水公司开始拖欠合作公司污水处理费,长春市政府于2003年2月28日废止了

《长春汇津污水处理专营管理办法》。2003年3月起,排水公司开始停止向合作企业支付任何污水处理费。经过近两年的法律纠纷,2005年8月,最终以长春市政府回购而结束。除此之外,遇到政府信用风险的还有江苏某污水处理厂和湖南某电厂等项目。

腐败风险主要指政府官员或代表采用不合法的影响力要求或索取不合法的财物,而直接导致项目公司在关系维持方面的成本增加,同时也加大了政府在将来的违约风险。例如,由香港汇津公司投资兴建的沈阳第九水厂BOT项目,约定的投资回报率为:第2~4年,18.50%;第5~14年,21%;第15~20年,11%。如此高的回报率使得沈阳自来水总公司支付给第九水厂的水价是2.50元/吨,而沈阳市1996年的平均供水价格是1.40元/吨。对外商承诺的高回报率很多时候与地方官员的腐败联系在一起,在业内,由外商在沈阳投资建设的八个水厂被称为"沈阳水务黑幕"。

(2) 经济风险。经济风险是指由于未来经济状况变动以及项目真实需求的不确定性给企业带来的影响。宏观经济变量比如汇率、利率、通货膨胀率等会给企业的投融资成本及收益带来巨大的影响,这就要求企业在实际操作过程中,合理评估未来经济变动趋势,做出良好的应对措施。

融资风险是指由于融资结构不合理、金融市场不健全、融资的可及性等因素引起的风险,其中最主要的表现形式是资金筹措困难。PPP项目的一个特点就是在招标阶段选定中标者之后,政府与中标者先草签特许权协议,中标者要凭草签的特许权协议在规定的融资期限内完成融资,特许权协议才可正式生效。如果在给定的融资期内发展商未能完成融资,将会被取消资格并没收投标保证金。在湖南某电厂的项目中,发展商就因没能完成融资而被没收了投标保函。

市场收益不足风险是指项目运营后的收益不能满足收回投资或达到预定的收益。例如天津双港垃圾焚烧发电厂项目中,天津市政府提供了许多激励措施,如果由于部分规定原因导致项目收益不足,天津市政府承诺提供补贴。但是政府所承诺补贴数量没有明确定义,项目公司就承担了市场收益不足的风险。另外京通高速公路建成之初,由于相邻的辅路不收费,致使较长一段时间京通高速车流量不足,也出现了项目收益不足的风险。再如"鸟巢"建设完毕后,由于承接的赛事、商演数量不足,导致收益极低。在南京长江三桥、杭州湾跨海大桥和福建泉州刺桐大桥的项目中也有类似问题。

项目唯一性风险是指政府或其他投资人新建或改建其他项目，导致对该项目形成实质性的商业竞争而产生的风险。项目唯一性风险出现后，往往会带来市场需求变化风险、市场收益风险、信用风险等一系列的后续风险，对项目的影响是非常大的。鑫远闽江四桥，福州市政府曾承诺，保证在9年之内从南面进出福州市的车辆全部通过收费站，如果因特殊情况不能保证收费，政府出资偿还外商的投资，同时保证每年18%的补偿。但是，2004年5月16日，福州市二环路三期正式通车，大批车辆绕过闽江四桥收费站，公司收入急剧下降，投资收回无望，而政府又不予兑现回购经营权的承诺，只得走上仲裁庭。该项目中，投资者遭遇了项目唯一性风险及其后续的市场收益不足风险和政府信用风险。福建泉州刺桐大桥项目和京通高速公路的情况也与此类似，都出现了项目唯一性风险，并导致了市场收益不足。

市场需求变化风险是指排除唯一性风险以外，由于宏观经济、社会环境、人口变化、法律法规调整等其他因素使市场需求变化，导致市场预测与实际需求之间出现差异而产生的风险。例如在山东中华发电项目中，由于山东电力市场的变化和国内电力体制改革对运营购电协议产生了重大影响：一是电价问题。1998年，根据原国家计委曾签署的谅解备忘录，中华发电在已建成的石横一期、二期电厂获准了0.41元/度这一较高的上网电价；而在2002年10月，菏泽电厂新机组投入运营时，山东省物价局批复的价格是0.32元/度，这一电价不能满足项目的正常运营。二是合同中规定的"最低购电量"也受到威胁。2003年开始，山东省计委将以往中华发电与山东电力集团间的最低购电量5500小时减为5100小时。由于合同约束，山东电力集团仍须以"计划内电价"购买5500小时的电量，价差由山东电力集团掏钱填补，这无疑打击了山东电力集团公司购电的积极性。在杭州湾跨海大桥、闽江四桥，刺桐大桥和京通高速等项目中也存在这一风险。

(3) 建设及运营风险。建设及运营风险是指在PPP项目的实际建设及运营过程中，社会资本方所面临的风险，包括项目建设过程中的技术风险，项目的财务风险、运营风险等。这就要求企业合理设定自身的资本结构，在项目实施过程中进行适当的风险评估和风险管理。

配套设备服务提供风险指与项目相关的基础设施不到位引发的风险。在这方面,汤逊湖污水处理厂项目是一个典型案例。2001年,凯迪公司以BOT方式承建汤逊湖污水处理厂项目,建设期两年,经营期20年,经营期满后无偿移交给武汉高科(代表市国资委持有国有资产的产权)。但一期工程建成后,配套管网建设、排污费收取等问题迟迟未能解决,导致工厂一直闲置,最终该厂整体移交武汉市水务集团。

收费变更风险是指由于PPP产品或服务收费价格过高、过低或者收费调整不弹性、不自由导致项目公司的运营收入不如预期而产生的风险。例如,由于电力体制改革和市场需求变化,山东中华发电项目的电价收费从项目之初的0.41元/度变更到了0.32元/度,使项目公司的收益受到严重威胁。

2.2.3.3 不同形式的PPP模式风险与收益比较

广义的PPP模式包括三种,即依托政府外部行政授权的非股权合作形式,买卖契约合作形式(政府采购、政府购买服务),股权合作形式。不同的PPP模式,社会资本方相应的风险和收益也不相同,具体比较如表2-2-1。

表2-2-1　不同PPP合作形式下社会资本方收益与风险对比

类型	具体表现		收益	风险
依托政府外部行政授权的非股权合作形式	外包	BT、BTO	1.获取新的业务增长点 2.服务期限短	1.与政府议价能力不足 2.难以达到政府的资格要求
	特许经营	BOOT、BLT、OOST	1.获取特许经营收益 2.获得良好声誉	1.易受政府干预 2.经营收益没有保障
	私有化	BOO	1.自主性强 2.扩展经营范围	1.经营周期长 2.运营收益没有保证 3.政府国有化风险
依托买卖合同的合作形式	政府采购、政府购买服务		1.获取政府客户 2.依靠合同稳定政企关系 3.买卖合同利于寻求司法保护	1.与政府议价能力不足 2.政府利用优势地位签订不平等条款 3.政府违约
以股权合作为基础的合作形式	成立PPP项目公司		1.营造良好的政企关系 2.获得新的发展空间 3.提升融资能力,扩展融资渠道	1.政治风险:法律变更风险、审批延误风险、政治决策失误/冗长风险、政治反对风险、政府信用风险、腐败风险 2.经济风险:融资风险、市场收益不足风险、项目唯一性风险、市场需求变化风险 3.建设及运营风险:配套设备服务提供风险、收费变更风险

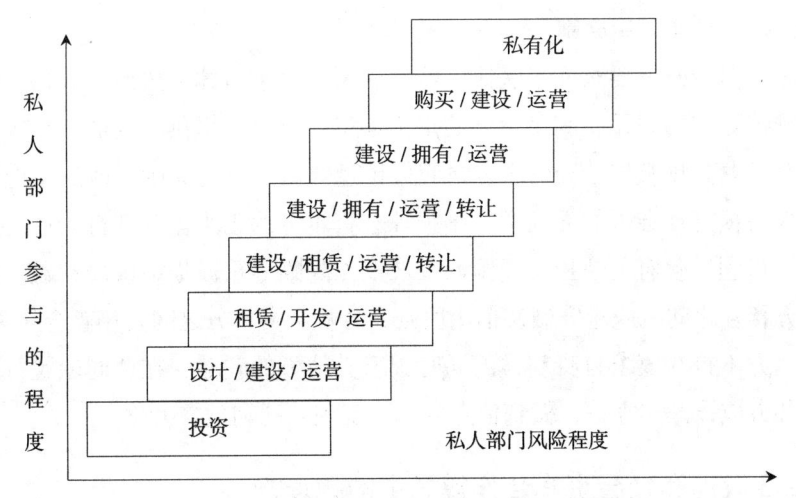

图 2-2-1　私人部门参与 PPP 项目的风险程度

2.2.4 社会资本方在 PPP 模式中应坚持的原则

社会资本方作为行政管理的相对人和民事行为的一方主体，既接受政府的行政管理，处于被管理者的地位，又作为与政府平等的民事主体，依法履行合同义务，享受合同权利。这就要求社会资本方要合理界定自己的地位；在不同的法律关系中应坚持不同的原则，适用不同的法律，以此来维护自身利益。具体而言，社会资本方在参与 PPP 模式中，除了应该接受政府行政监管外，在民事领域应坚持以下几个原则。

2.2.4.1 平等公平原则

平等原则是指法律地位平等，即参与民事活动的当事人地位平等。主要体现为观念上的平等性，法律地位上的平等性，以及法律适用上的平等性。

公平原则包括两层含义：一是立法者和裁判者在民事立法和司法的过程中应维持民事主体之间的利益均衡；二是民事主体应依据社会公认的公平观念从事民事活动，以维持当事人之间的利益均衡。

2.2.4.2 契约法制原则

契约法制原则包括两层含义，即意思自治原则和合法原则。PPP 模式是一个复杂的合同体系，根据意思自治原则，有关主体之间可以根据自身意志协商确定相互之间的权利义务，不受其他方主体的干涉。合法原则要求各方主体依法履行义务、行使权利，以及在权利得不到保护时，可以寻求法律的救济和保护。

2.2.4.3 诚实信用原则

诚实信用原则要求处于法律上特殊联系的民事主体应忠诚、守信，做到谨慎维护对方的利益、满足对方的正当期待、给对方提供必要的信息等。在 PPP 模式中，政府与社会资本方之间应该遵守诚实信用原则，政府不应滥用自身权力损害社会资本方利益，维护社会资本方的正当盈利期待，社会资本方也不得利用政府欠缺相关经验而采取欺诈隐瞒等手段损害政府利益。社会资本方相互之间也应遵守诚实信用原则，各社会资本方之间是相互合作关系，任何一方不得在谋求自身利益的同时损害其他方的利益，在合同的履行过程中，各方应该诚实守信，做到信息共享，实现共同利益最大化。

2.3 政府和社会资本合作模式中的融资方

在整个 PPP 项目建设过程中，融资方可以提供相应的资金支持，以满足项目的资金需求。融资方既包括银行，也包括非银行金融机构，由此为项目公司提供了更多可供选择的融资方式，使其在融资渠道的选择以及资本结构的安排上更具灵活性。

2.3.1 融资方的定义和范围

2.3.1.1 融资方的定义

融资方是指在 PPP 建设和运营过程中，为其提供融资支持的银行及非银行金融机构。PPP 项目的融资方通常有商业银行、出口信贷机构、多边金融机构（如世界银行、亚洲开发银行等）以及非银行金融机构（如信托公司）等。根据项目规模和融资需求的不同，融资方可以是一两家金融机构，也可以是由多家银行或机构组成的银团。

2.3.1.2 融资方的范围

PPP 项目中的融资方具体可以分为银行类金融机构以及非银行类金融机构，银行类金融机构又可以划分为商业银行、政策性银行。具体来说，主要包括以下几类。

（1）商业银行。根据《中华人民共和国商业银行法》[1]的相关规定，商业

---

[1] 1995 年 5 月 10 日第八届全国人民代表大会常务委员会第十三次会议通过，根据 2003 年 12 月 27 日第十届全国人民代表大会常务委员会第六次会议《关于修改〈中华人民共和国商业银行法〉的决定》修正。

银行是指依照本法和《中华人民共和国公司法》设立的吸收公众存款、发放贷款、办理结算等业务的企业法人。商业银行以安全性、流动性、效益性为经营原则，实行自主经营，自担风险，自负盈亏，自我约束，经营的主要目标是追求自身利润的最大化。

(2) 出口信贷机构。出口信贷机构是指为了使本国出口企业在出口贸易中得到有利信贷条件，获取国外竞争优势而由一国政府成立的机构。出口信贷机构承担国家政策支持职能，不以营利为目的，通过以优惠条件为企业提供贷款，以支持其购买设备、技术和服务所需资金，促进本国设备、技术或服务的出口。我国的出口信贷机构主要是中国进出口银行。

(3) 多边金融机构。多边金融机构是指由多个国家联合建立的从事国际金融管理和国际金融活动的超国家性质的组织机构。目前在支持基础设施建设领域的多边金融机构主要有世界银行、亚洲开发银行以及中国目前正在组建的亚洲基础设施投资银行。

亚洲基础设施投资银行是一个政府间性质的亚洲区域多边开发机构，重点支持基础设施建设，总部设在北京。该银行的建立可以弥补亚洲发展中国家在基础设施投资领域中存在的巨大资金缺口，支持发展中国家基础设施投资建设，促进各国经济发展，补充世界银行以及亚洲开发银行的功能不足。

(4) 非银行金融机构。非银行金融机构是指以发行股票、接受信用委托、提供保险等形式筹集资金，并将所筹集的资金用于长期性投资的金融机构。非银行金融机构与银行机构的主要区别在于资金来源不同，银行通过吸收存款筹集资金用于投资，而非银行金融机构采取其他方式筹集资金，因而其所受到的规制要小于银行类金融机构，相关的成本也要小于银行。一般来说，可以适用于PPP融资的非银行金融机构有信托公司、融资租赁公司等。

2.3.2 PPP项目中的主要融资方式

一般而言，PPP项目外部融资以银行贷款为主。随着近些年来融资渠道的扩展，逐步出现了债券、资产证券化等融资方式。

2.3.2.1 贷款

贷款是指从银行或其他金融机构以事先约定的利率及还款条件等取得资金的方式。随着我国近些年来经济的发展，间接融资成为国内企业的主要融资方式，在PPP项目的建设过程中，资金来源也以贷款为主。为PPP项目提供贷款的有商业银行、出口信贷机构、多边金融机构以及非银行金融机构。

2.3.2.2 债券

债券是指 PPP 项目公司直接向社会筹集资金时，向投资者发行，并承诺按一定利率支付利息并按照约定条件偿还本金的债权债务凭证。债券融资属于直接融资，因此融资成本要低于属于间接融资的贷款，此外发行的债券具有流动性。项目公司可以根据需要随时赎回债券以减轻压力，因而使项目公司的资本结构具有灵活性。但是受信用评级的影响，债券的利率具有不确定性，同时，法律对债券发行施加了诸多限制，因此债券能否成功发行会有不确定性，债券的发行成本相对来说比较高。

2.3.2.3 资产证券化

资产证券化是指以特定资产组合或特定现金流为支持，发行可交易证券的一种融资形式。资产证券化可以使缺乏流动性的资产转化为在金融市场上可以自由买卖的金融债券，使其具有流动性。在 PPP 项目中，一般是以政府的特许经营权，把项目在运营过程中所产生的现金流打包作为一个资产池，发行证券，通过项目在运营过程中盈利产生的现金流来归还债券利息和本金。资产证券化的优点是可以降低融资成本，增强项目资产的流动性，但是缺点是风险加大。如果项目未来的现金流低于预期，会产生巨大的还本付息压力，此外资产证券化发行过程复杂，里面涉及多方主体，发行成本高。

2.3.2.4 融资租赁

融资租赁是指出租人对承租人所选定的租赁物件，进行以其融资为目的的购买，然后再以收取租金为条件，将该租赁物件中长期出租给该承租人使用。PPP 项目公司可以与融资租赁公司签订融资租赁协议，由租赁公司购买 PPP 项目公司所需设备，项目公司租赁使用该设备。这种方式的优点是，项目公司可以把购买设备的巨大资本支出分摊为若干期的租金支付，减轻了开始时的巨大资金支出压力，但是这种方式的成本较高，一般而言，租期届满时，支付的租金总和要远高于设备的原始买价。

2.3.3 融资方在 PPP 中发挥的作用

PPP 项目的融资方在解决 PPP 项目的资金需求方面起着巨大的作用，各大金融机构单方或者组成集团集体为 PPP 项目提供资金支持，可以在短时间内筹集大量资金，放大了单纯由政府和社会资本方提供资金的规模，此外，作为外部资金提供方，融资方在项目的建设和运营过程中也发挥着积极的作用。

2.3.3.1 迅速筹集大量资本提供融资支持

政府方和社会资本方组建 PPP 项目公司，为 PPP 项目公司提供股权资金，但是 PPP 项目一般而言需要大量资金，单靠政府和社会资本方的股权资金毕竟数量有限，而银行及非银行金融机构资金规模巨大，通过引入融资方参与 PPP 项目建设，提供债权资金，可以远远放大 PPP 项目的资金规模。此外，融资方具有资金供给能力强、提供及时、不参与项目运营管理的特征，这也很好地符合了项目公司自主经营的需要。

2.3.3.2 发挥杠杆效益

政府方和社会资本方共同出资成立项目公司，所出资金成为项目公司的股权资金。作为股东权益，一般要求可变回报，而融资方提供的资金属于债权资金，债权资金要求固定回报、定期还本付息。固定债务引入项目公司的资本结构，可以发挥财务杠杆的作用，财务杠杆是指每股收益的变动幅度与息税前利润的变动幅度之比，由于财务杠杆的存在，每股收益的变动幅度会大于息税前利润的变动幅度。因此在项目运营产生收益时，作为股东的社会资本方会获得更大的收益。但与此同时，也加大了项目运营的风险，如果项目运营出现亏损，股东也将承受更大的损失。

2.3.3.3 进行外部监管

随着债权人引入项目公司，作为利益相关者，债权人对项目的运营提出了更多的要求，这体现为在签订债务合同时，合同条款对项目公司的约束，也体现为在项目运营过程中，债权人对项目运营的信息披露、管理方式等方面的要求。一般而言，债权人在与项目公司签订债务合同时，会规定有消极性条款和积极性条款，消极性条款对项目公司的资产抵押、债务融资规模、股利发放等方面做了限制，积极性条款则对项目的财务比率及其他方面做了要求。这可以视为融资方基于对自身债权安全性的考虑而对项目运营进行的外部监督。

2.4 政府和社会资本合作项目中的承包商和分包商

PPP 项目的建设一般由项目公司与相应的承包商、分包商签订合同来完成，因此对于承包商、分包商的选择显得尤为重要。在这个过程中，既要考虑其相关的法律资质，又要根据项目的具体需要进行选择。

2.4.1 承包商和分包商的定义

2.4.1.1 承包商

PPP项目的承包商是指具有一定生产能力、技术装备和资金支持，具有国家批准的资质证书，取得承包工程建设任务的营业资格，并按照PPP项目主管政府部门和社会资本方或者由其组建的项目公司的要求，提供所要求的建筑产品，并获得工程价款的建筑企业。

承包商主要负责项目的建设，通常与项目公司签订固定价格、固定工期的工程总承包合同。一般而言，承包商要承担工期延误、工程质量不合格和成本超支等风险。对于规模较大的项目，承包商可能会与分包商签订分包合同，把部分工作分包给专业分包商，承包商负责管理和协调分包商的工作。

2.4.1.2 分包商

PPP项目的分包商是指承担由承包商所承包合同项目的一部分工作的企业。根据具体项目的不同情况，分包商从事的具体工作可能包括设计、部分非主体工程的施工，提供技术服务以及供应工程所需的货物、材料、设备等。

2.4.2 承包商和分包商的主体资格

在PPP项目建设过程中，承包商和发包商的选择是影响工程技术成败的关键因素，其技术水平、资历、信誉以及财务能力很大程度上会影响贷款人对项目的商业评估和风险判断，是项目能否获得贷款的一个重要因素。承包商和分包商都属于建筑施工企业，应根据我国的相关规定取得相应的资质。

根据《中华人民共和国建筑法》第十二条规定，从事建筑活动的建筑施工企业、勘察单位、设计单位和工程监理单位，应当具备下列条件：①有符合国家规定的注册资本；②有与其从事的建筑活动相适应的具有法定执业资格的专业技术人员；③有从事相关建筑活动所应有的技术装备；④法律、行政法规规定的其他条件。第十三条指出，从事建筑活动的建筑施工企业、勘察单位、设计单位和工程监理单位，按照其拥有的注册资本、专业技术人员、技术装备和已完成的建筑工程业绩等资质条件，划分为不同的资质等级，经资质审查合格，取得相应等级的资质证书后，方可在其资质等级许可的范围内从事建筑活动。第十四条指出，从事建筑活动的专业技术人员，应当依法取得相应的执业资格证书，并在执业资格证书许可的范围内从事建筑活动。

2.4.3 承包商和分包商的职责及风险

（1）按时完成工程建设。在承包商与项目公司签订项目承包合同时，一般会对项目建设工期进行明确约定，承包商在将项目部分内容分包给分包商时也会对工期进行事先约定。因此无论是承包商还是分包商都应按照合同事先约定，按时完成工程建设，对于超过工期完成的，承包商和分包商要承担相应的违约责任。但是由于不可抗力造成的工期延误，可以免除相应的违约责任。

（2）按要求完成工程建设。承包商在与项目公司签订项目承包合同时，会就所承包项目的具体要求，比如用途、规格、使用年限、环保标准等做出明确规定，承包商在分包项目部分内容时，也会对所分包内容的具体要求对分包商做出明确要求。分包商和承包商必须按照要求完成工程建设，如果所完工工程不符合事先的约定，则由其承担相应的违约责任。

（3）保证工程质量。由于 PPP 项目事关公众生产和生活，因此对其质量要求就显得格外严格，需要经过层层检查和测试。承包商和分包商必须按照项目公司的要求提供相应质量的工程建设，不得偷工减料，影响工程质量。

2.5 政府和社会资本合作项目中的专业运营商

根据 PPP 项目运作方式的特点，项目公司有时会把项目的部分运营和维护事务交给专业运营商负责。这就要求项目公司根据项目需要选择合适的专业运营商，并在其提供服务的过程中，发挥其优势，弥补其缺陷。

2.5.1 专业运营商及其职责

专业运营商是指通过专业技术手段，提供某项特定服务的公司。在 PPP 项目运营过程中，项目公司负责整个项目的运营，项目公司会根据自身的人员、资源配置特点和不同 PPP 项目运作方式和风险、收益特点，将项目部分的运营和维护事务交给专业运营商负责。根据项目性质、风险分配以及运营商资质能力等不同，专业运营商在不同项目中所承担的工作范围和风险也会不同。例如，在一些采用政府付费机制的项目中，项目公司不承担需求风险或仅承担有限需求风险的，可能会将大部分的运营事务交由专业运营商负责；而在一些采用使用者付费机制的项目中，由于存在较大需求风险，项目公司可能仅仅会将部分非核心的日常运营管理事务交由专业运营商负责。

在这个过程中，该部分的转移只代表项目经营权而非所有权的转移，通过项目公司与专业运营商签订运营协议来实现。根据协议约定，专业运营商负责在一段时间内，运用其在该领域的技术优势进行运作，项目公司进行付费或者将项目运营的一部分收益归其所有。待合同期满，项目公司可以根据项目的运营需要以及专业运营商的绩效情况，决定是否再签订运营协议。

2.5.2 专业运营商在 PPP 项目中的作用与不足

在 PPP 项目中，专业运营商并不是都会出现，只是根据项目的需要，适用于部分项目。专业运营商作为市场化主体，具有专业技术背景支撑，并在市场竞争中，能够不断提高效率和效益。将其引入 PPP 项目运营过程中，可以实现项目部分内容的分离经营和管理，这既会降低项目公司的运营压力和运营成本，也会提高运营效率，为大众提供更好的服务。但与此同时，专业运营商作为独立于项目公司的主体，会出现协调不善、与项目公司目标不一致的情况。具体来说，专业运营商在 PPP 项目运营过程中优势与不足并存。

2.5.2.1 专业运营商在 PPP 项目运营过程中发挥的作用

（1）专业运营商承担项目部分运营，减轻项目公司压力。PPP 项目投资规模大，涉及内容多，时间跨度长，由项目公司负责整个项目的运营和维护，难免会出现在某些领域缺乏技术、经营和管理方面相关人才，或者出现人员冗杂、管理混乱的情况。通过引入专业运营商负责项目部分内容的运营服务，可以极大地降低项目公司的管理范围，精减人员，避免公司内部的管理混乱和协调困难，也可以把特定的部分分配给最适合的运营商去做，提高效率，降低成本。

（2）专业运营商提供专业技术支撑，以优化项目运营。专业运营商具有在其主营领域的专业人才以及相关的专业服务经验，将 PPP 项目的部分内容交给专业运营商去做，让其发挥在该领域的优势，不仅能提高服务效率，而且能够提高服务质量。专业运营商清楚该环节的技术难点，对容易出现技术问题的地方，可及时进行维护和修复，减少安全隐患，提升用户满意度。

2.5.2.2 专业运营商在 PPP 项目运营过程中存在的问题

（1）专业运营商与项目公司目标不一，增加协调成本。专业运营商是独立于项目公司的市场化主体，有其独立的管理决策机构，专业运营商通过与项目公司签订运营协议来负责项目的运营。项目公司的运营目标是整个项目

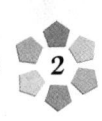

运营的利益最大化，这既包括实现政府服务大众的目标，也包括实现社会资本方盈利的需要，而专业运营商的目标仅是从自己承担的项目运营部分实现利益最大化。这就有可能导致局部利益与整体利益的冲突，专业运营商有可能为了自身利益而不服从项目公司的要求，而项目公司也可能为了使专业运营商能够提供自己所要求的服务，而增加对专业运营商的激励、奖励支出。此外，双方可能会就运营过程中出现的问题，进行长时间的沟通、协调、讨价还价，这无形中又增加了时间和货币成本。

（2）专业运营商片面追求商业利益，影响服务质量。专业运营商作为市场化主体，以盈利为目的，而盈利的方式既包括提高服务价格，也包括降低服务成本。专业运营商在与项目公司签订协议确定服务价格后，具有降低服务成本的趋向。降低服务成本既包括提高经营效率，也包括降低服务质量，而后者显而易见，更容易实现。专业运营商可能会减少服务人员、降低服务水准、减少服务项目、采用低质量投入等来降低成本，这对于项目公司来说是巨大的风险。

2.6 政府和社会资本合作模式中的原材料供应商

在一些PPP项目中，为保质保量地获得原料供应，项目公司一般会与特定的原料供应商签订合同，因此原料供应商也是该类项目的重要参与方之一。项目公司应明确标准，采取严格措施，对原料供应商进行筛选。

2.6.1 原料供应商的定义

原料供应商并不是所有项目中都会出现的，只适用于部分PPP项目。在一些PPP项目中，原料的及时、充足、稳定供应对于项目的平稳运营至关重要，因此原料供应商也是这类项目的重要参与方之一。

根据商务部出台的《零售商供应商公平交易管理办法》（商务部令2007年第17号）中的相关规定，所谓供应商是指直接向零售商提供商品及相应服务的企业及其分支机构、个体工商户，包括制造商、经销商和其他中介商。在PPP项目中，原料供应商就是指为PPP项目的建设和运营提供原材料的相关主体。

2.6.2 原料供应商的资质要求

PPP 项目建设运营时间跨度长，项目运营关系普通大众日常生活，一旦出现问题，容易引起社会强烈反响，社会危害性大。这就要求 PPP 项目的原料供应商必须能够为 PPP 项目提供高质量的原料，并与 PPP 项目公司维持良好的长期合作伙伴关系，保障原材料的及时、稳定、合格供应。作为 PPP 项目原料供应商，必须满足以下几个方面的要求。

2.6.2.1 供应商的财务经营状况

供应商的财务经营状况直接关系到供应商自身的经营稳定性，决定其能否为 PPP 项目提供长期稳定的材料供给。供应商的财务状况是指供应商的财务结构以及由此决定的财务风险，主要考察供应商的流动比率、速动比率、资产负债率、利息覆盖比率等，以评估其偿还短期和长期债务本金和利息的能力。如果企业财务出现问题，偿债承受压力，就会出现破产清算的风险，这直接影响到其交货和履约的绩效。此外也要从企业的资本规模上考察企业，PPP 项目运营要尽量选择规模合适的供应商，避免与小的资质不合格的供应商合作。供应商的经营状况是指供应商的日常运营管理效率，包括其机器设备的更新改造情况、技术升级换代情况、日常生产管理情况，以及供应商的内部组织架构、内部控制体系等，这几个方面直接关系到供应商的生产能力，决定其能否及时提供原材料，也关系到产品的质量。

2.6.2.2 供应商的内部质量控制

供应商提供产品的质量是评估供应商的重要标准，对供应商提供产品的质量评估要从两个方面抓起：一是供应商内部的质量控制，主要考察供应商的质量管理体系是否健全，供应商是否通过相关的质量体系认证，比如是否通过 ISO9000 认证，内部是否建立起质量控制的相关标准，是否制定了相关措施控制产品质量，内部工作人员是否按照该质量体系和内部控制标准严格执行。二是供应商提供产品的质量水平，既包括所采购商品的质量是否符合 PPP 项目要求的质量标准（质量标准太低，难以满足项目建设需求，质量水平要求太高，会造成额外的成本支出，因此，并不是质量越高越好），也包括所采购产品质量的合格率是否处于可接受区间，如果合格率太低会造成额外的废品损失成本，不利于 PPP 项目的成本控制。

2.6.2.3 供应商的整体服务水平

供应商的整体服务水平考察，包括以下几个方面：一是供应商能否按约定的交货期限和交货地点，按期如约提供货物。如果供应商经常出现不能如期交货的情况，就会导致项目产生断料停工的风险，难以保证建设的连续性；同时也不能出现提前到货的情况，这会提高原料的储存成本，加大原料存储变质损坏风险。二是供应商在出售产品过程中提供的介绍咨询服务，如采购方对所采购的产品不甚了解，供应商能够提供相应的说明和使用介绍，并对所出售的产品进行售前和售后使用说明服务。三是供应商在销售产品后的安装和技术支持服务，如所购买产品需要安装的，供应商能及时提供安装服务，这样可以缩短采购方的设备投产运行时间。产品需要后续技术支持服务的，供应商应能提供相应的技术支持，比如产品的升级换代、后续维护等。

2.6.2.4 供应商的成本价格水平

供应商提供原料的价格是PPP项目建设运营过程中需要重点考虑的一个方面，这并不是说价格最低的供应商就是最合适的供应商，要结合供应商所提供产品的质量、交货时间以及采购规模等方面综合考虑PPP项目可接受的投入原料价格水平，采取公开招标或者竞争性报价的方式选择价格合适的供应商。对于涉及垄断的产品，由于供应商只有一家，其议价能力强，此时项目公司应合理评估该垄断产品的成本，制定策略，通过谈判来确定价格。供应商提供原料的成本是指在供应商提供原料的过程中，除采购价格外的其他支出，如相关税费支出、运输费支出等，以及供应商是否提供有现金折扣、商业折扣、采购数量优惠等，PPP项目在原料采购过程中，应综合考虑相关成本，选择成本最小化的公司。

2.6.3 原料供应商的筛选

PPP项目要求原料供应商能够及时提供高质量的原材料，这就对原料供应商的资质提出了更高的要求，为此，应量化原料供应商的具体要求，建立公平透明的供应商筛选程序。此外，由于PPP项目时间跨度长，中间更换原料供应商的成本高，因此也应注重维护与原料供应商的长期合作伙伴关系。

原料供应商的筛选程序如下：

(1) 建立评价小组。组员应来自于采购、生产、财务、技术、市场等部门，小组的活动应得到公司高层以及供应商的支持。

（2）制定评价指标。包括价格、质量、到货速度、技术水平、售后服务等，建立一个合理量化的指标评价体系。

（3）确定备选名单。通过相关信息渠道了解市场上可以提供PPP所需原料的供应商，并进行初步分析，确定候选名单。

（4）供应商评价。对候选名单上的供应商进行初步评价和实地考察。

（5）确定供应商。根据供应商的评价结果选择合适的供应商。供应商选择应尽量避免只选择一家，规避原料供应风险。

2.7 政府和社会资本合作项目中的产品或服务购买方

在某些PPP项目中，项目公司会与有关主体事先签订合同，确定项目产品或服务的购买方，以此来对项目的未来收益做出预测，而相应的产品或服务的购买方也将在PPP项目的建设和运营过程中发挥能动性，并起到监督和指导作用。

2.7.1 产品或服务购买方

PPP项目产品和服务的购买方是指实际支付以获取PPP项目提供的产品或服务的主体。购买方一般与项目公司就其所提供的产品和服务，协商确定价格，双方属于民事领域的买卖关系，地位平等，价格的确定，产品和服务数量的确定，都由双方在协商一致的基础上做出，任何一方都不得有强买强卖的行为。PPP项目的产品和服务购买方并不是所有项目都存在的，对于一般项目中的使用者付费使用，并不属于这里所说的产品和服务购买方。在这里强调所谓的产品和服务购买方是一个集合类的主体，可以是公司、企业或者其联合体，通过采取集体议价购买的方式，与PPP项目公司签订长期协议，确定购买内容，也可以是政府作为购买方，采取付费方式获得相应的服务。

2.7.2 产品和服务购买方在PPP项目中的作用

在PPP项目中，产品和服务的购买方通过与PPP项目公司签订买卖合同，协商确定产品和服务的价格和数量。一般而言，这种合同的时间跨度长，由合同法保障其实施，可以此为依据，对项目的长期运营收益进行合理估计，此外，购买方会对所购买的产品和服务提出要求并进行监管，这无疑有利于PPP项目公司管理的完善和效率的提高。

2.7.2.1 预期项目收益，进行项目规划在包含运营内容的 PPP 项目中，项目公司通常通过项目建成后的运营收入来回收成本并获取利润。为了降低市场风险，在项目谈判阶段，项目公司以及融资方通常都会要求确定项目产品或服务的购买方，并由购买方与项目公司签订长期购销合同以保证项目未来的稳定收益。通过签订长期合同，可以合理估计购买方在未来一定年限的产品和服务购买量以及购买价格，并以此来估计项目未来的盈利情况和现金流入，以此作为项目投资成本回收期估算以及融资主体融资风险管理的依据。

2.7.2.2 提出项目建设标准和要求

产品和服务的购买方一般而言是市场化主体，因此在产品和服务购买时，会结合成本效益原则以及自身对产品和服务的需要进行综合考量，在此基础上，与项目公司签订合同。因此，产品和服务的购买方会对项目施加诸多限制和要求，比如产品或服务的价格必须合理，技术满足其需求，这就对项目公司在项目建设过程中提出了标准和要求，促使其不断提高管理效率以降低成本，注重技术开发以防止所提供的产品和服务跟不上购买方的要求。在这种外部压力的迫使下，有利于项目公司整体水平的提高。

2.7.2.3 提供项目运营外部监管

由于产品和服务的购买方与项目公司签订长期合同，要求项目公司长期稳定地提供产品和服务，因此，外部购买方会实时监管项目公司，防止其供应的中断或者供应产品和服务质量的恶化。这种监管既体现为对由 PPP 项目提供的产品和服务质量的监测和把控，也表现为对项目公司的运行流程和内部管理情况的监控。

2.8 政府和社会资本合作项目中的保险公司

PPP 项目本身的特点决定了其风险的复杂多样，为了保障合同的履行以及项目的正常建设和运营，项目公司会与保险公司签订多个保险合同，因此保险公司在其中发挥着重要的作用。项目公司应该根据风险种类以及承保能力合理选择保险公司。

2.8.1 保险公司的定义

根据《中华人民共和国保险法》(以下简称《保险法》)[①]的有关规定,保险公司是指经保险监管部门批准设立,并依法登记注册的各类商业保险公司。对于PPP项目公司来说,采取保险本身并不能降低项目建设和运行过程中出现的风险,但是保险提供了一种风险转移的手段,PPP项目建设运营过程中,签订保险合同可以把风险转移给保险公司。当出现损失时,保险公司将承担相应的赔偿责任。

2.8.2 保险公司承保的风险

由于PPP项目通常资金规模大、生命周期长,负责项目实施的项目公司及其他相关参与方通常需要对项目融资、建设、运营等不同阶段的不同类型的风险分别进行投保。通常可能涉及的保险种类包括货物运输险、工程一切险、针对设计或其他专业服务的雇主责任险、针对间接损失的保险、第三者责任险等。(具体解读详见第四章第七节保险)

2.8.3 保险公司的资质要求

由于PPP项目投资资金大、运行时间长,一旦发生损失,将造成巨大的影响,因此就要求承担PPP项目保险的公司必须具备相应的资质和能力,当发生损失时,有足够的资金来承担赔偿责任。我国《保险法》对保险公司的设立资本进行了最低限制,依据《保险法》第六十九条规定,设立保险公司,其注册资本的最低限额为人民币二亿元。国务院保险监督管理机构根据保险公司的业务范围、经营规模,可以调整其注册资本的最低限额,但不得低于本条第一款规定的限额。保险公司的注册资本必须为实缴货币资本。

此外,我国《保险法》也对保险公司的准入门槛进行了最低限制,《保险法》第六十八条规定,设立保险公司应当具备下列条件:

①主要股东具有持续盈利能力,信誉良好,最近三年内无重大违法违规记录,净资产不低于人民币二亿元;②有符合本法和《中华人民共和国公司法》规定的章程;③有符合本法规定的注册资本;④有具备任职专业知识和业务工作经验的董事、监事和高级管理人员;⑤有健全的组织机构和管理制

[①]《中华人民共和国保险法》已由中华人民共和国第十一届全国人民代表大会常务委员会第七次会议于2009年2月28日修订通过,现将修订后的《中华人民共和国保险法》公布,自2009年10月1日起施行。

度；⑥有符合要求的营业场所和与经营业务有关的其他设施；⑦法律、行政法规和国务院保险监督管理机构规定的其他条件。

以上规定只是我国《保险法》对保险公司资质所做的最一般的要求。PPP项目在建设运营过程中，应根据需要适当提高对保险公司的资质要求，并可根据需要保险的项目和内容，结合保险公司的业务范围，选择保险公司。

2.9 政府和社会资本合作项目中的其他参与方

除上述参与方之外，开展PPP项目还必须充分借助投资、法律、技术、财务、保险代理等方面的专业技术力量，因此PPP项目的参与方通常还可能会包括上述领域的专业机构。

2.9.1 投资专家

一般来说，投资主体进入PPP项目，从事辅助工作，表现在以下几个方面：第一，投资项目的营利性论证。政府根据社会需要，决定投资项目，政府的投资顾问要对该项目的未来经济利益流入进行合理评估，以此决定该项目的运营期以及政府是否需要补助和补助数额的大小。社会资本方的投资专家结合项目本身的盈利能力以及政府的补助，综合考虑企业的资金成本。在成本效益原则综合考虑的情况下，决定是否加入该项目，投资规模该定为多少。第二，投资项目的风险分析与管理。投资专家帮助PPP有关各方就PPP项目本身的风险进行分析，并寻找合适的风险管理工具进行风险管理。风险管理方式，既包括根据风险性质以及收益风险对等原则，在有关主体各方进行风险分担，也包括采取措施，进行风险转移、风险规避等。

2.9.2 法律人员

在PPP项目中，法律人员发挥两方面的作用：一方面作为法律顾问，帮助项目中的各方主体提出法律方面的相关意见和建议，以使该主体的行为符合法律规定并能享受法律保护。其中包括合同的拟定、相关资格的审批和取得、相关行为需要经过的法律程序等。另一方面是权利维护。如果在项目运营过程中，有任何一方主体违反法律或者合同规定，损害其他方主体的利益，使其权利得不到实现，相对方可以在法律人员的帮助下，采取法律手段维护自身权益，包括相关证据的收集、维权手段的选择、诉讼代理等。

2.9.3 技术专家

PPP项目需要有关专家的参与，并贯穿于全过程。在项目前期，有关专家对项目建设要进行合理化、可行性论证，经过专家讨论，证明项目在综合气候、地形、人文等因素考量的前提下是可行的；在项目建设过程中，有关专家要结合项目建设进度，对建设过程中出现的紧急问题，进行突击应对，保证项目建设的顺利进行；在项目建成后，有关专家要对项目进行验收，检查项目是否存在安全隐患，技术上是否达标等；在项目运营过程中，有关专家还需对项目进行维护，并根据具体情况，针对出现的问题，随时应对。

2.9.4 财务人员

PPP项目涉及巨大的资金筹集与使用，因此就需要财务人员进行协助和管理。在这个过程中，财务人员主要发挥以下几个作用：第一，资金收支记录。财务人员通过对项目建设运行过程中的资金收支进行及时记录，可以准确反映每一笔资金的使用情况、经办人员，便于明确责任，为管理者提供决策信息。第二，资金筹划。财务人员一般对资本市场的资金供求以及项目的资金使用情况比较了解，因此能够掌握项目的资金动态，知道是否需要融资，融资数量，最佳融资方式，融资成本控制等。第三，资金使用监督。包括事前监督，体现为预算规划和控制；事中监督，体现为资金日常收支管理；事后监督，体现为经济责任的倒查机制。通过审计追查资金使用情况。

2.9.5 保险代理人

根据《保险代理人管理暂行规定》，所谓保险代理人，是指根据保险人的委托，向保险人收取代理手续费，并在保险人授权的范围内代为办理保险业务的单位和个人。

在PPP项目中，保险代理人在各方主体的保险购买以及理赔方面发挥着重要的作用。在项目前期，由于保险代理人对保险公司的保险产品以及PPP项目中各方主体的各个环节相对来说比较了解，因此能够根据各方主体的需要，为其提供合适的保险产品，进行保险计划选择，并对产品的用途和范围进行详细介绍；在保险合同签订后，保险代理人能够为各方主体及时解决问题，为其提供持续有效的服务；在相关受保范围内的事故发生时，保险代理人可以帮助各方主体理赔，减少损失。

2.9.6 监理方

PPP项目中的监理方是指受项目公司委托负责监督施工方施工的主体。监理方在实施监理前，需要与作为委托方的项目公司签订监理合同，通过合同明确委托方、监理方的权利义务，以及监理方与施工方之间的相互关系。监理单位在整个监理活动过程中，负责提供与工程管理和工程技术相关的专业知识服务，它不向建设单位承包工程造价，也不参与承包单位的利益分成，通过技术服务获取相应报酬。为避免项目公司与施工方之间因关联交易而导致的监理不独立、监理寻租等问题，可以考虑由政府方或者政府方授权的第三方独立机构，或者政府方与项目公司共同选择的监理机构。

3 政府和社会资本合作项目的基本法律文本体系

在 PPP 项目建设运营过程中，有关主体通过签订一系列合同来明确各自的权利和义务，各个合同并不是相互独立的，而是一个互相联系、互相影响的复杂合同体系。其中起核心作用的是项目合同，此外还包括股东协议、融资合同、保险合同、履约合同等。

3.1 政府和社会资本合作项目合同体系的基本框架及内在逻辑关系

合同体系是指相互联系的一系列合同以一定结构构成的统一整体。在 PPP 项目中，项目参与方通过签订一系列合同来确立和调整彼此之间的权利义务关系，构成 PPP 项目的合同体系。

3.1.1 PPP 项目合同体系的基本框架

PPP 项目的合同通常包括 PPP 项目合同，股东协议，履约合同（包括工程承包合同、运营服务合同、原料供应合同、产品或服务购买合同等），融资合同和保险合同等。在 PPP 项目中，各个合同不是简单的堆砌，而是一个结构严密、相互影响的合同体系。

根据不同的标准，可以对这个合同体系进行分类，以便于更好的对其了解。

3.1.1.1 按合同签约阶段分类

前期筹备阶段、融资建设阶段、运营移交阶段，在各个阶段，有关主体通过签订合同来明确各方的权利、义务，以保障项目正常运行。因此可以根据项目所处的阶段不同，对相应的合同进行分类。

（1）前期筹备阶段。在 PPP 项目前期筹备阶段，政府通过考察社会需求，在获得上级部门批准的前提下，确定项目，进行项目立项，并通过招标的方式选择社会资本方并与之签订协议筹建项目公司。在这个过程中，涉

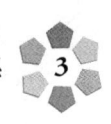

的合同主要有社会资本方就有关项目公司股权结构及公司治理所签订的股东协议，政府与项目公司就 PPP 项目整体及特许权授予情况所签订的 PPP 项目合同。

(2) 融资建设阶段。由于 PPP 项目涉及的资金投入量大，因此在项目公司组建完毕之后，需要从社会融集资金，而融资方案的优劣关系到整个项目的运营收益情况。如果项目在运营及各个环节存在风险，项目公司还需采取措施进行风险管理。在资金筹集完毕后，项目公司将制定方案通过资金投放来完成项目建设。在这个阶段，涉及的合同主要有项目公司与贷款方签订的融资合同，与保险公司签订的保险合同，以及为进行项目建设而与承包商签订的工程承包合同。同时融资方为了降低市场风险，在融资谈判阶段要求项目公司确定项目产品或服务的购买方，并由购买方与项目公司签订长期购买协议来保证项目未来的稳定收益，因此在这个阶段的合同还包括项目公司与购买方签订的产品或服务购买合同。

(3) 运营移交阶段。在项目建成后，将由项目公司负责项目的具体运营，并以运营收益来还本付息、缴纳税款、进行盈利分红等。运营合同期满，项目公司将项目移交给政府。在这个阶段，涉及的合同主要有项目公司将项目全部或部分运营和为维护事务外包给专业运营商而与专业运营商签订的运营服务合同，以及为保障 PPP 项目运营阶段对原料的需求而与原材料供应商签订的原料供应合同等。

3.1.1.2 按合同层次分类

PPP 项目是由一个复杂的合同体系构成的，在这个体系中，各个合同的作用并不是平等的，而是一个多层次的复合体。其中 PPP 项目合同处于项目的核心，是整个合同体系的基础，其他合同都是在 PPP 项目合同的基础上发展而来的，因此 PPP 项目合同处于第一层次；下一个层次的合同就是社会资本方为筹建项目公司而签订的股东协议，项目公司为筹集资金而签订的融资合同，以及为进行风险管理而签订的保险合同；最底层次的合同是为了保障项目的建设和运营，项目公司与有关主体签订的履约合同，包括项目公司与承包方签订的工程承包合同，与运营商签订的运营服务合同，与原料供应商签订的运营服务合同，与购买方签订的产品或服务购买合同等。

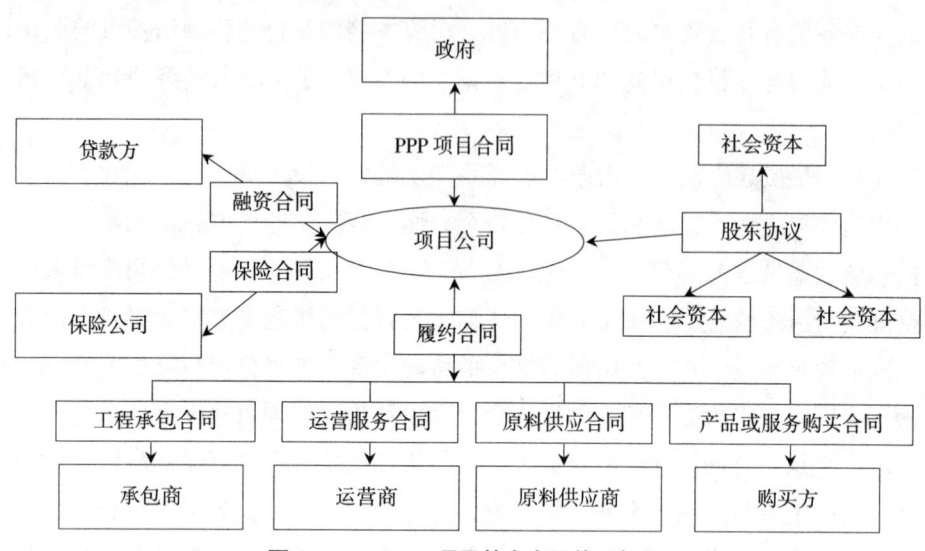

图 3-1-1　PPP 项目基本合同体系框架

3.1.2 PPP 项目合同之间的内在逻辑关系

在 PPP 项目合同体系中，各个合同之间并非完全独立、互不影响，而是紧密衔接、相互贯通的。合同之间存在着一定的"传导关系"，了解 PPP 项目的合同体系和各个合同之间的传导关系，有助于对 PPP 项目合同进行更加全面准确地把握。

在整个 PPP 项目合同体系中，PPP 项目合同处于基础和核心地位。PPP 项目合同的具体条款会直接影响其他合同的具体内容，例如特许权的授予期限、项目移交等内容会影响项目的未来收益，因而就直接影响到作为项目公司股东的社会资本方之间股东协议的内容和项目公司与融资方签订的融资合同的内容。在 PPP 项目合同中涉及的风险分配条款以及各方的责任承担，会影响项目的未来预期风险，也会影响与保险公司签订的保险合同内容。此外，PPP 项目合同的具体约定，还可能通过工程承包或产品服务购买等方式，传导到工程承包（分包）合同、原料供应合同、运营服务合同和产品或服务购买合同上。

社会资本方之间签订的股东协议规定了股东之间的出资情况。项目公司与融资方签订的融资合同规定了融资方的出资情况，社会资本方与融资方的出资共同构成了项目公司的资本来源，因而也会对项目公司与其他主体签订的合同有所影响。例如项目建设的质量以及运营的收益会影响还本付息及红

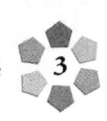

利分配，因此融资合同及股东协议的有关内容会影响工程承包合同、运营服务合同、原料供应合同及产品或服务购买合同等的内容。融资方要求项目公司保证项目未来的稳定收益，因此在提供融资前，项目公司必须签订产品或服务购买合同。在这一点上，融资合同对产品或服务购买合同的影响尤为明显。

保险合同贯穿项目建设运行的全过程，因此，保险公司需要对整个PPP项目的各个环节进行合理评估，在此基础上与项目公司签订保险合同。而项目公司与其他主体签订的合同，直接关系到了整个项目的风险情况，因此，保险合同会受各个合同的影响，既包括履约合同所产生的建设运行风险对保险合同的影响，也包括融资合同及股东协议所产生的资本投入风险对保险合同的影响，还包括PPP项目合同的政府风险对保险合同的影响。

履约合同处于整个PPP项目合同体系的最底层，但也是最关键的一层。履约合同既受其他合同的影响，而其本身的充分履行与否、合同的内容也会影响其他合同的有关内容和履行。例如，分包合同的履行出现问题，会影响到总承包合同的履行，进而影响到PPP项目合同的履行。产品或服务购买合同、运营服务合同及原料供应合同的履行出现问题，会影响融资合同、保险合同的履行，进而影响PPP项目合同的履行。

3.2 政府和社会资本合作项目合同

PPP项目合同是其他合同产生的基础，也是整个PPP项目合同体系的核心，是政府方与社会资本方依法就PPP项目合作所订立的合同。其目的是在政府方与社会资本方之间合理分配项目风险，明确双方权利义务关系，保障双方能够依据合同约定合理主张权利，妥善履行义务，确保项目全生命周期内的顺利实施。虽然不同行业、不同付费机制、不同运作方式的具体PPP项目合同可能千差万别，但也包括一些具有共性的条款和机制。

3.2.1 PPP项目合同的主体及签约

PPP项目合同通常由政府方和社会资本两方签署。政府方是指签署PPP项目合同的政府一方的签约主体（即合同当事人）。在我国，PPP项目合同通常根据政府职权分工，由项目所在地相应级别的政府或者政府授权机构以该级政府或该授权机构自己的名义签署。例如，某省高速公路项目的PPP项目合同，由该省交通厅签署。

在项目初期阶段，项目公司尚未成立时，政府方会先与社会资本（即项目投资人）签订意向书、备忘录或者框架协议，以明确双方的合作意向，详细约定双方有关项目开发的关键权利义务。待项目公司成立后，由项目公司与政府方重新签署正式PPP项目合同，或者签署关于承继上述协议的补充合同。在PPP项目合同中，通常也会对PPP项目合同生效后政府方与项目公司及其母公司之前就本项目所达成的协议是否会继续存续进行约定。

3.2.2 PPP项目合同的主要内容和核心条款

3.2.2.1 合同条款

合同条款（Contract Terms/Contractual Conditions）是合同当事人双方签订合同的合意经过条理化、固定化、体系化、文字化后的产物，是确定当事人权利义务的重要依据。

3.2.2.2 PPP项目合同的主要内容和核心条款

根据PPP项目所处行业、付费机制、运作方式等具体情况的不同，PPP项目合同会千差万别，但一般来讲会包括以下核心条款：引言、定义和解释；项目的范围和期限；前提条件；项目融资；项目用地；项目建设；项目运营；项目维护；股权变更限制；付费机制；履约担保；政府承诺；保险；守法义务及法律变更；不可抗力；政府方的监督和介入；违约、提前终止及终止后处理机制；项目的移交；适用法律及争议解决；合同附件等二十多项主要核心条款，可以说这些核心条款是PPP项目合同的主要内容和必要条款。后文会对这些核心条款一一进行分析解读。

PPP项目合同除了包括一般合同中的常见条款和上述核心条款外，通常还会包括其他一般合同中的常见条款，例如著作权和知识产权、环境保护、声明与保证、通知、合同可分割、合同修订等。

3.2.3 PPP项目合同中的风险分配原则及安排

3.2.3.1 风险分配原则

PPP项目合同的目的就是要在政府方和项目公司之间合理分配风险，明确合同当事人之间的权利义务关系，以确保PPP项目顺利实施和实现物有所值。在设计PPP项目合同条款时，要始终遵循上述合同目的，并坚持风险分配的下列基本原则：①承担风险的一方应该对该风险具有控制力；②承担风

险的一方能够将该风险合理转移（例如通过购买相应保险）；③承担风险的一方对于控制该风险有更大的经济利益或动机；④由该方承担该风险最有效率；⑤如果风险最终发生，承担风险的一方不应将由此产生的费用和损失转移给合同相对方。

在风险管理方面，一般认为应该根据不同主体对不同风险的控制力来进行风险配置。第一，不可抗力风险、法律风险及政策变化风险具有一定的共同特征，即它们均不属于公、私任一方在具体项目中可独立掌控的风险因素，因此一般由双方共同承担。第二，包括通货膨胀风险和需求风险等在内的市场风险，通常由公、私两部门共同承担，但私人部门承担主体部分。这主要是由于在风险管理中起到决定性作用的是风险控制能力而非风险承担能力。尽管公共部门在通货和需求风险方面具有更大的承担力，但作为项目经营权的主要控制者，私人部门在项目市场化运营中更具风险控制与规避能力。如此分配市场风险能够有效隔离公共部门政策取向对项目实施的不当扭曲。第三，利率、运营收入不足、建设成本超支、建设拖期、运营成本超支等一般风险，通常由私人部门完全承担。这不但是公共部门实现项目风险转移的有效手段，同时也是约束私人部门项目经营行为的重要手段。

在行为激励方面，尽管将风险完全转移给私人部门被认为是不适当的，但通过风险配置条款进行适当转移，能够促使项目公司主动地将项目风险及项目风险管理成本控制在最低水平。PPP项目中，公、私部门不但实现资本融合，而且事实上在公共产品提供方面形成委托代理关系，即PPP项目是公、私部门在民商事行为中的人资两合。PPP模式下，出于公共利益需要，公共部门是完整意义上的风险厌恶者。而私人部门的风险成本和预期收益不可能完全对等，并且往往基于对公共资源的良好评价而赋予PPP项目较高溢价。更主要的是，适当承担更多的项目风险，被认为是私人部门社会责任体系的一项重要内容。为了管控风险，私人部门必须提高管理水平和经营业绩，并采取包括信用保险、完工担保、财产保险等在内的保险措施，运用金融体系进一步覆盖风险暴露。由此，在贷款协议、股权协议和保单等融资合同中，往往又涉及保险权益转让和代位求偿条款。

3.2.3.2 常见风险分配安排

具体PPP项目的风险分配需要根据项目实际情况，以及各方的风险承受能力,在谈判过程中确定,在实践中不同 PPP 项目合同中的风险分配安排可能完全不同。下文列举了一些实践中,较为常见的风险分配安排,但需要强调的是,这些风险分配安排并非适用于所有项目,在具体项目中,仍需要具体问题具体分析并进行充分评估论证。

通常由政府方承担的风险,包括:①土地获取风险(在特定情形下也可能由项目公司承担,详见第四章第四节);②项目审批风险(根据项目具体情形不同,可能由政府方承担,也可能由项目公司承担,详见第四章第二节);③政治不可抗力(包括非因政府方原因且不在政府方控制下的征收征用和法律变更等,详见 4.12)。

通常由项目公司承担的风险,包括:①如期完成项目融资的风险;②项目设计、建设和运营维护相关风险,例如完工风险、供应风险、技术风险、运营风险以及移交资产不达标的风险等;③项目审批风险(根据项目具体情形不同,可能由政府方承担,也可能由项目公司承担,详见 4.2);④获得项目相关保险。

通常由双方共担的风险:自然不可抗力;特定情形下的非本级政府能够掌握的政治不可抗力也可以由双方共同承当。

表 3-1-1　PPP 项目中的常见风险清单及责任主体

层级	风险	风险起源	主要归责对象	风险后果	主要影响对象	重要性(综合发生率和危害)
国家级	政府官员腐败	决策流程不透明,部分官员决策权过大	地方政府	直接增加关系维护成本,同时加大政府在未来的违约风险	私营投资者	10
	政府干预	政府官员直接干预项目建设运营活动,影响私营投资者的自主决策能力。特别是在政府入股的情况下,往往特别看重国有资产控制权和所有权,期望做项目的控制方	地方政府	项目效率降低,可能出现返工、停工导致成本上升、工期拖延	私营投资者	10
	征用/公有化	当宏观政策调整时,项目合约违反政策方向,强制私营资本退出,中央或地方政府强行没收项目	政府	项目终止,私营资本退出	私营投资者	10
	政府信用	政府换届,新任班子拒绝履行上届承诺;或因履约成本过高拒绝履行约定的责任和义务而给项目带来危害	地方政府	支付停滞、延误、工期拖延等,甚至退出终止	私营投资者	10

续表

层级	风险	风险起源	主要归责对象	风险后果	主要影响对象	重要性（综合发生率和危害）
国家级	政治/公众反对	因公众利益受损引起政治上或公众反对项目建设	待定	工期延误，可能需要重新谈判修改合同条款，甚至项目终止	私营投资者	9
	税收调整	中央或地方政府税收政策变更	政府	税收条件变化，可能影响项目收益	私营投资者	2
	项目审批延误	项目审批程序复杂、涉及部门过多、办事人员效率低下	政府	开工延误，审批后商业调整困难	私营投资者	7
	气候/地质条件	项目所在地恶劣自然条件	无	工期延误或成本增加	私营投资者	5
	不可抗力风险	无法预期、控制、合理防范、回避和克服的情况	无	工期延误或成本增加，甚至项目终止	私营投资者/地方政府	3
	土地获取风险	土地使用权获得困难，获得的时间成本超预期	地方政府	前期成本增加，开工时间延误	私营投资者	7
	环保风险	政府或公众对项目的环保要求提高导致成本上升、工期延误等	政府/公众	设计变更，成本增加或工期延误	私营投资者	2
	法律变更	法律法规、宏观政策变化	中央政府	引起项目成本增加、收益降低，可能需要重新谈判、修改条款	私营投资者/地方政府	9
	法律及监管体系不完善	由于现有PPP立法层级低、效力差、相互冲突、可操作性差等引起的危害	中央政府	项目出现问题时，可能无法通过法律途径解决，可能被迫终止	私营投资者	9
	政府决策失误/过程冗长	程序不规范、作风官僚、缺乏PPP运作能力和经验、前期准备不足、信息不对称等造成项目决策失误或过程冗长	地方政府	谈判过程旷日持久，且政府未来可能出现信用问题，要求重新谈判	私营投资者	8
市场级	利率风险	利率不确定性给项目造成的损失	中央政府	融资成本增加	私营投资者	8
	外汇风险	汇率变化风险和外汇可兑换风险	中央政府	兑换成本增加或无法兑换	私营投资者	8
	通货膨胀	物价水平上升导致项目成本增加	无	成本增加，需求减少	私营投资者	8
	融资风险	融资结构不合理，资金筹措困难	无	融资成本增加，甚至融资失败，导致项目收回	私营投资者	7
	项目唯一性	政府或其他投资人新建或改建其他项目，对本项目形成实质性商业竞争	地方政府	产生直接竞争，项目收入减少	私营投资者	5
	市场需求变化	唯一性风险之外，由经济、社会、人口、法规导致的需求变化	无	项目收入减少，也有极小可能收入增加	私营投资者	5
	第三方延误/违约	其他项目参与者拒绝履行或拖延履行约定的责任义务	第三方	工期延误，成本增加	私营投资者	9

续表

层级	风险	风险起源	主要归责对象	风险后果	主要影响对象	重要性（综合发生率和危害）
项目级	完工风险	工期拖延，成本超支、投产后达不到设计要求，导致现金流入不足，不能按时偿还债务	施工单位	运营推迟，可能导致现金流破裂	私营投资者	6
	供应风险	原材料、设备、能源供应不及时带来的损失	供应商	工期延误	私营投资者	6
	技术风险	采用技术不成熟，难以满足预定要求，适用性差，以致需要技术改造	私营投资者	技术改造，成本增加	私营投资者	6
	运营成本超支	政府强制提高产品服务标准、自身运营管理差、其他市场环境因素造成运营成本超支	待定	项目收益降低	私营投资者	5
	收费变更	政府统一调整收费标准和收费年限，使PPP产品服务收费价格过高、过低、收费调整不自由导致运营收入不如预期	地方政府	运营收益不理想	私营投资者	4
	费用支付风险	PPP产品服务用户（或政府）费用不能按时按量支付	地方政府/用户	收入延误或无法收回	私营投资者	4
	残值风险	移交前过度使用项目资源，影响项目持续运营	私营投资者	移交政府后无法正常运营	地方政府	4
	组织协调风险	项目公司组织协调能力不足，导致参与各方沟通成本增加，产生矛盾冲突	私营投资者	沟通成本增加，项目争端产生	私营投资者	3
	工程/运营变更	设计、标准、合同、业主变更等引发的工程/运营变更	地方政府/设计方	工期延误，成本增加	私营投资者	6
	私营投资者变动	因利益原因投资者变动，中途退出，影响项目正常建设运营	私营投资者	资本结构变动，导致项目中止或终止	私营投资者	2
	招标竞争不充分	包括招标程序不公正、不公平、不透明，缺少竞争者或恶意竞争等	待定	中标价格不合理、收费不合理、投资者能力不足	地方政府/公众	3
	财务监管不足	对项目公司的资金运用和现金流入监管不足，导致资金链断裂等	地方政府/放贷方	财务状况恶化，可能导致私营投资者对项目财务进行非法操作	地方政府/放贷方	1
	测算方法主观	特许期、价格设置、政府补贴等参数测算过于主观和乐观，导致项目盈利无法达到预期设想	私营投资者/地方政府	收入不如预期，可能导致现金流破裂	私营投资者	1
	特许经营人能力不足	特许经营人能力不足导致项目运营效率低下	私营投资者/地方政府	项目运营效率低下	地方政府/公众	3
	配套基础设施风险	相关基础设施不到位	地方政府	工期延误	私营投资者	4

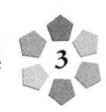

续表

层级	风险	风险起源	主要归责对象	风险后果	主要影响对象	重要性（综合发生率和危害）
项目级	合同文件冲突/不完备	合同设计不完善，合同文件对风险分担、权责利范围划分不清，合同保管不到位引发的风险	私营投资者/地方政府	政府与投资者之间出现纠纷，可能导致项目中止或终止	私营投资者/地方政府	7

资料来源：银江集团《PPP模式风险与案例整理》

3.2.4 法律适用

本指南主要针对在我国实施的PPP项目，除了说明和借鉴国际经验的表述外，有关PPP项目合同条款的分析和解释均以我国法律作为适用依据（详见4.16）。

3.3 股东协议

股东协议在整个PPP项目合同体系中居于重要地位，是PPP项目的核心条款之一。

3.3.1 股东协议的概念

股东协议是由项目公司的股东之间签订的，用以明确股东之间权利、义务，对股东具有长期约束力的合约。项目投资人订立股东协议的主要目的在于设立项目公司，由项目公司负责项目的建设、运营和管理，股东协议不仅对股东的出资、各自的权利和义务进行了规定，还对项目公司的运营、管理、组织架构等方面进行了规定。

3.3.2 股东协议的主体

项目投资人订立股东协议的主要目的在于设立项目公司，由项目公司负责项目的建设、运营和管理，因此，签订股东协议的项目公司的股东可能会包括希望参与项目建设运营的承包商、原料供应商、运营商、融资方等主体或者由其组成的联合体。在某些情况下，为了更直接地参与项目的重大决策，掌握项目实施情况，政府也可能通过直接或者通过下属平台公司参股的方式成为项目公司的股东（但政府通常并不控股和直接参与经营管理）。在这种情形下，政府与其他股东相同，享有作为股东的基本权益，同时也需履行股东的相关义务，并承担项目风险。

3.3.3 股东协议的内容

股东协议通常包括以下主要条款：前提条件，项目公司的设立和融资，项目公司的经营范围，股东权利，履行PPP项目合同的股东承诺，股东的商业计划，股权转让，股东会，董事会，监事会组成及其职权范围，股息分配，违约，终止及终止后处理机制，不可抗力，适用法律和争议解决等。

3.3.3.1 公司的基本信息

股东协议是作为PPP项目公司的公司章程存在的，因此其记载的基本信息需要符合我国《中华人民共和国公司法》（以下简称《公司法》）的相关规定。由于PPP项目公司的建立是由政府和社会资本方出资完成，属于有限责任公司，依据我国《公司法》第二十五条规定，有限责任公司章程应当载明下列事项：

①公司名称和住所；②公司经营范围；③公司注册资本；④股东的姓名或者名称；⑤股东的出资方式、出资额和出资时间；⑥公司的机构及其产生办法、职权、议事规则；⑦公司法定代表人；⑧股东会会议认为需要规定的其他事项。股东应当在公司章程上签名、盖章。

3.3.3.2 股东会、董事会、监事会的构成

股东会由项目公司的全体股东构成，即由政府、社会资本方和其他出资主体构成。由于项目公司采取有限责任公司的形式，因此，根据我国《公司法》第二十四条规定，有限责任公司由五十个以下股东出资设立。

根据我国《公司法》第四十五条规定，有限责任公司设董事会，其成员为三人至十三人。本法第五十一条另有规定的除外。两个以上的国有企业或者其他两个以上的国有投资主体投资设立的有限责任公司，其董事会成员中应当有公司职工代表；其他有限责任公司董事会成员中也可以有公司职工代表。董事会中的职工代表由公司职工通过职工代表大会、职工大会或者其他形式民主选举产生。董事会设董事长一人，可以设副董事长。董事长、副董事长的产生办法由公司章程规定。《公司法》第五十一条规定，股东人数较少或者规模较小的有限责任公司，可以设一名执行董事，不设立董事会。执行董事可以兼任公司经理。

根据我国《公司法》第五十二条规定，有限责任公司设立监事会，其成员不得少于三人。股东人数较少或者规模较小的有限责任公司，可以设一至

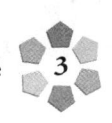

二名监事，不设立监事会。监事会应当包括股东代表和适当比例的公司职工代表，其中职工代表的比例不得低于三分之一，具体比例由公司章程规定。监事会中的职工代表由公司职工通过职工代表大会、职工大会或者其他形式民主选举产生。监事会设主席一人，由全体监事过半数选举产生。监事会主席召集和主持监事会会议；监事会主席不能履行职务或者不履行职务的，由半数以上监事共同推举一名监事召集和主持监事会会议。

3.3.3.3 股东会、董事会、监事会的职权范围

股东协议必须对项目公司的股东会、董事会、监事会的职权范围进行明确规定。依据我国《公司法》第三十八条规定，股东会行使下列职权：①决定公司的经营方针和投资计划；②选举和更换非由职工代表担任的董事、监事，决定有关董事、监事的报酬事项；③审议批准董事会的报告；④审议批准监事会或者监事的报告；⑤审议批准公司的年度财务预算方案、决算方案；⑥审议批准公司的利润分配方案和弥补亏损方案；⑦对公司增加或者减少注册资本做出决议；⑧对发行公司债券做出决议；⑨对公司合并、分立、变更公司形式、解散和清算等事项做出决议；⑩修改公司章程；⑪公司章程规定的其他职权。对前款所列事项，股东以书面形式一致表示同意的，可以不召开股东会会议，直接做出决定，并由全体股东在决定文件上签名、盖章。

依据我国《公司法》第四十七条规定，董事会对股东会负责，行使下列职权：①召集股东会会议，并向股东会报告工作；②执行股东会的决议；③决定公司的经营计划和投资方案；④制订公司的年度财务预算方案、决算方案；⑤制订公司的利润分配方案和弥补亏损方案；⑥制订公司增加或者减少注册资本以及发行公司债券的方案；⑦制订公司合并、分立、变更公司形式、解散的方案；⑧决定公司内部管理机构的设置；⑨决定聘任或者解聘公司经理及其报酬事项，并根据经理的提名决定聘任或者解聘公司副经理、财务负责人及其报酬事项；⑩制定公司的基本管理制度；⑪公司章程规定的其他职权。

依据我国《公司法》第五十四条规定，监事会、不设监事会的公司监事行使下列职权：①检查公司财务；②对董事、高级管理人员执行公司职务的行为进行监

督，对违反法律、行政法规、公司章程或者股东会决议的董事、高级管理人员提出罢免的建议；③当董事、高级管理人员的行为损害公司的利益时，要求董事、高级管理人员予以纠正；④提议召开临时股东会会议，在董事会不履行本法规定的召集和主持股东会会议职责时，召集和主持股东会会议；⑤向股东会会议提出提案；⑥依照本法第一百五十二条的规定，对董事、高级管理人员提起诉讼；⑦公司章程规定的其他职权。

3.3.3.4 特殊规定

股东协议除了包括规定股东之间权利义务的一般条款外，还可能包括与项目实施相关的特殊规定。以承包商作为项目公司股东为例，承包商的双重身份可能会导致股东之间一定程度的利益冲突，并在股东协议中予以反映。例如，为防止承包商在工程承包事项上享有过多的控制权，其他股东可能会在股东协议中限制承包商在工程建设及索赔事项上的表决权。如果承包商参与项目的主要目的是承担项目的设计、施工等工作，并不愿长期持股，承包商会希望在股东协议中预先做出股权转让的相关安排；但另一方面，如果融资方也是股东，融资方通常会要求限制承包商转让其所持有的项目公司股权的权利。例如要求承包商至少要到工程缺陷责任期满后，才可转让其所持有的项目公司股权。

3.4 履约合同

履约合同处于整个PPP项目合同体系的最底层，但也是最关键的一层。履约合同既受其他合同的影响，而其本身的充分履行与否、合同的内容也会影响其他合同的有关内容和履行。

3.4.1 工程承包合同

建设工程合同是承包人进行工程建设，发包人支付价款的合同。通常包括建设工程勘察、设计、施工合同。

3.4.1.1 工程承包合同的承包方式

依据《合同法》的相关规定，项目公司作为发包人，既可以与一个建设工程的总承包商签订总工程承包合同，也可以分别与勘察人、设计人、采购人、施工建设人分别签订勘察、设计、采购、施工承包合同。但是，项目公司作为发包人不得将应当由一个承包人完成的建设工程肢解成若干部分发包

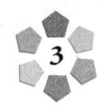

给几个承包人。

总承包人或者勘察、设计、施工承包人经项目公司同意，可以将自己承包的部分工作交由第三人完成。第三人就其完成的工作成果与总承包人或者勘察、设计、施工承包人向项目公司承担连带责任。但是，承包人不得将其承包的全部建设工程转包给第三人或者将其承包的全部建设工程肢解以后以分包的名义分别转包给第三人。承包人不得将工程分包给不具备相应资质条件的单位。分包单位也不能将其承包的工程再分包。建设工程主体结构的施工必须由承包人自行完成。

3.4.1.2 工程承包合同的内容

根据《合同法》规定，建设工程勘察、设计的发包方与承包方应当签订建设工程勘察、设计、施工合同。包括以下内容：

（1）勘察、设计合同。勘察、设计合同是委托方与承包方为完成一定的勘察、设计任务，明确相互权利义务关系的协议。一个标准的勘察、设计合同包括合同协议书、合同条款、合同附件三大部分。从适用效力看，合同协议书的效力要高于合同条款，合同条款的效力要高于合同附件。当三部分约定条文出现前后不一致时，适用效力高的部分。

合同协议书，即对这份合同所相对应的特定项目（即标的项目）进行总括性的约定，并对一些特别事项进行约定所订立的合同。

合同协议书的内容一般包括：①工程概况；②勘察设计的范围、内容及方式；③合同的价款；④整份勘察设计合同的组成文件及适用优先顺序；⑤其他特别规定。

合同条款，即标的项目的正常进行所需的通常性约定。在这里可以认为合同条款是对合同协议书约定内容的细化和补充。

包括总则、一般规定、勘察设计总承包、设计工作内容、设计质量、合同价款、勘察条款、合同双方权利义务、违约责任。

合同附件，即合同协议书与合同条款中所涉及的附件内容。

一般包括《勘察设计计费表》、履约保函、勘察设计任务书、中标通知书等。

包括提交有关基础资料和文件（包括概预算）的期限、质量要求、费用以及其他协作条件等条款。

(2) 施工合同。施工合同文件主要由施工合同协议书、变更的书面协议、相关的变更文件、中标通知书、投标书和附件、施工合同专用条款、施工合同通用条款、施工标准、施工规范以及与之相关的技术文件等文件构成,还要在施工合同上配有相应的图纸、工程量清单、工程报价单、工程预算书等重要资料。

项目施工合同的内容主要包括工程概况（例如工程名称、工程地点、承包内容、承包范围、承包方式、质量要求、工期要求）、甲乙双方的工作范围及内容、工程质量约定、建设工期、中间交工工程的开工和竣工时间、工程造价、技术资料交付时间、材料和设备供应责任、拨款和结算、竣工验收、质量保修范围和质量保证期、双方相互协作、安全生产、违约责任等条款。

3.4.1.3 工程承包合同的履行

由于工程承包合同的履行情况往往直接影响 PPP 项目合同的履行，进而影响项目的贷款偿还和收益情况。因此，为了有效转移项目建设期间的风险，项目公司通常会与承包商签订一个固定价格、固定工期的"交钥匙"合同，将工程费用超支、工期延误、工程质量不合格等风险全部转移给承包商。此外，工程承包合同中通常还会包括履约担保和违约金条款，进一步约束承包商妥善履行合同义务。

3.4.2 运营服务合同

根据 PPP 项目运营内容和项目公司管理能力的不同，项目公司有时会考虑将项目全部或部分的运营和维护事务外包给有经验的专业运营商，并与其签订运营服务合同。个案中，运营维护事务的外包可能需要事先取得政府的同意。但是，PPP 项目合同中约定的项目公司的运营和维护义务并不因项目公司将全部或部分运营维护事务分包给其他运营商实施而豁免或解除。由于 PPP 项目的期限通常较长，在项目的运营维护过程中存在较大的管理风险，可能因项目公司或运营商管理不善而导致项目亏损。因此，项目公司应优先选择资信状况良好、管理经验丰富的运营商，并通过在运营服务合同中预先约定风险分配机制或者投保相关保险来转移风险，确保项目平稳运营并获得稳定收益。

3.4.3 原料供应合同

有些 PPP 项目在运营阶段对原料的需求量很大、原料成本在整个项目运营成本中占比较大，同时受价格波动、市场供给不足等影响，又无法保证能

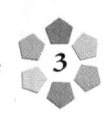

够随时在公开市场上以平稳价格获取，继而可能会影响整个项目的持续稳定运营，例如燃煤电厂项目中的煤炭。因此，为了防控原料供应风险，项目公司通常会与原料的主要供应商签订长期原料供应合同，并且约定一个相对稳定的原料价格。在原料供应合同中，一般会包括以下条款：交货地点和供货期限、供货要求和价格、质量标准和验收、结算和支付、合同双方的权利义务、违约责任、不可抗力、争议解决等。除上述一般性条款外，原料供应合同通常还会包括"照供不误"条款，即要求供应商以稳定的价格、稳定的质量品质为项目提供长期、稳定的原料。

3.4.4 产品或服务购买合同

在 PPP 项目中，项目公司的主要投资收益来源于项目提供产品或服务的销售收入，因此保证项目产品或服务有稳定的销售对象，对于项目公司而言十分重要。根据 PPP 项目付费机制的不同，项目产品或服务的购买者可能是政府，也可能是最终使用者。以政府付费的供电项目为例，政府的电力主管部门或国有电力公司通常会事先与项目公司签订电力购买协议，约定双方的购电和供电义务。

此外，在一些产品购买合同中，还会包括"照付不议"条款，即项目公司与产品的购买者约定一个最低采购量，只要项目公司按照最低采购量供应产品，不论购买者是否需要采购该产品，均应按照最低采购量支付相应价款。

3.5 融资合同

融资合同体系（见图 3-5-1）是 PPP 模式中政府和社会资本合作体系的本质体现。PPP 项目通过设立项目公司作为资金和资金整合的平台。因此，项目公司设立文件是融资合同体系的骨架，尤其是项目公司章程和股东间协议，会在明确项目资产边界、协调股东权益和构建项目公司决策机制等方面起到核心作用。此外，项目融资往往涉及贷款、债权发行和融资租赁等债权性质协议。根据不同的债务融资方式，会包含诸多一般性融资条款，其中核心内容是资金数额、融资前提条件和放、还款安排等。为保障资金安全，项目融资中通常会基于债权人或股权人利益，以及合理规避风险的需求，设置从属于股权和债务融资协议的抵押、质押或担保措施，购买财产保险和信用保险。担保协议和保单条款的主干则是风险覆盖范围、受益人及赔付条件。

063

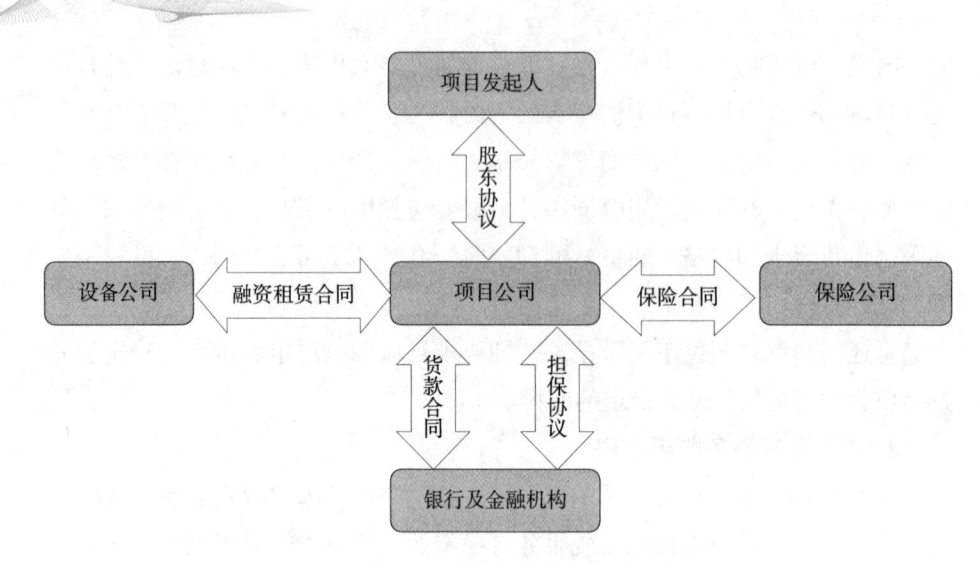

```
                        ┌──────────┐
                        │ 项目发起人 │
                        └────┬─────┘
                           股东协议
                             ↕
┌────────┐  融资租赁合同  ┌────────┐  保险合同   ┌────────┐
│ 设备公司 │ ⇔          │ 项目公司 │ ⇔         │ 保险公司 │
└────────┘              └────┬───┘             └────────┘
                      贷款合同 ↕ 担保协议
                        ┌──────────────┐
                        │ 银行及金融机构 │
                        └──────────────┘
```

图 3-5-1　项目融资合同体系

为了有效配置追索、保全乃至债务重组、破产清算等事项中的债权人表决权，并为债权人平衡保险和担保权益，对包括 PPP 模式在内的多数项目融资而言，债权人之间的协议必不可少。

从广义上讲，融资合同可能包括项目公司与融资方签订的项目贷款合同、担保人就项目贷款与融资方签订的担保合同、政府与融资方和项目公司签订的直接介入协议等多个合同。其中，项目贷款合同是最主要的融资合同。在项目贷款合同中，一般会包括以下条款：陈述与保证、前提条件、偿还贷款、担保与保障、抵销、违约、适用法律与争议解决等。同时，出于贷款安全性的考虑，融资方往往要求项目公司以其财产或其他权益作为抵押或质押，或由其母公司提供某种形式的担保或由政府做出某种承诺，这些融资保障措施通常会在担保合同、直接介入协议以及 PPP 项目合同中予以具体体现。

3.5.1 股东协议

项目公司是由出资人共同组成有限责任公司，应根据项目实际情况，明确项目公司的设立及其存续期间法人治理结构及经营管理机制等事项。根据《中华人民共和国公司法》[①]（以下简称《公司法》），股东协议中应载明下列

[①] 1993 年 12 月 29 日第八届全国人民代表大会常务委员会第五次会议通过，1999 年、2004 年、2005 年多次修正，现行版本由全国人民代表大会常务委员会于 2013 年 12 月 28 日发布。

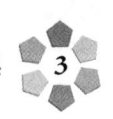

事项：

①公司名称和住所；②公司经营范围；③公司注册资本；④股东的姓名或名称；⑤股东的出资方式、出资额和出资时间；⑥公司的机构及产生办法、职权、议事规则；⑦公司法定代表人；⑧股东会会议认为需要规定的其他事项。

项目公司的股东协议中还应该明确项目公司的股权、实际控制权、重要人事发生变化的处理方式。

若政府参股项目公司的，还应明确以下事项：

①政府出资人代表、投资金额、股权比例、出资方式等；②政府股份享有的分配权益，如是否享有与其他股东同等的权益，在利润分配顺序上是否予以优先安排等；④政府股东代表在项目公司法人治理结构中的特殊安排，如在特定事项上是否拥有否决权等。

3.5.2 贷款合同

若融资方式为借款，根据《中华人民共和国合同法》[①]（以下简称《合同法》），借款合同应包括以下内容：

①合同的内容包括借款种类、币种、用途、数额、利率、期限和还款方式等条款。②订立借款合同，贷款人可以要求借款人提供担保。③订立借款合同，借款人应当按照贷款人的要求提供与借款有关的业务活动和财务状况的真实情况。④自然人之间的借款合同约定支付利息的，借款的利率不得违反国家有关限制借款利率的规定。

3.5.3 融资租赁合同

若项目公司采用融资租赁的方式购买设备等固定资产，根据《合同法》，合同内容包括：

①融资租赁合同的内容，包括租赁物名称、数量、规格、技术性能、检验方法、租赁期限、租金构成及其支付期限和方式、币种以及租赁期间届满租赁物的归属等条款。融资租赁合同应当采用书面形式。②出租人根据承租人对出卖人、租赁物的选择订立的买卖合同，出卖人应当按照约定向承租人交付标的物，承租人享有与受领标的物有关的买受人的权利。③出租人、出

[①] 1999 年 3 月 15 日由中华人民共和国第九届全国人民代表大会第二次会议通过。

卖人、承租人可以约定，出卖人不履行买卖合同义务的，由承租人行使索赔的权利。承租人行使索赔权利的，出租人应当协助。④出租人根据承租人对出卖人、租赁物的选择订立的买卖合同，未经承租人同意，出租人不得变更与承租人有关的合同内容。

3.5.4 担保合同

担保文件是PPP项目公司融资协议的一个重要的支持文件。通常，PPP项目贷款人要求项目贷款必须有较为翔实的担保措施。常见的担保类型有保证、抵押和质押等。根据《中华人民共和国担保法》[①]（以下简称《担保法》），在担保合同中应明确以下事项：

①被保证、抵押、质押的主债权种类、数额；②债务人履行债务的期限；③保证的方式；④抵押物的名称、数量、质量、状况、所在地、所有权权属或使用权权属；⑤质物的名称、数量、质量、状况；⑥保证、抵押、质押担保的范围；⑦保证、抵押的期间；⑧质物移交的时间；⑨双方认为需要约定的其他事项。

3.5.5 总投资资金来源和到位计划协议

根据《政府和社会资本合作项目通用合同指南》[②]，PPP项目合同还需要明确项目总投资的资金来源和到位计划，包括以下事项：

①项目资本金比例及出资方式。②债务资金的规模、来源及融资条件。如有必要，可约定政府为债务融资提供的支持条件。③各类资金的到位计划。④政府为合作项目提供的其他投资支持，如政府为合作项目提供投资补助、基金注资、担保补贴、贷款贴息等支持，并应明确具体方式及必要条件。⑤若需要设定对融资的特别监管措施，应在合同中明确监管主体、内容、方法、程序和监管费用的安排等事项。项目合同应明确各方投融资违约行为的认定和违约责任。可视影响将违约行为划分为重大违约和一般违约，并分别约定违约责任。⑥明确合作阶段项目有形及无形资产的所有权、使用权、收益权、处置权的归属。

需要特别强调的是，PPP项目的融资安排是PPP项目实施的关键环节，

[①]1995年6月30日第八届全国人民代表大会常务委员会第十四次会议通过,1995年6月3日中华人民共和国主席令第五十号公布,1995年10月1日起施行。

[②]2014年12月2日由发改委发布的发改投资〔2014〕2724号。

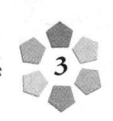

鼓励融资方式多元化、引导融资方式创新、落实融资保障措施，对于增强投资者信心、维护投资者权益以及保障PPP项目的成功实施至关重要。财政部PPP合同范本指南仅就PPP项目合同中所涉及的与融资有关的条款和内容进行了阐述，有关PPP项目融资的规范指导和系统介绍，财政部将会另行编制PPP融资专项指南。

3.6 保险合同

由于PPP项目通常资金规模大、生命周期长，负责项目实施的项目公司及其他相关参与方通常需要对项目融资、建设、运营等不同阶段的不同类型的风险分别进行投保。

3.6.1 保险合同的概念

依据我国《保险法》规定，保险合同是投保人与保险人约定保险权利义务关系的协议。依据保险合同约定，投保人承担向保险人缴纳保险费的义务，保险人对保险标的可能遭受的风险承担保障的义务。保险事故发生后，保险人依据保险合同的约定，在规定范围内，向被保险人或者受益人所遭受的损失予以赔付。

3.6.2 合同成立和生效

保险合同作为民事合同，其成立和生效既要符合《合同法》的一般规定，又要符合《保险法》的特别规定。合同的成立和生效需要明确合同的双方主体以及合同标的，而且必须经过要约和承诺两个阶段。

3.6.2.1 合同的主体

保险合同的主体是指保险合同的当事人，是实际享受合同权利并承担合同义务的人。依据我国《保险法》第十条规定，保险合同是投保人与保险人约定保险权利义务关系的协议。投保人是指与保险人订立保险合同，并按照合同约定负有支付保险费义务的人。保险人是指与投保人订立保险合同，并按照合同约定承担赔偿或者给付保险金责任的保险公司。

3.6.2.2 合同的标的

保险合同的标的是指保险合同双方当事人的权利和义务所共同指向的对象。保险合同有人身保险和财产保险，因此其标的也会不同。依据我国《保险法》第十二条规定，人身保险的投保人在保险合同订立时，对被保险人应当具有保险利益。财产保险的被保险人在保险事故发生时，对保险标的应当具有保险利益。人身保险是以人的寿命和身体为保险标的的保险。财产保险是以财产及其有关利益为保险标的的保险。被保险人是指其财产或者人身受保险合同保障，享有保险金请求权的人。投保人可以为被保险人。保险利益是指投保人或者被保险人对保险标的具有的法律上承认的利益。

3.6.2.3 合同的成立

保险合同的成立和生效，需要同时符合我国《合同法》和《保险法》的规定。我国《合同法》第十三条规定，当事人订立合同，采取要约、承诺方式。我国《保险法》第十三条规定，投保人提出保险要求，经保险人同意承保，保险合同成立。依法成立的保险合同，自成立时生效。投保人和保险人可以对合同的效力约定附条件或者附期限。因此投保人提出保险要求即为要约阶段，保险人同意承保即为承诺阶段，双方意思一致合同即可成立。又由于保险合同为诺成合同，因此当合同成立时即生效。

3.6.3 合同的内容

保险人与投保人签订保险合同，需要就双方各自的情况、保险标的、权利义务、保险责任、期限条件等有关内容进行明确规定，以保障合同双方主体的权利和义务得以实现。我国《保险法》第十八条对保险合同的主要内容进行了规定，保险合同应当包括下列事项：

①保险人的名称和住所；②投保人、被保险人的姓名或者名称、住所，以及人身保险的受益人的姓名或者名称、住所；③保险标的；④保险责任和责任免除；⑤保险期间和保险责任开始时间；⑥保险金额；⑦保险费以及支付办法；⑧保险金赔偿或者给付办法；⑨违约责任和争议处理；⑩订立合同的年、月、日。

投保人和保险人可以约定与保险有关的其他事项。受益人是指人身保险合同中由被保险人或者投保人指定的享有保险金请求权的人。投保人、被保险人可以为受益人。保险金额是指保险人承担赔偿或者给付保险金责任的最高限额。

由于保险合同大都由保险公司事先拟定，由投保人签名，因此，保险合同中会存在格式条款。我国《保险法》第十七条规定，订立保险合同，采用保险人提供的格式条款的，保险人向投保人提供的投保单应当附格式条款，

保险人应当向投保人说明合同的内容。对保险合同中免除保险人责任的条款，保险人在订立合同时应当在投保单、保险单或者其他保险凭证上做出足以引起投保人注意的提示，并对该条款的内容以书面或者口头形式向投保人做出明确说明；未作提示或者明确说明的，该条款不产生效力。第十九条规定，采用保险人提供的格式条款，订立的保险合同中的下列条款无效：（一）免除保险人依法应承担的义务或者加重投保人、被保险人责任的；（二）排除投保人、被保险人或者受益人依法享有的权利的。第三十条规定，采用保险人提供的格式条款订立的保险合同，保险人与投保人、被保险人或者受益人对合同条款有争议的，应当按照通常理解予以解释。对合同条款有两种以上解释的，人民法院或者仲裁机构应当做出有利于被保险人和受益人的解释。

保险合同经双方当事人协商一致可以变更合同内容，我国《保险法》第二十条规定，投保人和保险人可以协商变更合同内容。变更保险合同的，应当由保险人在保险单或者其他保险凭证上批注或者附贴批单，或者由投保人和保险人订立变更的书面协议。

3.6.4 合同的履行

保险合同的双方主体必须按照合同的约定履行各自的义务，否则就要承担相应的违约责任。依据我国《保险法》的规定，投保人主要承担以下义务：

第一，及时缴纳保险费。我国《保险法》第十四条规定，保险合同成立后，投保人按照约定交付保险费，保险人按照约定的时间开始承担保险责任。

第二，如实告知保险标的信息。我国《保险法》第十六条规定，订立保险合同，保险人就保险标的或者被保险人的有关情况提出询问的，投保人应当如实告知。

第三，发生保险事故时及时通知。我国《保险法》第二十一条规定，投保人、被保险人或者受益人知道保险事故发生后，应当及时通知保险人。故意或者因重大过失未及时通知，致使保险事故的性质、原因、损失程度等难以确定的，保险人对无法确定的部分，不承担赔偿或者给付保险金的责任，但保险人通过其他途径已经及时知道或者应当及时知道保险事故发生的除外。

第四，索赔时提供相关证明和材料。我国《保险法》第二十二条规定，保险事故发生后，按照保险合同请求保险人赔偿或者给付保险金时，投保人、被保险人或者受益人应当向保险人提供其所能提供的与确认保险事故的性质、原因、损失程度等有关的证明和资料。保险人按照合同的约定，认为有关的证明和资料不完整的，应当及时一次性通知投保人、被保险人或者受益人补充提供。

保险人主要承担以下义务：

第一，及时签发保单。我国《保险法》第二十三条规定，投保人提出保险要求，经保险人同意承保，保险合同成立。保险人应当及时向投保人签发保险单或者其他保险凭证。

第二，索赔时及时赔偿和给付保险金。我国《保险法》第二十三条规定，保险人收到被保险人或者受益人的赔偿或者给付保险金的请求后，应当及时做出核定；情形复杂的，应当在三十日内做出核定，但合同另有约定的除外。保险人应当将核定结果通知被保险人或者受益人；对属于保险责任的，在与被保险人或者受益人达成赔偿或者给付保险金的协议后十日内，履行赔偿或者给付保险金义务。保险合同对赔偿或者给付保险金的期限有约定的，保险人应当按照约定履行赔偿或者给付保险金义务。保险人未及时履行前款规定义务的，除支付保险金外，应当赔偿被保险人或者受益人因此受到的损失。任何单位和个人不得非法干预保险人履行赔偿或者给付保险金的义务，也不得限制被保险人或者受益人取得保险金的权利。第二十五条规定，保险人自收到赔偿或者给付保险金的请求和有关证明、资料之日起六十日内，对其赔偿或者给付保险金的数额不能确定的，应当根据已有证明和资料可以确定的数额先予支付；保险人最终确定赔偿或者给付保险金的数额后，应当支付相应的差额。

第三，拒保时及时通知和说明。我国《保险法》第二十四条规定，保险人依照本法第二十三条的规定做出核定后，对不属于保险责任的，应当自做出核定之日起三日内向被保险人或者受益人发出拒绝赔偿或者拒绝给付保险金通知书，并说明理由。

3.6.5 合同的终止

合同终止是指合同双方当事人建立合同关系以后，因为一定的法律事实出现，导致双方的权利义务关系消灭的情况。保险合同的终止一般是由于合同的履行、合同的解除、合同期满或者法律法规规定等其他情形导致合同终止的情况出现。

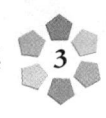

3.6.5.1 保险人全部履行责任

保险合同规定投保人和保险人各自的权利和义务，如果出现保险合同规定的情形，保险人按照约定履行其相应的义务，合同履行完毕，则合同终止。不过这要区分合同的类型，如果合同是一次履行完毕，则在一方主体履行完自身义务时，合同自动终止，如果是分次履行，则合同主体需要全部履行完自身的义务，合同才归于终止。

3.6.5.2 合同期限届满

期限是指法律规定或者合同约定的一定时间，属于法律事实的一种，会引起权利和义务的产生、变更和消灭。保险合同双方主体在签订合同时，一般都会约定合同的有效期限，在此期间内，投保人支付保费，保险人保障风险，合同期限届满，双方可以约定是否续签合同，如果没有续签合同，则原合同终止，任何一方都不再享有相应的权利和义务。

3.6.5.3 合同解除

合同解除，是指在合同有效成立以后，当解除的条件具备时，因当事人一方或双方的意思表示，使合同自始或仅向将来消灭的行为。我国《保险法》对合同解除做了特别规定。第十五条规定，除本法另有规定或者保险合同另有约定外，保险合同成立后，投保人可以解除合同，保险人不得解除合同。

我国《保险法》规定，可以解除合同的情形有以下几种：

第十六条 订立保险合同，保险人就保险标的或者被保险人的有关情况提出询问的，投保人应当如实告知。投保人故意或者因重大过失未履行前款规定的如实告知义务，足以影响保险人决定是否同意承保或者提高保险费率的，保险人有权解除合同。前款规定的合同解除权，自保险人知道有解除事由之日起，超过三十日不行使而消灭。自合同成立之日起超过二年的，保险人不得解除合同；发生保险事故的，保险人应当承担赔偿或者给付保险金的责任。投保人故意不履行如实告知义务的，保险人对于合同解除前发生的保险事故，不承担赔偿或者给付保险金的责任，并不退还保险费。投保人因重大过失未履行如实告知义务，对保险事故的发生有严重影响的，保险人对于合同解除前发生的保险事故，不承担赔偿或者给付保险金的责任，但应当退还保险费。保险人在合同订立时已经知道投保人未如实告知的情况的，保险人不得解除合同；发生保险事故的，保险人应当承担赔偿或者给付保险金的责任。保险事故是指保险合同约定的保险责任范围内的事故。

第二十七条　未发生保险事故，被保险人或者受益人谎称发生了保险事故，向保险人提出赔偿或者给付保险金请求的，保险人有权解除合同，并不退还保险费。投保人、被保险人故意制造保险事故的，保险人有权解除合同，不承担赔偿或者给付保险金的责任；除本法第四十三条规定外，不退还保险费。

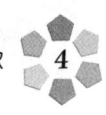

4 政府和社会资本合作项目合同中的核心条款

根据项目行业、付费机制、运作方式等具体情况的不同，PPP项目合同可能会千差万别，但一般来讲会包括以下核心条款：引言、定义和解释；项目的范围和期限；前提条件；项目的融资；项目用地；项目的建设；项目的运营；项目的维护；股权变更限制；付费机制；履约担保；政府承诺；保险；守法义务及法律变更；不可抗力；政府方的监督和介入；违约、提前终止及终止后的处理机制；项目的移交；适用法律及争议解决；合同附件；等等。

4.1 引言、定义和解释

引言、定义和解释是所有PPP项目合同中均包含的内容，一般会放在PPP项目合同的初始部分，用以说明该合同的签署时间、签署主体、签署背景，以及该合同中涉及的关键词语的定义和条款的解释方法等。

4.1.1 引言

引言部分，即在PPP项目合同具体条款前的内容，主要包括以下内容。

4.1.1.1 签署时间及签署主体信息

在PPP项目合同最开始一般会明确该合同的签署日期，该日期通常会影响PPP项目合同部分条款的生效时间。例如前提条件条款、争议解决条款等，会在合同签署日即生效，而其他一些特定条款则在全部前提条件满足或被豁免的情形下才生效。

此外，这部分还会载明PPP项目合同签署主体的名称、住所、法定代表人及其他注册信息，以明确签署主体的身份。鉴于PPP合同的复杂性，一个PPP项目的涉及主体较多，除了政府和社会资本方外，还可能涉及融资商、承包商、运营商、保险公司等，而且对于部分项目，某一职责还可能由多家机构一并承担，比如对于投资规模巨大的项目来说，可能由多家融资商一同参与项目的融资及其他金融操作层面的业务。明确签署主体的身份，对于项目签订前期的主体资格审查、项目运营过程中各主体的合作以及风险管理、职责分工等都是重要的前提规定。

不同PPP项目的参与主体不同，但政府、社会资本方以及项目公司则是所有PPP项目的三大核心主体，明确签署主体需要在以下几方面予以确认相关信息。

政府主体：签订项目合同的政府主体，应是具有相应行政权力的政府，或其授权的实施机构。同时应明确以下内容：

（1）政府主体的名称、住所、法定代表人等基本情况。

（2）政府主体出现机构调整时的延续或承继方式。

社会资本主体：社会资本是指依法设立且有效存续的具有法人资格的企业，包括民营企业、国有企业、外国企业和外商投资企业。但本级人民政府下属的政府融资平台公司及其控股的其他国有企业（上市公司除外）不得作为社会资本方参与本级政府辖区内的PPP项目。需明确的内容如下：

（1）社会资本主体的名称、住所、法定代表人等基本情况。

（2）项目合作期间社会资本主体应维持的资格和条件。

项目公司：采取设立项目公司的方式实施合作项目，应根据项目实际情况，明确项目公司的设立及其存续期间法人治理结构和经营管理机制等事项，如：

（1）项目公司注册资金、住所、组织形式等的限制性要求；

（2）项目公司股东结构、董事会、监事会及决策机制安排；

（3）项目公司股权、实际控制权、重要人事发生变化的处理方式。

其他签署主体的协议表述要求可根据不同主体的形式加以规定，但必须准确、完整、真实，并需要就重大事项进行必要说明。

项目公司可由社会资本（可是一家企业，也可是多家企业组成的联合体）出资设立，也可由政府与社会资本共同出资设立，但政府在项目公司中的持股比例应低于50%，且不具有实际控制力和管理权。在实践中一般采用后一种方式，这样即可以保证项目公司作为一个独立市场主体的性质和运作方式不受到行政性干预的过分影响，又能让政府在以保障项目公益性为根本出发点的前提下适度平衡与引导项目公司的市场化行为，最终落脚于保障公民享

受公共产品和服务的权利。

4.1.1.2 签约背景及签约目的

PPP项目合同引言部分还可能会简要介绍项目双方的合作背景以及双方签订该PPP项目合同的目的等。

合同中关于背景和目的陈述，是为了让第三者了解合同签订时的基本情况。合同目的是合同双方共同认可的，希望通过履行合同达到的结果，但解释合同时，合同背景陈述对双方不具备法律约束。合同目的是当事人真实意思的核心，是决定合同条款内容的指针，同时需要注意的是，如果合同条款可能作两种解释时，应采取最适合于合同目的的解释。但条款中所陈述的目的并不等同于合同法中所指的"合同目的"。

签约背景的表述不需要长篇累牍，但需要就PPP项目的运营背景及其建设的必要性进行相关说明与阐述。一是可对项目所处的宏观背景进行了解，突出采取PPP模式的优势所在；二是为合同约定的一系列准则提供理解基础；三是明确签约目的，突出项目的运营目标和预期效果，以便进一步落实项目的可行性。

4.1.2 定义

在PPP项目合同中通常还会包括定义条款，对一些合同中反复使用的关键名词和术语进行明确的定义，以便于快速查找相关定义和术语，并确保合同用语及含义的统一性，避免将来产生争议。

合同中需要定义的术语、缩语应根据项目具体情况确定。为避免歧义，需对PPP合同中的重要术语加以定义。凡经定义的术语，在同一合同文本中，其内涵和外延应与其定义保持一致。

定义部分通常会包括"政府方""项目公司""工作日""生效日""运营日""移交日""不可抗力""法律变更""融资交割""技术标准""服务标准""性能测试"等PPP项目涉及的专业术语及合同用语。下面对专业术语进行具体阐述。

政府方：特定PPP项目参与主体中的各级政府及政府授权的机构，例如北京市人民政府、北京市卫生局等。

项目公司：政府和社会资本方为完成PPP项目建设运营目标而共同发起成立的、独立经营并自负盈亏的经营实体，定义中要明确项目公司的名称、股东、注册资本等基本信息。

工作日：一般法律所称"工作日"是国家法定节假日及休息日之外的日期。不同项目根据实际情况可做适当调整。

生效日：法律生效日是指法律通过一段适应期（立即生效法律的适应期为零）后对行为主体开始产生保护力和约束力的时间，同时对相关法律或条文产生了默示废除的效果。

移交日：项目公司按照合同约定向政府方移交工程的日期。

在实际操作中，通常分为"项目移交前过渡期"和"项目移交日"。项目合同应约定项目合作期届满前的一定时期作为过渡期，并约定过渡期安排，以保证项目顺利移交。内容一般包括：

（1）过渡期的起讫日期、工作内容和进度安排；

（2）各方责任和义务，包括移交期间对公共利益的保护；

（3）负责项目移交的工作机构和工作机制，如移交委员会的设立、移交程序、移交责任划分等。

对于合作期满时的项目移交，项目合同应约定以下事项：

（1）移交方式，明确资产移交、经营权移交、股权移交或其他移交方式；

（2）移交范围，如资产、资料、产权等；

（3）移交验收程序；

（4）移交标准，如项目设施设备需要达到的技术状态、资产法律状态等；

（5）移交的责任和费用；

（6）移交的批准和完成确认；

（7）其他事项，如项目人员安置方案、项目保险的转让、承包合同和供货合同的转让、技术转让及培训要求等。

不可抗力：是指不能预见、不能避免并不能克服的客观情况。

项目合同应约定不可抗力的类型和范围，约定不可抗力事件的认定及其影响后果评估程序、方法和原则。对于特殊项目，应根据项目实际情况约定不可抗力事件的认定标准。当不可抗力事件发生时，应约定各方的权利和义务，如及时通知、积极补救等，以维护公共利益，减少损失。项目合同应根据不可抗力事件对合同履行造成的影响程度，分别约定不可抗力事件的处理。造成合同部分不能履行，可协商变更或解除项目合同；造成合同履行中断，可继

续履行合同并就中断期间的损失承担做出约定；造成合同不能履行，应约定解除合同。

法律变更：在项目合同生效后，根据国家发布新的法律、法规或对法律、法规进行修订。

法律变更会影响项目运行或各方项目收益，因此需要进一步约定变更项目合同或解除项目合同的条件、影响评估、处理程序等事项。

融资交割：项目公司已为项目建设融资的目的签署并向融资方提交所有融资文件，并且融资文件要求的就本项目获得资金的所有前提条件得到满足或被豁免。

技术标准：是指对PPP项目中的标准化领域需要统一协调的技术事项所制定的标准，应针对不同领域PPP项目的特点指定相应的技术标准，并根据实践的要求灵活修订。

服务标准：规定PPP项目提供的服务应满足的需求以确保其适用性的标准。

以安庆市外环北路工程PPP项目协议为例，其定义部分是如下规定的。

1.1 定义

以下定义适用于本协议：

本协议 指由甲方与乙方签署的项目协议，包括全部附件，以及日后可能签署的任何项目协议之补充修改协议和附件，每一部分都应视为本协议的一部分。

本项目 指位于安庆市东、北部，贯穿西北—东南城区的主要干道，本段起点位于机场大道西侧500米，终点位于皖江大道交口，设计全长约14.93千米（桥隧比为28.68%），等级为城市主干路，设计速度60km/h，设计标准轴载为BZZ-100，荷载等级为城市-A级的市政道路项目，具体包括投资、融资、建设及运营维护（含道路工程、桥涵工程、立交工程、管线工程、交通工程、照明工程、绿化工程及其他附属工程）。

甲方 指安庆市住房和城乡建设委员会。

乙1方 指安庆市城市建设投资发展（集团）有限公司。

乙2方 指甲方通过公开招标方式选定的本项目PPP运作的社会资本方，就本协议而言，指**公司或者**公司及**公司组建的联合体（联合体协议见附件4）。

项目公司 指乙方为实施投资、建设、运营、管理、移交本项目而按照本协议约定设立的企业法人。

经营权 指政府授予项目公司在一定时间和范围内对某项公用产品或服务进行独占性经营的权利。本协议所指经营权是指投资、优化设计（或有）、建设、运营、维护及移交项目资产的权利以及获取由此产生的收益的权利。

可用性服务费 指项目公司为本项目建设符合适用法律及本协议规定的竣工验收标准的公共资产之目的投入的资本性总支出而需要获得的服务收入，主要包括项目建设总投资（含工程建设其他费用）、融资成本、税费及必要的合理回报。就本项目而言，可用性服务费每半年度的付费金额，为社会资本关于可用性服务费静态总额的报价乘以每年支付比例计算得出的数额除以2。

运维绩效服务费 项目公司为维持本项目可用性之目的提供的符合本协议规定的绩效标准的运营维护服务而需要获得的服务收入，主要包括本项目红线范围内的运营维养成本、税费及必要的合理回报。就本项目而言，年度运维绩效服务费是指社会资本在投标文件中关于运维绩效服务费的报价，年度付费额均等（按季度付费，付费金额为年度付费额除以4），未来将根据本协议约定的调价公式进行调价。

工程建设其他费用 就本协议而言，指包括但不限于规划选址、环境影响评价及报批、立项及可研报批、测勘、初步设计及审查、施工图审查、工程量清单控制价编制、临时征地、房屋拆迁、拆迁电力电讯、拆迁泵站等工作的费用以及建设单位管理费、前期工作咨询费、勘察设计费、劳动安全卫生评审费等其他费用。该等费用为4.5亿元人民币包干使用，由项目公司按照本协议的约定支付给甲方或市政府指定的主体，超出部分，由政府方自行承担。

合作期 指监理工程师发出开工令之日起13年的期间（含建设期，建设期不超过2年）。

项目文件 指包括但不限于下列文件：
（1）本协议及附件；
（2）融资文件；
（3）与项目有关的其他文件。

项目设施 指本项目红线范围内与项目相关的设施。

项目资产 指与项目有关的所有资产，包括但不限于：

(a) 道路工程、桥涵工程、立交工程、管线工程、交通工程、照明工程、绿化工程及其他附属工程；

(b) 划拨土地使用权（可选择适用）；

(c) 本项目项下乙方拥有所有权的知识产权；

(d) 项目文件项下的合同性权利；

(e) 运营和维护记录、质量保证计划等文件。

中国 指中华人民共和国，仅为本协议之目的，不包括香港特别行政区、澳门特别行政区和台湾地区。

法律 指所有适用的中华人民共和国法律、法规、规章、地方性法规、司法解释、政府部门颁布的标准、规范或其他适用的强制性要求、有法律约束力的规范性文件等。

法律变更 指在生效日后颁布、修订、废止或重新解释的任何适用法律导致甲方或乙方在本协议项下的权利义务发生实质性变化。

政府行为 指甲方的任何上级政府部门（省级及以上）的国有化、征收及征用等行为。

批准 指为了使乙方能够履行其在本协议项下的义务和行使其在本协议项下的权利，乙方必须或希望从政府机关依法获得的为项目公司的投资、优化设计、建设、运营和移交所需要的任何许可、执照、同意、授权、免除或批准。

贷款人 指融资文件中的贷款人或项目资金提供人。

融资文件 指与项目或其任何一部分的建设和运营相关的贷款协议、担保协议、保函和其他文件，但不包括股东做出的出资承诺或出资、建设期履约保函、运营维护保函以及移交维修保函。

建设期履约保函 指乙方按照5.3条的规定提供的、为担保其履行在本协议项下的建设等义务的担保函。

运营维护保函 指乙方按照17.4条的规定提交的、为担保其履行在本协议项下的运营维护等义务的担保函。

移交维修保函 指乙方按照20.5条的规定提交的、为担保其履行在本协议项下移交、质量保证等义务的担保函。

建设期 指自监理工程师发出开工令之日起至竣工验收通过之日止的

期间。

开工日 指项目工程开始施工之日，具体日期见本协议 11.2 条。

商业运营日 指本协议 14.2 条约定的日期。

谨慎工程和运营惯例 指可以合理期望的对同一项业务在相同或类似情况下熟练和有经验的承包商或操作者的技能、勤勉、谨慎和预见能力的惯例标准。就本项目而言，谨慎工程和运营惯例应包括但不限于采取合理的步骤，以确使：

（a）在满足正常条件下及合理预测的非正常条件下项目拥有所需要的充足材料、资源和供应品；

（b）拥有足够数量、充足经验并经过适当培训的工作人员，以恰当有效地按照相应的手册和技术规范运营本项目并能够处理紧急情况；

（c）由有知识并受过培训和有经验的人员进行预防性日常和非日常维护和修理，以确使本项目长期、可靠和安全地运营。

争议解决程序 指本协议第 25 条中提及的解决争议的程序。

政府部门指：

（1）中国国务院及其下属的部、委、局、署、行，中国的任何司法或军事当局，或具有中央政府行政管理功能的其他行政实体；

（2）省、市、区、县各级地方政府及其职能部门。

终止通知 指双方按照本协议 23.5 条向对方发出的通知。

终止意向通知 指双方按照本协议 23.5 条向对方发出的通知。

生效日 指本协议甲乙双方盖章并由双方法定代表人或授权代表人签字之日。如引进的社会资本方为外资的，则本项目协议在报经相应的商务部门审批后生效。

工作日 指除中国法定休息日和法定节日或假日以外的、各机构普遍工作的任何日期。

终止日 指本协议提前终止的日期。

移交日期 指合作期届满之日后的第一个营业日（适用于本协议期满终止），或经双方书面同意的移交项目设施的其他日期。

4.1.3 解释

为了避免合同条款因不同的解释而引起争议，在 PPP 项目合同中通常会

专门约定该合同的解释方法。常见的解释包括：

（1）本协议中的标题仅为阅读方便所设，不应影响条文的解释。以下的规定同样适用于对本协议进行解释，除非其上下文明确显示其不适用。

（2）一方、各方：指本协议的一方或双方或各方，并且包括经允许的替代该方的人或该方的受让人。

除非本协议另有约定，提及的一方或双方或各方均为本协议的一方或双方或各方，并包括其各自合法的继任者或受让人。

（3）除非本协议另有明确约定，"包括"指包括但不限于；除本协议另有明确约定，"以上""以下""以内"或"内"均含本数，"超过""以外"不含本数。

（4）所指的日、月和年均指公历的日、月和年，其中一年以365天计，一个月以30天计。

（5）任何合同、协议或文件包括经修订、更新、补充或替代后的该合同、协议或文件等。

（6）合同、协议或文件中的"元"指人民币元。

（7）条款或附件：指本协议的条款或附件。

（8）本协议中的标题不应视为对本协议的当然解释，本协议的各个组成部分都具有同样的法律效力及同等的重要性。

（9）本协议并不限制或以其他方式影响甲方及其他政府部门行使其法定行政职权。在本协议有效期内，如果本协议项下的有关约定届时被纳入相关法律规范，属于甲方或其他政府部门的行政职权，适用该等法律规定。

（10）要求在某一非工作日付款：指该付款应在该日后的第一个工作日支付。

4.2 项目的范围、期限和前提条件

4.2.1 项目的范围

项目的范围条款，用以明确约定在项目合作期限内政府与项目公司的合作范围和主要合作内容，是PPP项目合同的核心条款。从法律关系要素角度来考虑，项目范围更多承载了PPP法律关系的内容，规定了各合作方在权利义务边界、交易条件边界的核心要件，规定了法律关系的实质性内容。

根据项目运作方式和具体情况的不同，政府与项目公司的合作范围可能包括设计、融资、建设、运营、维护某个基础设施或提供某项公共服务等。通常上述合作范围是排他的，即政府在项目合作期限内不会就该PPP项目合同项下的全部或部分内容与其他任何一方合作。

4.2.1.1 理解项目范围的两大维度

项目的范围可从项目运作环节的纵向维度和行业实践领域的横向维度进行双重理解，前者与实践的结合形成PPP模式的不同运作模式，后者则侧重于PPP模式的行业价值凸显。在大量理论分析、实操经验与案例总结的基础上，不同领域已逐渐形成"偏好导向"，即横向维度与纵向维度的交织理解对于科学界定项目范围意义显著。

(1) 纵向维度把握项目运作环节。根据项目运作方式的不同，政府与项目公司的合作范围可能包括设计、融资、建设、运营、维护某个基础设施或提供某项公共服务等。根据特定目的的PPP项目各阶段政府与社会资本方承担的职责分工不同，对项目范围的界定也会做出适时的变化与调整。鉴于当前背景下推广PPP模式的主要目的之一是激发社会资本活力，而DBFO（设计—建造—投资—经营）、LUOT（租赁—更新—经营—转让）等政府承担主要融资责任的模式不能有效对接我国实际的发展情况，故在此不作详细阐述。我国采用的主要PPP模式中，按照PPP项目阶段职责由政府向社会资本方转移程度可对PPP模式进行分类，如表4-2-1所示。

表4-2-1 常见PPP运作模式

PPP运作模式	承担职责的合作方					项目所有权归属
	融资	设计	建设	运营	维护	
DB（设计—建造）	政府	社会资本方	社会资本方	政府	政府	政府
DBMM（设计—建造—主要维护）	政府	社会资本方	社会资本方	政府	社会资本方	政府
O&M（运营—维护）	政府	—	—	社会资本方	社会资本方	政府
DBL（设计—建造—租赁）	政府	社会资本方	社会资本方	社会资本方	社会资本方	政府
BTL（建造—移交—租赁）						政府
BTO（建造—移交—运营）						政府
DBO（设计—建造—经营）						政府
DBOM（设计—建造—运营—维护）						政府

续表

PPP 运作模式	承担职责的合作方					项目所有权归属
	融资	设计	建设	运营	维护	
BT（建造—移交）	社会资本方	政府	社会资本方	政府	政府	政府
TOT（移交—运营—移交）		—	—	社会资本方	社会资本方	政府
BOT（建造—运营—移交）		社会资本方	社会资本方	社会资本方	社会资本方	政府
DBFOM（设计—建造—融资—运营—维护）						政府
BLOT（建造—租赁—经营—转让）	社会资本方			租赁期内由社会资本方负责		政府
BOOT（建造—拥有—运营—移交）				特许经营期内由社会资本方负责		特许经营期内所有权归社会资本方

表 4-2-1 的常见分类反映了 PPP 模式伴随市场的完善程度而不断演变的发展脉络：在 PPP 模式的发展初期，尚未健全的资本市场无法支持正常的资金流通渠道，政府也没有足够的力量与工具撬动社会资本投资于公共领域，经济基础的不成熟让政府无法完全驾驭社会资本进入公共领域后的局面，此时的融资责任仍由政府承担，即基础设施以及社会公用事业的发展主要依靠财政资金直接投入的方式。而在这一过程中，政府已逐渐意识到社会资本方在设计、建造、运营维护方面的技术与管理优势，慢慢将项目实施的部分职责转移给社会资本方，并在不断深入合作中探索合作模式，提高自身驾驭 PPP 模式的能力。当市场经济发展成熟，资本流通及融资渠道不断畅通，社会资本方有兴趣、也有能力尝试公共领域的事业发展时，鉴于不断增长的财政支出压力，政府也有诉求引进社会资本，以填补不断扩充的公共需求缺口。双方意愿的对接、优势的互补、风险的分担共同促进伙伴关系的和谐发展。在现行的 PPP 主流模式中，社会资本方都部分或全部承担了项目的融资责任，并推动政府职能由"补建设"向"补运营"的转变。

把握这种按照 PPP 项目流程区别运营模式的分类视角是在实践中进一步确定不同领域、不同行业乃至不同项目采取何种合作方式的依据，为 PPP 项目范围的横向理解奠定基础。

（2）横向维度形成行业实践导向。各国在实践中形成了对 PPP 模式各有侧重的理解，但其根本落脚点在于满足公共需求的目标导向。我国 PPP 模式的主要实践阵地是基础设施和公共服务领域。着眼于"基础设施和公共服务领域"有其必然性与合理性。

首先，特定领域公共建设向社会资本开放是大势所趋。

第一，全球经济尚未全面复苏，中国经济进入"新常态"，经济下行趋势的压力使得财政收入增速放缓，传统模式下的地方政府融资平台全部肃清整理，土地财政更是难以为继，政府财源的萎缩让财政可承受能力与可持续性备受考验。

第二，产业结构的升级与经济结构的调整需要政府同时处理多方面问题，我国城镇化的快速推进又产生巨大的公共需求缺口，财政资金需要"多拳出击"，庞大的支出压力迫使政府改变传统思维，探索发展的新模式。

第三，十八届三中全会提出"让市场在资源配置中起决定性作用"，明确了经济体制的改革方向，政府需要寻求改革契机，推动市场机制与我国经济发展的深入融合，PPP模式进入基础设施和公共服务领域，为改革从理论层面进入实操层面提供探索的空间。

其次，国家将PPP项目的范围确定在"基础设施和公共服务领域"具有其合理性。

第一，就其产品属性来说，虽然基础设施和公共服务领域的最终指向是满足公共需求，但并不是其中的所有行业细分都满足"完全的非竞争性与非排他性"，通过对不同行业的竞争性、排他性和外部性分析，其属性和有效的供给方式是不完全一样的，在消费上并非不具有排他性，在供给上也具有一定竞争性，为政府与社会资本的合作预留了发展空间。

第二，诸如污水处理、垃圾处理、交通运输等领域，有较高的市场化能力，产业特征突出，行业具有相对稳定的营利性。同时社会资本方的盈利空间在政府的调控范围内，既不会产生社会资本方凭借特许权进行垄断及"漫天要价"等损害消费者的行为，也利用了社会资本方的资金、技术以及管理优势，提高了项目的整体运行效率和服务水平。

第三，国内市场经济稳健而快速地发展，政府的宏观调控与市场机制的配合日臻成熟，国家驾驭市场风险的能力逐步提高，加之PPP模式在国外已有大量的案例借鉴及实践经验可供学习和参考，凭借深化经济改革的"天时"，有丰富国内外经验借鉴的"地利"，政府达成共识并借助国际力量推动实施的"人和"，以及基础设施与公共服务领域的内在市场机理的契合，在这

些领域推广 PPP 模式便水道渠成了。

并非基础设施和公共服务领域的所有行业细分都适用于 PPP 模式。应综合各地政府的实际需求、社会资本的活跃程度以及不同行业的具体特点，因地制宜构建操作性强、容易落地的 PPP 项目，即便是同一行业也不能采取"一刀切"的做法。在此过程中，项目的可行性论证、财政可承受能力分析以及物有所值评价是重点关注环节和实践要点，需要在客观、求实的基础上认真对待。

4.2.1.2 相关法律政策对 PPP 项目范围的规定

在 PPP 法律正式出台前，国务院办公厅转发财政部、发展改革委、人民银行《关于在公共服务领域推广政府和社会资本合作模式指导意见的通知》（国办发〔2015〕42 号）可谓是目前 PPP 领域中具有最高法律约束力的专门立法。通知明确指出，在公共服务领域推广政府和社会资本合作模式，是转变政府职能、激发市场活力、打造经济新增长点的重要改革举措。围绕增加公共产品和公共服务供给，在能源、交通运输、水利、环境保护、农业、林业、科技、保障性安居工程、医疗、卫生、养老、教育、文化等公共服务领域，广泛采用政府和社会资本合作模式，对统筹做好稳增长、促改革、调结构、惠民生、防风险工作具有战略意义。

财政部出台的相关规定：2014 年 9 月 23 日出台的《关于推广运用政府和社会资本合作模式有关问题的通知》（财金〔2014〕76 号）中规定："各级财政部门要重点关注城市基础设施及公共服务领域，如城市供水、供暖、供气、污水和垃圾处理、保障性安居工程、地下综合管廊、轨道交通、医疗和养老服务设施等，优先选择收费定价机制透明、有稳定现金流的项目。"

2014 年 11 月 29 日出台的《政府和社会资本合作模式操作指南（试行）》（财金〔2014〕113 号）中规定："财政部门（政府和社会资本合作中心）应负责向交通、住建、环保、能源、教育、医疗、体育健身和文化设施等行业主管部门征集潜在政府和社会资本合作项目。行业主管部门可从国民经济和社会发展规划及行业专项规划中的新建、改建项目或存量公共资产中遴选潜在项目。"

2015 年 2 月 13 日出台的《关于市政公用领域开展政府和社会资本合作项目推介工作的通知》（财建〔2015〕29 号）指出："财政部、住房城乡建设部决定在城市供水、污水处理、垃圾处理、供热、供气、道路桥梁、公共交通基础设施、公共停车场、地下综合管廊等市政公用领域开展政府和社会资本合作项目推介工作。"

推行示范项目是财政部推广 PPP 模式的重要工作抓手，并于 2014 年、2015 年在全国遴选出两批示范项目，根据目前国内客观需求，第二批示范项目突出了能源、交通运输、水利、环境保护、农业、林业、科技、保障性安居工程、医疗、卫生、养老、教育、文化等公共服务领域，涉及面更广，逐步对 PPP 模式采取"负面清单"管理。

2015 年 2 月 13 日出台的《关于市政公用领域开展政府和社会资本合作项目推介工作的通知》（财建〔2015〕29 号）指出："财政部、住房城乡建设部决定在城市供水、污水处理、垃圾处理、供热、供气、道路桥梁、公共交通基础设施、公共停车场、地下综合管廊等市政公用领域开展政府和社会资本合作项目推介工作。"

此外，财政部还出台部分针对特定领域的政策文件，进一步鼓励、引导社会资产参与这些领域的建设，归总如下。

2014 年 9 月 12 日，财政部联合发改委、民政局等十大部委联合出台《关于加快推进健康与养老服务工程建设的通知》（发改投资〔2014〕2091 号），要求"新增健康与养老服务项目优先考虑社会资本。在公立资源丰富的地区，鼓励社会资本通过独资、合资、合作、联营、参股、租赁等途径，采取政府和社会资本合作（PPP）等方式，参与医疗、养老、体育健身设施建设和公立机构改革"。

2015 年 4 月 9 日，财政部与环境保护部联合出台《关于推进水污染防治领域政府和社会资本合作的实施意见》（财建〔2015〕90 号），在明晰项目边界、健全回报机制、规范操作流程三方面对 PPP 模式在水污染防治领域的实践提出总体要求，并进一步明确相关保障机制，对 PPP 项目的规范指导更细化具体。

2015 年 4 月 20 日，财政部联合交通运输部出台《关于在收费公路领域推广运用政府和社会资本合作模式的实施意见》（财建〔2015〕111 号），鼓励社会资本通过政府和社会资本合作（PPP）模式，参与收费公路投资、建设、运营和维护，与政府共同参与项目全周期管理，发挥政府和社会资本各

自优势，提高收费公路服务供给的质量和效率。

2015年4月21日，财政部出台《关于运用政府和社会资本合作模式推进公共租赁住房投资建设和运营管理的通知》（财综〔2015〕15号），强调运用PPP模式在此领域的发展有利于转变政府职能，提升保障性住房资源配置效率；有利于消化库存商品住房，促进房地产市场平稳健康发展；有利于提升政府治理能力，改善住房保障服务。

通过对财政部出台的相关法律及政策文件中PPP项目范围的梳理总结，在一定程度上反映出国家政策的发展导向：一是供水、供暖等传统基础设施和市政工程在PPP模式推广初期是重点示范领域，此类领域在国内已有一定的建设经验，加之国外已形成较为成熟的运营模式和操作流程，可对PPP项目实施的成功率有一定的保障作用。二是保障房、地下综合管廊、医疗、养老、教育、环保及能源等领域，虽然国内外实践不多，但却是社会需求的关注热点和影响社会发展大局的重要行业，PPP模式的助力能做出不一样的尝试，带来不一样的成效。三是随着理论的越发完善与实践的不断积累，出台的政策更具针对性，更加注重细化对项目流程的操作规定，结合出台的《政府和社会资本合作项目财政承受能力论证指引》（财金〔2015〕21号）、《PPP物有所值评价指导（试行）》（财金〔2015〕167号）等项目环节的规范性操作指南，PPP项目的落地更有保障。

2015年12月18日，财政部出台《关于规范政府和社会资本合作（PPP）综合信息平台运行的通知》（财金〔2015〕166号），从顶层设计方面加强对全国PPP项目信息发布和平台管理，通过数据汇总归类以便进一步了解PPP的现存项目和未来的发展趋势，有利于科学规划、统筹布局PPP项目的行业分布。

4.2.1.3 国外PPP项目范围概况

PPP模式起源于英国，发展较为成熟，同时，加拿大和澳大利亚也是公认的PPP模式发展较好的国家，下面将通过分析这三个国家PPP模式的主要实践领域，以期对国外PPP项目范围有一定的了解。

英国私人融资计划（Private Finance Initiative，以下简称PFI）

英国是较早采用PPP模式开展基础设施建设的国家，于1992年首次提出私人融资计划（PFI）。所谓PFI，是对BOT项目融资的优化，指政府部门

根据社会对基础设施的需求，提出需要建设的项目，通过招投标，由获得特许权的私营部门进行公共基础设施项目的建设与运营，并在特许期（通常为30年左右）结束时将所经营的项目完好地、无债务地归还政府，而私营部门则从政府部门或接受服务方收取费用以回收成本的项目融资方式。2012年，英国财政部进一步推出新型私人融资（PF2），两者最大的区别是政府在特殊目的公司（SPV）参股以吸引长期投资者。政府资本的参与使得PF2模式下股本金比例从10%提高到20%~25%，化解了在资金紧缺时的融资局限性，又有助于发挥私人资本的专业能动性。同时，在PF2合同中，公共部门将承担更多的管理风险，PF2的融资结构更有利于获得长期债务融资，特别是从资本市场融资。

英国PFI项目范围涉及领域广，以教育、医疗、交通、废弃物处理为主。下表数据较为清晰地反映出PFI项目范围的结构与比例。

表4-2-2 英国PFI项目范围分布情况

分类	项目数量(个)	项目个数占比(%)	项目投资总额(亿英镑)	投资额占比(%)
教育	213	29.71	112.17	20.50
医疗	136	18.97	120.68	22.06
其他	55	7.67	87.64	16.02
交通	38	5.30	69.90	12.78
废弃物处理	38	5.30	43.51	7.95
住房	34	4.74	17.25	3.15
道路照明	32	4.46	14.27	2.61
健康	29	4.04	12.33	2.25
办公用房	24	3.35	35.34	6.46
警察局	24	3.35	4.75	0.87
服务中心	24	3.35	3.19	0.58
消防	13	1.81	3.95	0.72
教育培训	12	1.67	7.98	1.46
监狱	12	1.67	6.37	1.16
娱乐设施	12	1.67	2.05	0.37
法院	8	1.12	1.95	0.36
图书馆	7	0.98	1.58	0.29
安全教育中心	4	0.56	0.68	0.12
防洪	2	0.28	1.55	0.28
总计	717	100.00	547.12	100.00

资料来源：IUK

由表 4-2-2 可以看出，2012 年 3 月底，英国的 717 个存量 PFI 项目中甚至包括国内不常见的监狱、警察局、法院等。其中，教育、医疗、交通、废弃物处理等行业数量占比分别为 29.71%、18.97%、5.30% 和 5.30%，合计超过 50%；总投资额占比分别为 20.50%、22.06%、12.78% 和 7.95%，合计超过 60%。交通类项目投资额往往较大，虽然项目个数占比不到 6%，但是其投资额占比却超过 12%。

加拿大

加拿大的 PPP 模式国内实践在国际上备受好评，受到很多关注，具有完善的法律政策设计，并成立了 PPP 加拿大（PPPCanada）这一公司性质的机构统筹全国的 PPP 项目。该机构由加拿大联邦政府所有，但按照商业模式运作，PPP 加拿大通过财政部向国会报告，公司具有独立的董事会。这种形式可以让私人部门通过董事会监测 PPP 单位的运作。加拿大的 PPP 项目分布情况如表 4-2-3 所示。

表 4-2-3　2003~2013 年加拿大 PPP 项目范围分布情况

行业	项目数量(个)	占比(%)	行业	项目数量(个)	占比(%)
教育	7	5.79	住房	2	1.65
环境	5	4.13	国防	1	0.83
司法	14	11.57	政府服务	2	1.65
交通	24	19.83	文化	7	5.79
医疗保健	59	48.76			
上述项目数量及占比合计				121	100

资料来源：PPPCanada

根据 PPP 加拿大发布的统计数据，1991~2013 年，加拿大启动 PPP 项目 206 个，项目总价值超过 630 亿美元，涵盖全国 10 个省，涉及交通、医疗、司法、教育、文化、住房、环境和国防等行业。2003~2012 年期间，加拿大共有 121 个 PPP 项目完成了融资方案，各项目在不同的行业分布情况如表 4-2-3。这 121 个 PPP 项目在建设过程中的资本投入共计 384 亿美元，其中医疗保健行业直接吸引了资本投入 178 亿美元；运营与维护投入共计 128 亿美元，医疗保健行业的运营维护投入 49 亿美元。

通过发达国家 PPP 模式的运用与国内 PPP 实践案例相比，不难发现 PPP 模式推出的本质是提供优质高效的公共产品和服务，引进社会资本、先进技术与管理经验，实现政府与社会资本方的优势互补。因此，PPP 的主要实践领域集中在基础设施和公共事业领域。我国现阶段 PPP 项目的分布范围是符合基本国情的。首先，发达国家的社会经济发展程度较高，基础设施已相当完善，更需关注的是教育、医疗、司法等领域，即社会需求结构伴随经济发展进入更高层次，PPP 在这些领域的需求更大。相比之下，我国的社会经济发展程度尚未达到高水平，城镇化的快速推进更关注基础层面的建设，同时加上我国地缘辽阔、人口众多的基本国情，这些决定了现阶段国内的 PPP 项目落地更多在垃圾处理、污水处理、电信、交通运输等领域，此为发展层次的不同及由此带来的社会需求层次不同所致。其次，国外 PPP 模式已经相当成熟，在完善政策保障和丰富实操经验的基础上，PPP 项目的涉猎领域极其广泛，不仅包括养老、医疗等准公共产品领域，同时也参与了警察局、监狱、国防等纯公共产品领域，为 PPP 模式的发展提供更多的实践空间。而 PPP 在我国的发展历程较短，虽然现阶段国家很重视顶层设计，在 PPP 财政承受能力论证、物有所值等操作流程方面均出台了指导文件，也加快了 PPP 的立法进程，但我国的市场经济仍需进一步发展，单一制国家的基本国情也决定了让 PPP 涉足社会安全、国防等纯公共领域尚需审慎考量。

4.2.1.4 我国 PPP 项目范围的未来发展趋势分析

选取项目范围的思路应首先立足于社会需求突出和政府倾向明显的领域，一来将有限资源用在关键之处，可提升单位资源的产出和使用效率，二来有相关政策价值引导及规范，以提供良好的制度保障。未来一段时间内，以下行业与 PPP 模式的结合将有较大的发展空间。

（1）地下综合管廊项目。传统的市政管线铺设一般采用直埋或架空方式进行，对城市形象、公共安全、地下空间集约利用等方面都产生了不良影响。地下综合管廊建设则采取统一规划、设计、施工及维护，具体来说就是在地下建设管线隧道，集电力、通信、给水、热力、燃气、排水等两种以上市政管线为一体，并安排专门人员进行管理维护及监控，是城市可持续发展的重要方向之一。

伴随三十多年的城镇化建设，地下管网铺设虽然有了长足发展，但各种弊端随之显现，具体表现为：规划方面不成体系，各级规划难以实现有效衔接，缺乏市政专项规划的编制及技术规定；建设方面缺乏协调，由于地下管

线的管理建设分属不同部门，在部门之间缺乏有效沟通的情况下会导致工程建设与计划不能同步，管材与施工质量难以保证；管理方面缺少章法，相关法律法规尚不健全，信息化管理水平较低。鉴于国内具体实践总结与现实发展需要，加之地下综合管廊工程投资巨大、技术管理要求高、风险较大，需要政府与社会资本密切配合，政府方站在城市宏观发展角度布局规划、严格法律法规，社会资本方充分利用其资金、技术和管理优势，最大限度发挥双方各自驾驭风险的能力，优势互补。

(2) 海绵城市建设。所谓"海绵城市"，是指城市能够像海绵一样，在适应环境变化和应对自然灾害等方面具有良好的"弹性"，下雨的时候能够吸水、蓄水、渗水、净水，需要时将蓄存的水"释放"并加以利用。它能充分发挥城市绿地、道路、水系等对雨水吸纳、蓄渗和缓释作用，有效缓解城市内涝，削减城市径流污染负荷，节约水资源，保护和改善城市生态环境。

改革开放三十多年来，我国经济飞速发展，在工业化和城市化进程不断推进过程中，由于在水与城市可持续发展的关系问题上缺乏系统科学的安排，导致城市内涝等一系列问题的出现，加之我国降水时空分布不均匀和水污染问题，使得城市内河流、湿地、地下水等相关问题突出，建设海绵城市迫在眉睫。

2014年10月，住建部具体部署推进海绵城市试点建设工作，全国130多个城市参与资格审查，最终16个城市脱颖而出，成为建设试点城市。随后，财政部发布《关于开展中央财政支持海绵城市建设试点工作的通知》一文，指出财政部、建设部、水利部将推进中央财政支持的海绵城市试点工作，中央财政对海绵城市建设试点给予专项资金补助，一定三年，具体补助数额按城市规模分档确定，直辖市每年6亿元，省会城市每年5亿元，其他城市每年4亿元。并尤其强调对采用PPP模式达到一定比例的，将按上述补助基数奖励10%。

海绵城市是近年来在城市建设方面兴起的新理念，将其建设与PPP模式融合具有巨大的市场前景和发展空间。一则立足于生态文明建设的出发点，契合实际需要；二则缓解财政资金的紧张局面，保障工程的质量和效率；三则给予社会资本更多的投资机会，同时借助市场化机制，引入PPP模式作为提升城市竞争力和发展水平的契机，实现双方共赢。但PPP模式与海绵城市的结合，可谓是用新模式打造新事物，国内缺乏相关实践经验，需要借助国外成熟模式，进一步提升国内建设水平。

（3）智慧城市建设。智慧城市是运用信息和通信技术手段感测、分析、整合城市运行核心系统的各项关键信息，从而对包括民生、环保、公共安全、城市服务、工商业活动在内的各种需求做出智能响应。其实质是利用先进的信息技术，实现城市智慧式管理和运行，促进城市的和谐、可持续成长。智慧城市覆盖信息基础设施、城市运营管理、公共服务、产业发展等众多领域，涉及范围广、资金投入大、技术要求高，风险可见一斑，仅靠财政资金难以独立支撑。因此，政府需要充分动员社会力量，建立多元化的投融资渠道和运营方式，引导各类主体参与智慧城市建设，PPP 模式的内在机制可与智慧城市的建设思路有机融合，成为助推智慧城市发展的强大动力。

我国智慧城市基础设施建设近年来取得较好成效，在网络覆盖、三网融合、物联网等方面的发展取得长足进步，并已初步形成环渤海、长三角、珠三角以及中西部地区四大区域集聚发展的总体产业空间布局，在此过程中也动员社会力量参与建设，建立多元的融资机制与运营模式，为 PPP 模式与智慧城市建设的深入融合奠定良好基础。但同时也存在一些问题有待改进：投资主体分散，难以形成合力；向社会资本开放不够，对多元投融资主体激励不足；智慧城市基础设施融合共享程度不高，运营管理效率低下等，这些需要在总结国内实践经验并积极借鉴国外模式的基础上进一步调整和改进。

（4）清洁能源工程。伴随环保压力增大，清洁能源产业逐渐成为我国新的经济增长点，重大水电、风电等清洁能源工程逐渐成为吸引社会资本的重点领域。2015 年发改委公布的 80 个 PPP 项目中，清洁能源领域相关项目占到 45%，财政部第二批 PPP 示范项目中也有相关项目入选。由于此行业发展时间短以及高投入、高风险等特点，在发展过程中尚面临诸多制约因素，但建设"环境友好型社会"已上升为国家意志，加之可利用的融资渠道有限，国家将会进一步倡导社会资本参与清洁能源工程的建设，以缓解资金供给存在的缺口。

PPP 模式参与节能环保领域主要有以下几种思路：一是运用 PPP 模式大力发展城市公共交通。一方面缓解政府每年在市政公交领域的巨额补贴，运用社会资本的优势提高运行效率；另一方面缓解城市交通压力，减少私家车

等对环境造成的污染。二是打破垄断，吸引社会资本进入天然气、城市燃气等工程。天然气是环保可持续的清洁能源，对此行业的投资建设需要专业团队的运营管理，且项目的长期性符合 PPP 运营生命周期的特点，引入社会资本可提升城市燃气的供给效率，改善城市用能结构。三是成立 PPP 环保基金，鼓励治理雾霾、整顿污染水域等方面的技术创新，同时推动商业模式的创新和公益事业的发展。由财政部门引导出资，发挥财政资金的"乘数效应"，通过 PPP 基金的运作模式，将社会资本与清洁能源领域有机结合，以创新整合资源，延长环保产业链，成为 PPP 模式在中国未来的发展趋势之一。

(5) 保障性住房建设。保障性住房是指政府为中低收入住房困难家庭所提供的限定标准、限定价格或租金的住房，一般由廉租住房、经济适用住房和政策性租赁住房构成。目前 PPP 模式多用在经济适用房和"两限房"上，但事实上廉租房和公租房的资金缺口最大，这两类住房所有权收归政府，对低收入人群的补贴程度较高，社会公益性较强，但由此带来的现金流较少，因而不能产生足以吸引社会资本方投资的经济利益。将 PPP 模式更多应用于廉租房和公租房的建设更符合当前的社会需求，是未来保障性住房的重点发展方向。

保障性住房对当前的中国来说意义重大：首先，新型城镇化的快速推进和户籍制度的改革加速提升了社会流动人口的比例，大量农村人口涌入城市，加之新增毕业大学生数量的逐年增加，这部分群体的收入水平远远满足不了他们对住房的需求，因此，保障性住房有效弥补了这部分市场缺口，缓解了社会矛盾，有助于和谐社会的发展。其次，保障性住房以政府为依托，租金水平较低，一方面可以降低租金在低收入者收入中所占的比重，从整体上拓宽消费范围、提高消费水平，对目前扩大内需的政策具有一定的积极意义；另一方面，通过保障性住房的建设可以拉动相关产业的发展，提供更多的就业机会，使其整体效益大大增强。最后，将保障性住房领域向社会资本开发，让市场机制在其建设过程中承担更重要的角色，对于创新投融资模式、缓解政府财政压力、提高供给效率和水平、深化市场机制改革来说都将产生较为重要的影响。

(6) 重大水利工程建设。在 2015 年的《政府工作报告》中，李克强总理提出两个 8000 亿元，第一个是 8000 亿元的铁路投资计划，第二个便是水利

工程投资。这次大规模兴建水利工程，除了满足社会生产正常需求之外，还有一个重要使命，便是稳定经济增长、提振国内需求。而2016年将有45%的比例投向重大水利工程，如此大规模的投资建设，单纯依靠各级政府的财力难免吃不消。为此，发改委、财政部、水利部联合出台《关于鼓励和引导社会资本参与重大水利工程建设运营的实施意见》（以下简称《意见》），通过多渠道筹措建设资金，调动社会资本参与水利工程建设的积极性。鼓励社会资本的积极参与对提高供给效率、转变政府职能、推进市场化进程方面作用显著。但值得注意的是，水利工程市场化能力弱、投资规模大、建设周期长，到目前为止社会资本的参与率不足20%，即便政府将重大水利工程建设运营大规模向社会资本开放，但社会资本"愿不愿意""可不可持续"仍是政府需要面对的实质性问题。

此次《意见》制定多项优惠和扶持政策，从政府引导投资、财政补贴、价格机制、政策性金融以及水权制度改革等方面多管齐下，政府的改革决心可见一斑。《意见》中的一些创新举措，比如将没有直接收益的项目与经营性较强的项目打包开发、创新政策性金融、推动水权交易流转等措施，可以很好地调动社会资本参与的积极性。与此同时，国外在市政公用事业领域的PPP实践经验丰富，国内实践也不能只关注其在重大水利设施领域的PPP项目，而应将目光放于片区开发、水务建设等方面，同时将关注点聚焦于每个环节对应的相关政策，将有用经验有效"嫁接"于重大水利设施建设中，争取早日做到PPP经验在不同领域的融会贯通。

(7) 健康与养老服务。将关注重点转向健康养老产业，源于2014年由发改委等十部委联合印发的《关于加快推进健康与养老服务工程建设的通知》（以下简称《通知》），此次同时鼓励社会资本投资健康和养老项目，PPP模式将在此版块迎来新的发展机遇。

我国现阶段的突出国情之一便是处于快速老龄化阶段，对养老机构、老年保健等老年产业的需求增加，整体健康养老市场前景广阔。具体发展机遇总结如下：一是《通知》明确了健康与养老服务工程的建设目标，要求非公立医疗机构床位数占比达到25%，形成以非营利性医疗机构为主体、营利性医疗机构为补充，公立医疗机构为主导、非公立医疗机构共同发展的多元办医格局，从质和量两方面对非公立医疗机构的发展进行明确定位。二是2014

年6月卫计委以紧急通知的方式要求严控公立医院的扩张，为非公立医院预留了很大的发展空间，促使新增资源快速向非公医疗机构倾斜。三是健康养老与百姓生活息息相关，投资周期较短，经营风险较小，有较强的市场融资能力，具备采用PPP模式的较为成熟的市场基础。四是国内政策大力支持。《通知》中明确说明，新增健康与养老服务项目优先考虑社会资本。在公立资源丰富的地区，鼓励社会资本通过独资、合资、合作、联营、参股、租赁等途径，采取政府和社会资本合作（PPP）等方式，参与医疗、养老、体育健身设施建设和公立机构改革。同时政府会配套财政投入和土地、金融等政策支持，推动设立由金融和产业资本共同筹资的健康产业投资基金，以价格、税收、政府购买服务等方式支持健康养老服务项目的市场化运营。政府释放如此多的支持社会资本参与健康养老项目的利好信息，加快对此领域的PPP案例研究、做好理论准备至关重要。

4.2.2 项目合作期限

项目合作期限作为项目存续的时间维度，是政府和社会资本方"利益共享、风险共担"的合作伙伴关系的维系期间，也规定了双方权利义务的时间起止点。项目合作期限是PPP项目合同订立需要考虑的关键问题，会同时影响项目建设质量、融资方案、项目收益率的评估、风险的把控以及政府和社会资本在此基础上职责义务划分的科学性，需要在审慎预估项目整体运作方案及预期效果的基础上加以考量。

4.2.2.1 期限的确定

项目的合作期限通常应在项目前期论证阶段进行评估。评估时，需要综合考虑以下因素。

（1）政府所需要的公共产品或服务的供给期间。

（2）项目资产的经济生命周期以及重要的整修时点。项目资产的经济生命周期并不等同于项目的生命周期。由于PPP项目的建立初衷是提供公共产品和服务以满足社会公共需求，而公共产品和服务的需求要以一定的实物形态为载体。因此项目的生命周期可从两个角度加以理解：一是如果某项公共产品或服务是为了满足特定阶段的需求，且此公共需求的项目载体可一直存续到社会不再需要此项公共需求之后，则项目资产的生命周期便是公共需求的存续期。二是如果某项公共产品或服务所带来的社会收益是永久性的，或是在可预见的期间内可一直存续的,且项目资产的实物载体在此公共需求尚未消亡之前就因技术落后、折旧等原因无法继续提供相应的服务,则项目资产的生命周期就是此项项目资产从立项、启动、建设、运营维护直至其完成使命的全部周期。因此项目资产的生命周期更多是从使用价值的角度加以衡量划分的。

相比之下,项目资产的经济生命周期则从价值的角度去评价,是指从建成开始,到继续使用在经济上不合理而被更新所经历的时间。PPP 模式中,政府吸引社会资本参与投资的前提是社会资本方可从项目中获得合理收益,PPP 项目是企业将其追求利润的经营目标与其社会责任相结合的一种载体,因此对社会资本方来说,项目资产的经济生命周期根本上便是从市场的角度去估计其投资在项目合同期限内是否能得到全部的成本补偿并获得一定的收益率。

一般情况下,每个行业的项目在建成之后的特定时期内便开始资金回流。从微观角度讲,需要考虑两个方面,即现金流回收速度与回收期限。第一,不同行业的项目现金流回流速度不同,大型基础设施投资周期长,资金回流慢,因而其经济生命周期中开始收益之前的铺垫时间较长,投资方需要有更多的耐心筹划项目的运营,这会在一定程度上延展项目合作期限。第二,污水处理、垃圾处理等产业特征突出、市场盈利能力较强的行业有着相对稳定的收益率,因此成本回收期限较短,项目合作期限可根据双方的合作意愿与满意度进行安排,调整空间较大,而高速公路等前期投入大、建设周期较长的项目,由于受到实际车流量等诸多因素影响,收益率不高且收入不稳定,项目合作期限会更长。

从宏观角度讲,稳定的政局可提供安全平稳的运营环境,处于宏观经济周期的衰退、萧条、复苏、繁荣等不同阶段更是会从各方面影响项目的运营情况。此外,法律政策风险、不可抗力等都会对项目的经济生命周期产生影响,这需要在具体合作阶段根据综合情况适时调整,灵活应对。

(3) 项目资产的技术生命周期。PPP 项目一般分为融资、设计、建设、运营以及维护阶段,除了融资阶段的技术要求相对较低以外,每个阶段都需要以坚实的技术支撑为保障。技术生命周期一般分为四大阶段,即起步、成长、成熟和衰退阶段,处在不同阶段对项目合作期限的影响是不同的。

处于起步阶段时，技术研发的先驱者们要投入大量的研发支出，面对的问题有：一是产品能否研发成功的问题；二是研发出来的产品能否被市场接受并能顺利收回成本、获得收益的问题。PPP项目的目的决定其涉猎的领域一般不具有较强的市场盈利能力，控制成本对PPP合作双方都是至关重要的，因此对于其技术生命周期尚处在起步阶段的项目资产来说，采取PPP模式是冒险之举，如果合作双方有足够的魄力与信心将其继续下去，那么PPP项目的合作期限一般要长于普通的项目合作期限。

处于成长阶段时，当技术被处在某项行业前沿的公司掌握时，它会因为洞察先机而获得先发优势：由于技术的垄断性，政府很难找到其他能够胜任的社会资本方，这为掌握技术的社会资本方获得更加平等的对话政府的机会；同时，对于消费者而言，他们也很难在市场上找到此项产品或服务的替代物，一旦适销对路，PPP项目的收益便得到保障，在此情况下，合作期限是可以控制在较短期限的。

处于成熟阶段时，市场激烈的竞争会不断促使技术供给质量和效率的提升，且已被消费者熟知接受的产品和服务也会具有稳定的客户群和收益率。现阶段推广的PPP项目基本都有成熟的技术作为保障，其项目合作期限受技术的限制影响较少，更多取决于所在行业的一般营运特点。

（4）项目的投资回收期。合作期限的长短与项目的投资回收期息息相关，如果项目在合作期限内各年的现金流量大，社会资本方的投资回收期就会较短，合作期限就会较短；如果各年的现金流量不大或是收益不稳定，相应的合作期限就会较长。同时，投资回收期在行业平均值的基础上，也会因为社会资本方的能力有所不同，如果社会资本方经验丰富、技术娴熟、管理运营能力强，并能够灵活处理与政府的关系以获得良好的合作基础时，在其有效运作下，投资回收期自然会缩短，但如果社会资本方缺乏经验、无法灵活处理问题，其投资回收期相对来说会有所延长。

（5）项目设计和建设期间的长短。项目的设计和建设期间作为项目运营的筹划期，这部分期间发生的成本可划分为显性成本和隐形成本。就显性成本来说，其建材费、设计费、人工费、管理费等各项支出明细都可以得到确认并以期在日后运营阶段得以弥补，但此阶段时间的长短所发生的隐形成本则会间接影响合作期限。一是期限过长导致不确定因素增多，项目初期对各阶段的评估由于丧失时效性而降低其准确性,给真正运营期间各情况的评估增加障碍,社会资本方如果在项目合作期限内实现不了预期收益,则需要与政府方重新商榷合作期间或是直接要求财政补贴,给合作期限的确定带来影响。二是筹划期越长,出现新技术从而取代现有技术的概率越大,项目的机会成本就越高,建成后的盈利能力就越弱,为了收回成本,合作期限势必更长。

(6) 财政承受能力。根据财政部于 2015 年 4 月 7 日发布的《政府和社会资本合作项目财政承受能力论证指引》(财金〔2015〕21 号),所称财政承受能力论证是指识别、测算政府和社会资本合作项目的各项财政支出责任,科学评估项目实施对当前及今后年度财政支出的影响,为 PPP 项目财政管理提供依据。毋庸置疑,PPP 项目的顺利实施有赖于政府和社会资本在合理分担风险、科学划分职责基础上的通力合作,而财政承受能力是政府履行合同义务的重要保障,有利于规范 PPP 项目财政支出管理,有序推进项目实施,有效防范和控制财政风险,实现 PPP 可持续发展。由此,参与 PPP 项目的政府其财政承受能力越强,那么项目从政府那里获得的保障越多,项目实施越顺利,从而合作期限可以相应缩短。

(7) 现行法律法规关于项目合作期限的规定。我国有关 PPP 模式的专门法律现在仍处在酝酿阶段,但相关法律法规和部委规章中对项目合作期限的限定也需要关注与借鉴。可供参考的法律法规有:《中华人民共和国政府采购法》《中华人民共和国招标投标法》《基础设施和公用事业特许经营法》(征求意见稿)等。同时,地方也出台了市政公用事业特许经营办法或管理条例,在具体确定合作期限时,应综合中央文件与地方文件的相关规定,以确定恰当的合作期限。

根据项目运作方式和付费机制的不同,项目合作期限的规定方式也不同,常见的项目合作期限规定方式包括以下两种:

(1) 自合同生效之日起一个固定的期限(例如,25 年);

(2) 分别设置独立的设计建设期间和运营期间,并规定运营期间为自项目开始运营之日起的一个固定期限。

上述两种合作期限规定方式的最主要区别在于:在分别设置设计建设期间和运营期间的情况下,如建设期出现任何延误,不论是否属于可延长建设期的情形，均不会影响项目运营期限，项目公司仍然可以按照合同约定的运营期运营项目并获得收益；而在规定单一固定期限的情况下，如项目公司未按照约定的时间开始运营且不属于可以延长期限的情形，则会直接导致项目运营期缩短，从而影响项目公司的收益情况。

鉴于此，实践中应当根据项目的风险分配方案、运作方式、付费机制和具体情况选择合理的项目合作期限规定方式。基本的原则是项目合作期限可以实现物有所值的目标并且形成对项目公司的有效激励。需要特别注意的是项目的实际期限还会受制于提前终止的规定。

具体采用的 PPP 合作模式也会影响项目合作期限，下面就部分模式，根据其实践经验总结各种模式在一般情况下合作期限的确定，以供参考。

表 4-2-4　部分 PPP 模式合同期限

模式	简要说明	合同期限
BOT（建设—运营—转让）	是指政府（通过契约）授予社会资本方（包括外国企业）以一定期限的特许专营权，许可其融资建设和经营特定的公用基础设施，并准许其通过向用户收取费用或出售产品以清偿贷款、回收投资并赚取利润；特许权期限届满时，该基础设施无偿移交给政府	20~30 年
O&M（运营—维护）	在社会资本方的合作伙伴设计和制造基础设施，以满足政府合作伙伴的规范，往往是固定价格。社会资本方合作伙伴承担所有风险	5~8 年
LUOT（租赁—更新—运营—转让）	社会资本方租赁已有的公共基础设施，经过一定程度的更新、扩建后经营该设施，租赁期结束后移交给政府	8~15 年
PUOT（购买—更新—运营—转让）	社会资本方购买以后的公共基础设施，经过一定程度的更新、扩建后经营，在经营期间社会资本方拥有设施所有权，合同结束后移交给政府	8~15 年
BLOT（建造—租赁—运营—转让）	社会资本方在租用的公共土地上设计、融资和建立一个设施，在土地租赁期内社会资本方运营该设施，当租约到期时，资产转移给政府	25~30 年
BOOT（建造—拥有—运营—转让）	社会资本方被授权在特定的时间内融资、设计、建造和运营基础设施组件（和向用户收费），在期满后，转交给政府	25~30 年
DBTO（设计—建造—转让—运营）	社会资本方先垫付建设基础设施，完工后以约定的价格移交给政府，政府再将该设施以一定的费用回租给社会资本方	20~25 年
DBFO（设计—建造—投资—运营）	社会资本方设计、融资和构造一个新的基础设施组成部分，以长期租赁的形式，运行和维护它。当租约到期时，社会资本方将基础设施部件转交给政府	20~25 年

4.2.2.2 期限的延长

由于 PPP 项目的实施周期通常较长，为了确保项目实施的灵活性，PPP 项目合同中还可能包括关于延长项目合作期限的条款。

政府和项目公司通常会在合同谈判时商定可以延期的事由，基本的原则是：在法律允许的范围内，对于项目合作期限内发生非项目公司应当承担的风险而导致项目公司损失的情形下，项目公司可以请求延长项目合作期限。常见的延期事由包括：

(1) 因政府方违约导致项目公司延误履行其义务。

(2) 因发生政府方应承担的风险导致项目公司延误履行其义务。

因发生政府方应承担的风险，主要包括土地获取风险、项目审批风险、政治不可抗力等风险。

(3) 经双方同意且在合同中约定的其他事由。

通常情况下，社会资本方在与政府确定合作期限时都会充分考虑自身在可预见的各种情况下完成项目建设的时间以及实现必要报酬率所需要的运营时间。而归结于政府方的因素则是社会资本方无法预料和控制的，对由于这部分因素而导致的合作期限延长是政府对社会资本方合理诉求的一种弥补和回应，在体现政府合作诚意的同时，也让社会资本方吃颗定心丸，体现了PPP项目中"政府与社会资本方主体地位平等"的基本原则。

鉴于PPP项目实际操作的复杂性，不同情况下适合的延长期限不同，因此在这里很难划分出统一标准，列出以下几点原则予以参考。

以项目的预期效果为标准，在已完工部分的基础上，核定项目受延期因素影响的恢复时间以及达到预定目标仍需要的时间，不能为节约成本而潦草完工，影响项目最终提供公共服务的质量。

如果项目延期主要由政府方原因所致，建议政府在实际评估企业需求之后予以企业一定的帮助，尽量控制延长期限，并让社会资本方保证一定的项目收益率。

应对项目延长期限设定上限，推动社会资本方积极推动项目进程。鉴于各地基本情况迥异，影响因素繁杂，各级政府应因地制宜，制定符合本地区的不同行业的项目延期上限，平衡政府项目预期与企业建设运营压力。为此，可以在合同中约定社会资本方在发生了合同约定的延期事由后，希望延长项目合作期的，应在事件发生后的一段期间内（例如30天等）向政府方递交要求延长合作期的详细申请，以便政府方可以及时对该申请的情况进行核查。延长项目合作期需经政府方和社会资本方书面确认。

4.2.2.3 期限的结束

导致项目合作期限结束有两种情形：项目合作期限届满或者项目提前终止。

(1) 项目合作期限届满。

此种情形属于项目正常完成，政府和社会资本方均实现部分或全部目标，如果项目运行效果超过预期，双方还可获得额外收益，故在此处不再赘述。

（2）项目提前终止。项目的提前终止是由于政府部门和项目公司的过失以及其他非过失因素导致项目无法继续建设或运营，在约定合作期限到期之前终止合作协议的情况。PPP 项目提前终止大多发生于项目的运营阶段，也有少数发生在项目的建设期。下面对部分影响因素进行分析归总如下。

公众反对是由于社会公共利益得不到保护或受损，从而引起公众对项目的建设或运营产生反对意见。在项目筹建过程中，政府或是项目公司与公众交涉时缺乏诚信，并没有向公众提供充分表达自己关切的合理渠道，由此导致的"信息不对称"引发社会公众对政府和项目的不信任，"邻避效应"在社会的影响力日益扩大，给项目的顺利运营设置障碍，近期连续在杭州、惠州和湘潭爆发了群众聚集事件便是对这一问题的佐证。

政府部门履约不力是政府部门不履行或拒绝履行特许经营协议中约定的责任和义务而给项目带来直接或间接的影响。在我国，政府部门履约不力多体现为效率低下、配套基础设施不完善和拒绝、延期支付费用。

政府征用是 PPP 项目在运作过程中，政府主动提出解除特许经营协议、提前收回特许经营权。2000 年以后，各地政府开始着手路桥、隧道等基础设施收费改革，回购这些所有权不在政府手中的 PPP 项目成为改革的关键。政府征用或许是出于宏观政策的考虑而必须为之，但如何妥帖地处理政府与社会资本方之间的关系、给予社会资本方恰当的补偿则是政府需要关注的问题。

项目公司违规、违法行为是项目公司或项目投资者在项目融资、建设或运营过程中，出现利用项目进行欺诈、发生重大安全事故、对周围生态环境造成破坏等触犯法律法规的行为。

政策法规变动是由于政策变化或法律法规的颁布和修订，引起项目特许经营协议、市场需求和项目服务费用等发生变化，从而对项目运营的持续性造成影响。20 世纪 80 年代，我国开始采用 BOT 模式吸引外资，但由于政府缺乏经验，对人民币利率变化估计不足，加之当时银行贷款利率整体处于高位，政府许诺给予外商高额固定回报率。2002 年《国务院办公厅关于妥善处理现有保证外方投资固定回报项目有关问题的通知》出台后，许多地区政府与私人资本就回报率进行了重新谈判，一些项目因此被政府回购。

同类项目竞争是由于新建或改建项目，与原有项目形成了实质性的竞争，造成市场需求和收益的变化。PPP项目正常运营的基本前提是项目的运营收益能够偿还贷款、收回投资并取得一定的收益，如果项目唯一性无法得到保证，项目经营就会陷入困境。政府在项目开始后对于同类性质的PPP项目是否会影响现存项目的盈利能力需要认真评估，除了基于市场等不可驾驭因素的影响之外，政府有责任给予项目公司稳定的运营环境，实现整体效果的最大化。

建设工期延误是由于我国PPP项目建设管理水平参差不齐，缺少完善的监管手段和体系，对进度控制的力度不够，加之各种不确定性因素或无法事先预见的因素的影响导致项目延期交付。建设工程是PPP项目运行的基础和实物载体，建设工期延误会影响整体进程和规划，是项目提前终止的一大诱因。

4.2.3 前提条件

一般情况下，PPP项目合同条款并不会在合同签署时全部生效，其中部分特定条款的生效会有一定的前提条件。只有这些前提条件被满足或者被豁免的情况下，PPP项目合同的全部条款才会生效。如果某一前提条件未能满足且未被豁免，PPP项目合同的有关条款将无法生效，并有可能进一步导致合同终止，未能满足该前提条件的一方将承担合同终止的后果。

4.2.3.1 前提条件的含义和作用

（1）前提条件的含义。前提条件，也叫先决条件，是指PPP项目合同的某些条款生效所必须满足的特定条件。

前提条件与后续条款具有逻辑上的先后顺序，后续项目活动的开展是建立在前提条件完全履行的基础上。前提条件是指政府和社会资本方在合同签署后到项目开工建设之前需要进行的各项准备工作，约定了项目的一些前期工作、任务分工、经费承担以及违约责任等事项。由于确定政府主体和社会资本主体时，项目的前期工作尚未完成，因此，有必要以合同条款的形式对政府和社会资本方在前期工作中的分工、前期工作风险处置以及政府对项目公司前期工作履行情况监管等特定内容进行明确与协调，这便构成了前提条件的主体内容和意义所在。

（2）前提条件的主要规范事项。一般而言，前提条件规范的事项对于整个项目来说是基础性的，其根基铺垫的程度直接决定了项目的进展，是项目成功的重要保障，可从以下几个方面加以理解。

第一，主要内容及相关要求。前提条件的规定要遵循项目所处行业的基础标准和国家政策规范的一般技术性要求和管理程序性要求，对于超出现行技术标准和规范的特殊规定应予以特别说明。比如，对包含工程建设的合作项目，应明确可行性研究、勘察设计等工作的执行标准；包含转让资产或股权的合作项目，应明确项目尽职调查、清产核资、资产评估等工作的执行标准。

第二，职责划分。前提条件涉及的工作范围应明确各项职责的承担主体以及完成期限、完成程度、经费分担等内容，对于政府开展前期工作的经费需要社会资本主体承担的，应明确费用范围、额度确认和支付方式，以及前期工作成果和知识产权归属等。

第三，政府提供的支持表现。政府对政府和社会资本合作项目前期工作的支持主要体现在项目协调和及时审批方面。由于项目前期工作往往涉及众多政府管理部门和利益相关者，相关协调协助工作包括但不限于以下方面：协调相关部门和利益主体提供必要资料和文件；对社会资本主体的合理诉求提供支持；组织召开项目协调会等。

第四，政府对前提条件履行的监管职责。虽然这部分工作不直接构成项目开展的必要条件，但政府应采取措施保障前提条件的履约程度，因此应注意以下几点：

一是若需要设定对项目前期工作的特别监管措施，应在合同中明确监管内容、方法和程序，以及监管费用的安排等事项；

二是此类特别监管安排可能包括政府主体为协调或推动项目前期工作而对相关技术成果进行预审查、咨询和评估等事项；

三是应明确政府监管所发生费用的承担方式。

4.2.3.2 前提条件的意义

前提条件的实践期间可视为政府与社会资本方的协调磨合期，这段时间将给彼此提供机会了解双方的运行机制、处事规律和运作机制等特征，为下阶段项目的正式运行做充分的准备，意义重大。

对项目公司而言，在项目开始实施前赋予其一定的时间以完成项目的融资及其他前期准备工作，并不会影响项目期限的计算及项目收益的获取。

对政府方而言，项目公司只有满足融资交割、审批手续等前提条件才可以正式实施项目，有利于降低项目的实施风险。

4.2.3.3 常见的前提条件

根据项目具体情况的不同，在项目正式实施之前需要满足的前提条件也不尽相同，实践中常见的前提条件包括以下内容。

（1）完成融资交割——通常由项目公司负责满足。完成融资交割是PPP项目合同中最重要的前提条件，只有确定项目公司及融资方能够为项目的建设运营提供足够资金的情况下，项目的顺利实施才有一定保障。

根据项目双方的约定不同，完成融资交割的定义也可能会不同，通常是指项目公司已为项目建设融资的目的签署并向融资方提交所有融资文件，并且融资文件要求的就本项目获得资金的所有前提条件得到满足或被豁免。

从广义上讲，融资合同可能包括项目公司与贷款方签订的项目贷款合同、担保人就项目贷款与贷款方签订的担保合同、政府与贷款方和项目公司签订的直接介入协议等多个合同。其中，项目贷款合同是最主要的融资合同。在项目贷款合同中，一般包括陈述与保证、前提条件、偿还贷款、担保与保障、抵销、违约、适用法律与争议解决等条款。同时，出于贷款安全性的考虑，贷款方往往要求项目公司以其财产或其他权益作为抵押或质押，或由其母公司提供某种形式的担保或由政府做出某种承诺，这些融资保障措施通常会在担保合同、直接介入协议以及PPP项目合同中具体体现。

值得注意的是，融资是以项目公司的名义进行的，项目发起人（政府与社会资本方）通常参与项目公司的经营管理，对公司的债务或者以投入的资本金为限承担责任(无追索权的项目融资)，或者以它们各自提供担保的金额或在有关协议中所承担的义务为限(有限追索权的项目融资)。在PPP项目中，政府不参与项目公司的日常经营，作为项目公司的主要股东之一，政府在项目监管和政策保障方面发挥着重要的作用。

融资文件主要包括以下几部分：①基本融资协议（写明贷款条件、保护条款等规定事项）；②担保文件；③项目贷款人和担保权益托管人之间的信托、协调或共同贷款人协议；④担保、安慰信和其他支持文件；⑤当借款不是筹资的唯一或第一来源时，应包括发行债券、商业票据、股票承销报价等融资文件；⑥掉期、期权、封顶和利率区间等可能涉及一个或几个贷款人，或涉及第三方的附加融资文件。

PPP项目一般融资规模都很大，面对的风险也较为复杂，主要有环境资

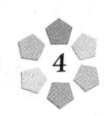

源风险、操作风险、市场风险、汇率风险、政治风险等，且各种风险在项目各阶段也可能发生变化。因此，虽然这部分职责的主要承担者为社会资本方，但政府在关键时刻要保证融资的规范性，并协助社会资本方处理好项目融资风险。

（2）获得项目相关审批——由项目公司或政府方负责满足。根据我国法律规定，项目公司实施PPP项目可能需要履行相关行政审批程序，只有获得相应的批准或备案，才能保证PPP项目的合法合规实施。

在遵守我国法律法规的前提下，按照一般的风险分配原则，该项条件通常应由对履行相关审批程序最有控制力且最有效率的一方负责满足，例如：①如果项目公司可以自行且快捷地获得相关审批，则该义务可由项目公司承担；②如果无政府协助项目公司无法获得相关审批，则政府方有义务协助项目公司获得审批；③如果相关审批属于政府方的审批权限，则应由政府方负责获得。

（3）保险已经生效——由项目公司负责满足。在PPP项目中，保险是非常重要的风险转移和保障机制。政府方为了确保项目公司在项目实施前已按合同约定获得足额的保险，通常会将保险（主要是建设期保险）生效作为全部合同条款生效的前提条件。

保险公司的落脚点是PPP项目的履约风险和运营风险承保，增加PPP项目结构设计的灵活性，降低和转移PPP参与方的风险。从保险资金的运用来看，基础设计建设期限很长，符合险资长期性的特征，有助于缓解资产负债错配的问题，因此，险资可以通过专项债权计划或股权计划为大型PPP项目提供融资。由于PPP项目的复杂性，险资对项目的担保和增信要求较高，因而符合要求的项目有限。

常见的安排是：项目公司已根据项目合同中有关保险的规定购买保险，且保单已经生效，并向政府方提交了保单的复印件。

（4）项目实施相关的其他主要合同已经签订——由项目公司负责满足。在一些PPP项目合同中，政府方为进一步控制项目实施风险，会要求项目公司先完成项目实施涉及的其他主要合同的签署工作，以此作为PPP项目合同的生效条件。

在PPP项目中，参与主体众多，彼此之间的协调事项需要一系列的合同协议加以明确，而项目参与方通过签订一系列合同来确立和调整彼此之间的权利义务关系，构成PPP项目的基本合同体系。政府与社会资本方之间的合同作为PPP项目合同体系的主体和灵魂，规定了PPP项目的实质与主体内容，但对金融机构、保险公司、承包商、原料供应商等发生的相关权利义务的界定也是PPP项目合同体系不可缺少的环节。各个合同之间并非完全独立，而是紧密衔接、相互贯通的，彼此间存在着一定的"传导关系"。

根据项目的不同特点，相应的合同体系也会不同。PPP项目的基本合同通常包括PPP项目合同、股东协议、履约合同（包括工程承包合同、运营服务合同、原料供应合同以及产品或服务购买合同等）、融资合同和保险合同等。这些合同对不同的PPP项目其重要性是不同的，因此为保障项目的后续开展，政府将一些重要的合同作为前提条件加以安排也在情理之中，能够更好地督促项目公司积极落实其职责。

常见的安排是：项目公司已根据项目合同中有关规定签订工程总承包合同及其他主要分包合同，并且向政府方提交了有关合同的复印件。

(5) 其他前提条件。在PPP项目合同中，双方还可能会约定其他的前提条件，例如，项目公司提交建设期履约保函等担保。

4.2.3.4 前提条件豁免

上述前提条件可以被豁免，但只有负责满足该前提条件的一方的相对方拥有该豁免权利。

豁免实际是对前提条件的宽限，如果承担前提条件责任的一方由于不可控因素未能达成要求，且其相对方有理由相信或有客观证据表明前提条件未能实现情有可原，则前提条件可豁免，合同可继续执行。但应注意以下几点：

应强调豁免权的归属方是负责满足该前提条件的一方的相对方，同时应强调，政府和社会资本方应享有同等地位的豁免权，不论是政府方还是社会资本方都未能完成其所承担的前提条件，另一方均可依法行使其豁免权，不存在主体差异性。

对豁免权的执行应制定严格的标准，不能随意行使。政府和社会资本方都应就其享有的豁免权在事前就针对其对应的豁免事项建立客观、严格、科学的审核流程，并应得到相对方的认可。如果导致前提条件没有实现的因素均在审核标准中，则其相对方可行使豁免权，合同可继续执行。

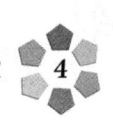

豁免权的实行需要配套补偿机制，即在前提条件没有达成的情况下，为了保证项目未来期间建设运营的成功率，需要对缺失的这部分条件进行补偿，即要针对不同的情况及时制订合理的、可实现的替代方案，以弥补缺失的条件。同时还应注意，鉴于项目实施环境的变化以及由此产生的风险，不论是哪一方承担前提条件的责任，其相对方应充分发挥其主观能动性，合理分担一定的责任与风险，保障替代方案在合理的时限内达到预期效果。

对没有完成前提条件的一方，其相对方有权在公正合理的基础上采取一定的惩戒措施，弥补由此发生的项目损失。

4.2.3.5 未满足前提条件的后果

（1）合同终止。如果双方约定的上述任一前提条件在规定的时间内未满足，并且另一合同方也未同意豁免或延长期限，则该合同方有权终止项目合同。

（2）合同终止的效力和后果。①合同项下的权利和义务将终止。如果由于未满足前提条件而导致合同终止，除合同中明确规定的在合同终止后仍属有效的条款外，其他权利义务将终止。②经济赔偿。如因合同一方未能在规定的时间内满足其应当满足的前提条件而导致合同终止的，合同另一方有权向其主张一定的经济赔偿，但经济赔偿的额度应当与合同另一方因此所遭受的损失相匹配，并符合我国《合同法》关于损害赔偿的规定。③提取保函。为了更好地督促项目公司积极履行有关义务、达成相关的前提条件，政府方也可以考虑在签署PPP项目合同时（甚至之前）要求项目公司就履行前提条件提供一份履约保函。具体项目中是否需要项目公司提供此类保函、保函金额多少，主要取决于以下因素：

一是在投标阶段是否已经要求项目公司提供其他的保函。履约保函的设计初衷是督促项目公司积极完成前提条件，是政府利益的保障手段。如果政府已要求项目公司在投标阶段提供过类似保函，且保函金额足以起到实现设置目的的作用，鉴于PPP项目需要签订的合同众多，就无须在履行前提条件阶段再签订保函。如果投标阶段没有签订保函或是政府认为已签订的保函不足以保障项目公司积极履约，则政府可在合理的区间内要求项目公司再提供相关保函，加固保障效果。

二是有其他激励项目公司满足前提条件的机制，例如项目期限或付费机制的设置。通常情况下，如果政府设置一定的激励条件能促进项目公司积极履约,就无须再设计履约保函了。

三是项目公司不能达成前提条件的风险和后果。根据项目公司的实力以及前提条件的完成难度综合衡量,如果政府认为项目公司在约定期限内极有可能完成前提条件设置的职责或是即便实现不了,还有充足的操作空间和缓冲期进行弥补,为简化程序,增加彼此之间的信任程度,可不用考虑使用履约保函;如果政府对项目公司的实力存在疑虑或是前提条件如果不能实现会对后续工程有较大影响,在此情况下,出于保障政府利益以及项目进展和工程效果的考虑,政府有必要要求项目公司提供条件恰当的履约保函。

四是政府方因项目无法按时实施所面临的风险和后果。PPP项目较为复杂而且其常置于政府的政策目标框架中,有些项目有可能形成"牵一发而动全身"之势,项目能否按预期进行会影响政府的通盘考虑。因此,政府应跳出项目而站在宏观的角度评定其所承担的风险,如果PPP项目的影响范围广、政府因此承担的风险较多,则有必要要求项目公司提供相应的履约保函,以促使项目公司更好地履约。

五是按时达成前提条件对该项目的影响。如果项目公司未能按照约定的时间和要求达成前提条件,且政府方未同意豁免该前提条件时,政府方有权提取保函项下的金额。

履约保函的受益人是政府,项目公司为此要承担一定的风险和后果,作为前提条件实现的保障手段,政府和项目公司都应理性对待履约保函,做到有张有弛,让履约保函成为双方合作的调和剂,而非给项目合作带来滞绊。

4.3 项目融资

项目融资是指在PPP建设和运营过程中,融资方为项目公司提供融资支持的过程。从PPP项目公司资金构成整体看,项目融资的资金由权益资金和债务资金构成。权益资金由出资人共同筹集(项目公司股权投资结构),在PPP项目中,通常出资人为政府与社会资本,债务资金通常来自商业银行、出口信贷机构、多边金融机构(如世界银行、亚洲开发银行等)以及非银行金融机构(如信托公司)等。一般而言,债务融资以银行贷款为主。随着近些年来融资渠道的扩展,逐步出现了债券、资产证券化等融资方式。PPP项目合同中有关项目融资的规定,不一定会规定在同一条款中,有可能散见在

不同条款项下,通常包括项目公司的融资权利和义务、融资方权利以及再融资等内容。

4.3.1 项目公司的融资权利和义务

项目边界条件是PPP项目融资合同的核心内容,主要包括权利义务、交易条件、履约保障和调整衔接等边界。PPP项目合同中的权利义务边界主要明确项目全生命周期(见图4-3-1)内相关资产和权益的归属,以确定项目公司是否有权利通过在相关资产和收益上设定抵、质押担保等方式获得项目融资,以及是否有权通过转让项目公司股份、处置项目相关资产或权益的方式实现投资的退出。

项目识别	项目准备	项目采购	项目执行	项目移交
项目发起	管理架构组建	资格预审	项目公司设立	移交准备
项目筛选	实施方案编制	采购文件编制	融资管理	性能测试
物有所值评价	实施方案审核	响应文件评审	绩效监测与支付	资产交割
财政承受能力论证		谈判与合同签署	中期评估	绩效评价

图 4-3-1　PPP 项目全生命周期

4.3.1.1 项目公司的权利

(1) 项目公司的所有权。公私双方都很关注在项目经营期内或项目经营期后是否拥有所有权。对政府来说,拥有所有权在一定程度上限制了社会资本投资者处置资产的自由性,能保障项目资产的安全和公共利益的实现。对社会资本投资者来说,拥有项目所有权可以在契约规定的范围内进行资产抵押、质押、担保、处置等活动,以筹集项目所需资金,实现价值的增值。但将过多的所有权授予社会资本,会增加政府的监督成本[①]。

由于不同PPP项目的经济特性不同,如项目的竞争性和有无收费机制等,因此操作模式不同,主要分为经营性项目、准经营性项目和非经营性项目。不同操作模式的项目公司所有权和权益的归属不同(见表4-3-1),根据政府和社会资本在PPP项目公司出资比例的相对大小,主要分为三类,即政府绝对控股、社会资本绝对控股和混合控股。

---

① 邓小鹏,段昊智,袁竞峰,张星.PPP模式下保障性住房的共有产权分配研究.工程管理学报,2012.26(6):81~86.

表 4-3-1　各种操作模式与所有权归属

操作模式	基本属性	供应方式	所有权归属	典型类型
非经营性项目	非排他性、非竞争性	政府投资	政府绝对控股	委托运营
经营性项目	排他性、竞争性	社会资本投资	社会资本绝对控股	建设—拥有—运营—移交（BOOT）
准经营性项目	非排他性或非竞争性	共同投资	混合控股	建设—拥有—运营（BOO）

对于缺乏使用者付费基础、主要依靠政府付费回收投资成本的非经营项目，可通过政府购买服务，采用委托运营[①]等市场化模式推进。在这类PPP模式中，项目公司仅仅参与项目经营过程，对项目公司资产不具有所有权，即在这种模式下政府在全生命周期内拥有项目公司的所有权。

对于具有明确的收费基础，并且经营收费能够完全覆盖投资成本的项目，可通过政府授予特许经营权，采用建设—运营—移交（BOT[②]）等模式推进。社会资本在特许经营权下设立项目公司，对PPP项目进行投资、建设、运营，通过对项目的运营收回投资，对项目公司资产享有所有权。在特许期结束后可能将项目移交给政府，其资产由政府享有，也可能不进行移交，由社会资本享有项目公司资产与交易的所有权。在这种模式下，社会资本投资者在全生命周期内拥有所有权。

对于经营收费不足以覆盖投资成本，需政府补贴部分资金或资源的项目，可通过政府授予特许经营权附加部分补贴或直接投资参股等措施，采用建设—运营—移交（BOT）、建设—拥有—运营（BOO[③]）等模式推进（发改投资〔2014〕2724号）。政府和社会资本按照各自的投资比例享有相应的股权，对项目实施共同控制，共同分享项目的收益。这种所有权结构的关键是剩余控制权在政府和社会资本之间如何进行分配，在剩余控制权得到合理分配的条件下，契约的未约定事项出现时，总是能得到有效决策，且能够激励公私双

---

①委托运营模式下政府将存量公共资产的运营维护职责委托给社会资本或项目公司，社会资本或项目公司不负责用户服务的政府和社会资本合作项目运作方式。政府保留资产所有权，只向社会资本或项目公司支付委托运营费。合同期限一般不超过8年。

②BOT模式下由社会资本或项目公司承担新建项目设计、融资、建造、运营、维护和用户服务职责，合同期满后，项目资产及相关权利等移交给政府的项目运作方式。合同期限一般为20~30年。

③BOO模式由BOT方式演变而来，二者区别主要是BOO方式下社会资本或项目公司拥有项目所有权，但必须在合同中注明保证公益性的约束条款，一般不涉及项目期满移交。

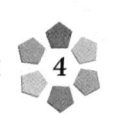

方投资，减少事后机会主义行为，提高双方的合作效率，促进项目的顺利执行。一般在混合控股的结构下，由社会资本进行经营相关的决策，而政府保留有条件的任免权以及有条件的股权结构调整权等。因此，在出资人出资合同中应明确各个出资人项目资金的数额与比例，以及各个出资人的权利。

(2) 项目公司的剩余控制权。剩余控制权是指在事前没有在契约中明确界定其归属的权力，即资产在契约规定的特定用途之外如何被使用的权力。而PPP项目中的剩余控制权由政府与社会资本共同拥有，是对未在契约中明确的事项拥有的决策权。项目公司的剩余控制权的确定建立在项目公司所有权的基础之上。如果项目公司资产所有权归项目公司所有，项目公司将拥有项目公司的剩余控制权。项目公司不需要政府同意，有权通过在相关资产和权益上设定抵、质押、担保等方式获得项目融资，以及有权通过转让项目公司股份或处置项目相关资产或权益的方式实现投资的退出。

但是PPP项目公司组建模式多为政府与社会共同出资建立，项目公司所有权由二者共享。既然项目公司剩余控制权由政府与社会资本所共同拥有，投资人根据出资份额享有股权比例，那政府与社会资本所享有的剩余控制权比例是否能够等同于他们各自的所有权呢？答案是否定的。北京地铁4号线采用PPP模式建立，北京市政府的出资占总投资额的70%，但是在项目建成后，项目公司以租赁方式取得项目部分资产的使用权，通过地铁票款收入及站内商业经营收入回收投资，政府将其投资所形成的资产以"象征性"的价格租赁给项目公司。也就是说政府对其资产享有所有权而无对等的收益权，项目公司对政府投资享有使用权和收益权。尽管北京市政府在项目公司中享有70%的所有权，但并不享有剩余索取权。在日常的经营决策中，也不会因为北京市政府出资多而享有更大的剩余控制权。在一些PPP项目中，政府尽管占有小部分所有权，但在涉及公共利益决策的事项上相比较社会资本具有更大的剩余控制权。

因此，在项目公司组建时，各出资人就剩余控制权在出资协议中应做出合理分配。政府与社会资本最佳控制权配置取决于两者在最初协议中的收益分配与其对项目未来收益的预期。若最初协议中社会资本的收益分配比例足够大，且政府对未来收益预期信心不足，而社会资本对未来收益预期乐观时，最佳控制权配置应是将剩余控制权以一定程度地较多分配给社会资本；当最初协议中政府的收益分配比例足够大,且社会资本对未来收益预期信心不足而政府对未来收益预期乐观时,最佳控制权配置应是将剩余控制权以一定程度地较多分配给政府;当最初协议中规定合作双方的收益平均分配,同时政府和社会资本对未来收益预期都不乐观时,最佳剩余控制权配置应是与双方乐观指数相关的一个区间。

4.3.1.2 项目公司义务

由于能否成功获得融资直接关系到项目能否实施,因此大多数PPP项目合同中会将完成融资交割作为项目公司的一项重要义务以及PPP项目合同全部生效的前提条件(关于融资交割以及具体前提条件的安排,请见本章第二节"前提条件"部分)。

4.3.2 融资方的权利

为了保证项目公司能够顺利获得融资,在PPP项目合同中通常会规定一些保障融资方权利的安排。融资方在提供融资时最为关注的核心权利包括融资方的主债权、担保债权和介入权。

4.3.2.1 融资方的主债权和担保债权

主债权是抵押权所担保的原本债权,是依当事人之间的主合同产生的不包括约定利息、违约金、损害赔偿金在内的最开始的债权。担保债权即有担保的债权。

项目公司可以以公司的资产或权益作为抵押进行项目融资,但是有些PPP模式下的项目公司对项目本身(特别是项目用地)并没有所有权。因此,如果项目公司以项目资产或其他权益(例如运营期的收费权),或社会资本以其所持有的与项目相关的权利(例如其所持有的项目公司股权)为担保向融资方申请融资,融资方在主张其担保债权时可能会导致项目公司股权以及项目相关资产和权益的权属变更。因此,融资方首先要确认PPP项目合同中是否已经明确规定社会资本和项目公司有权设置上述担保,并且政府方可以接受融资方行使主债权或担保债权所可能导致的法律后果,继而确保融资方权益能够得到充分有效的保障。

因此,PPP项目向金融机构贷款时,首先,政府通常与提供贷款的金融机构达成一个直接协议,该协议不是对项目进行担保,而是政府向借贷机构做出承诺,将按照政府与项目公司签订的合同支付有关费用,履行相关义务。

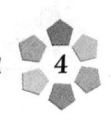

这个协议使项目公司能比较顺利地获得金融机构的贷款。相应地，社会资本也承担一定的贷款担保责任。其次，项目公司在与金融机构签署贷款协议时应向融资方提供一系列担保文件与支持性文件，包括：①对土地、房屋等不动产抵押的所有权；②对无形资产、债务以及在建生产线抵押的合同；③对项目基本文件（如经营许可、承建合同、供应协议）给予权利的证明；④项目公司股东协议，明确项目公司是否对其抵押的资产具有所有权；⑤项目保险合同；⑥对项目现金流享有收益权文件。

4.3.2.2 融资方的介入权

由于项目的提前终止可能会对融资方债权的实现造成严重影响，因此融资方通常希望在发生项目公司违约事件且项目公司无法在约定期限内补救时，可以自行或委托第三方在项目提前终止前对于项目进行补救（关于项目提前终止的机制，请见本章第十四节）。为了保障融资方的该项权利，融资方通常会要求在PPP项目合同中或者通过政府、项目公司与融资方签订的直接介入协议对融资方的介入权予以明确约定。

为了确保资金提供方的利益，贷款机构可以与政府、项目公司之间签订直接协议。这个直接协议授予银行或金融机构一定的介入权，对项目的终止进行一定的限制。首先，政府向贷款机构承诺将按与项目公司签订的合同支付有关费用，履行相应的义务；其次，如果项目公司在PPP合同下违约造成合同终止，银行或金融机构有权介入项目协议。在介入期间，政府部门放弃使用强制执行权，银行或金融机构利用此段时间寻找替代服务提供者，使其维持PPP合同的效力，保证项目的正常运营。

4.3.3 再融资

PPP项目合同复杂、特许期长、关联方多，公共部门和私营部门很难准确预测项目各阶段的现金流及实际风险，导致项目实际融资需求与原计划融资需求之间存在较大差异，往往需要通过再融资降低财务成本或填补资金缺口。因此，为调动项目公司的积极性，并保障融资的灵活性，在一些PPP项目合同中，还会包括允许项目公司在一定条件下对项目进行再融资的规定。

PPP项目再融资是指项目公司完成首次融资后，在正常运营的情况下，对融资条款和融资方式的调整。再融资分为计划内再融资与计划外再融资。计划内再融资，是在项目准备阶段，在进行融资计划与分析资本结构时就充分考虑了再融资可能，并在各项合同条款中约定再融资方式及风险收益分配方式。合同中不仅包含了预期再融资时间、再融资方式、再融资收益分配、再融资风险分配，还会为预想不到的情况留足空间，以备被动再融资发生时没有相应条款约定①。PPP项目的计划外再融资与计划内再融资完全不同，它在进行融资计划及进行融资安排时没有考虑项目以后是否进行再融资，因此在初始协议及相关合同文本中并没有对再融资进行规定。之后项目在发展中遇到预期外的风险，而需要紧急进行再融资。目前为止，此类PPP项目再融资较多，特别是早期的项目再融资大多是因为项目遇到了计划外的风险。此时，由于初始协议中并没有再融资相关条款，各方利益不同，往往导致大量谈判和协议的重新签订，甚至导致合作关系的终止。因此，在进行初始协议的签订前，在考虑项目融资计划时应分析各种可能遇到的问题，以及由此所发生的再融资的可能性，对再融资的时间、方式、各方利益做出规定，并且应设置备用再融资计划，为突发风险的发生做好防患准备。

4.3.3.1 PPP项目再融资的主要方式

（1）股权融资。股权融资指项目公司利用向投资者增发股份的方式获得资金，股权融资的资金没有固定到期日，项目公司无须利用公司自有资金进行偿还，在投资者入股时，通常也没有给予每年分红比例的承诺，对项目公司来说并没有增加现金流出的压力，没有财务成本的压力，这是PPP项目融资的一个好的选择。

对PPP项目来说，使用股权再融资还有以下优点：首先，PPP项目进行股权融资，就必须按照《公司法》要求建立相应的完善的管理体系与法人治理结构。通过股东大会、董事会、监事会、经理之间互相的监督和激励，完善了风险管理体系，从而降低了公司的管理风险。其次，股权融资还可以通过金融市场进行，从而扩张了PPP项目的资金来源渠道。通过在公开市场的股权融资，向外界披露了更多信息，受到金融市场管理机构及投资者的监督，进一步降低了经营风险。同时，信息的公开化还有利于公司债等债权融资的进行，方便项目公司获得更低成本的资金。再次，PPP项目投资者会更加谨慎地对待项目。由于自身在项目中占有较大部分股权，该投资者运用项目进

---

① 刘宇文：《PPP项目再融资最优资本结构研究》，2012年。

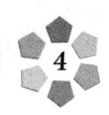

行抵押融资及其他可能使项目公司陷入困境行动的可能性大大减少。

(2) 债权再融资。债权融资表示公司通过借贷的方式，向公司外部（也可以向股东借款）融资。债权融资具有期限，且要求按照合同约定支付本金及利息。PPP项目债权形式的再融资主要是以银行贷款和发行中期票据的形式。PPP项目的债权再融资具有以下特征：一方面，PPP项目的债权再融资通常是伴随着原有负债的偿还，其主要目的是为了获得更低的融资成本，伴随着原有负债的偿还，PPP项目的资产负债率下降，风险降低，新的放贷方所得到的抵押资产较原有负债更加优质。另一方面，PPP项目的政府合作方具有为项目融资提升信用水平的作用。PPP项目通常涉及的融资额度较大，而国内的商业银行为了降低风险，对融资对象的风险判断通常会区分国有背景或民营背景，那么当政府参与到项目中之后，项目的信用等级则得到了一定的提升，更加容易获得银行的授信。PPP项目虽然具有公共部门背景，但同时也存在不少风险，比如部分项目缺乏管理基础，且受政府政策影响大，这些特有风险一方面提高了银行的监督成本，另一方面也加大了银行信贷风险，导致贷款利率的提高，或者项目无法得到贷款。

(3) 资产证券化。资产证券化是把资产放到金融市场进行流通的过程。通常该项资产需要具有价值或稳定现金流，之后通过公开发行的方式在金融市场出售，使资产获得流动性。PPP项目除了可以将项目收益权进行证券化以外，还可以将部分应收款或部分产品进行证券化，从而快速获得流动性。近年与中国有关的PPP项目融资案例是香港迪斯尼乐园的资产证券化，它将对政府的应收账款在金融市场进行了出售。资产证券化是一个复杂的系统，要使该系统顺利运作需要严谨的交易结构设计和一系列有效的运作程序。一个资产证券化项目最主要的三个参与主体是发起人（原始权益人）、特殊目的实体（SPV)和投资者。除此之外涉及的其他主体包括投资银行、信用评级机构、信用增级机构/担保人、受托人、服务人、律师等。各参与主体在资产证券化过程中发挥不同的作用，在实际操作中一个参与主体会承担多重作用，兼任几个角色。

(4) 资产支持票据。资产支持票据（ABN）产品的基础资产应为法律上权属明确且无担保负担的"干净"资产。作为支持ABN发行的基础资产应为发行人合法拥有或控制，法律上资产的边界清晰且权利完整，同时基础资产自身或其附着资产不应存在抵押、质押等担保负担或者其他权利限制。另外，基础资产必须可以产生稳定的、可预测性较强的现金流。此类资产有较长的存续期限，并且现金流历史数据是完整的。

对于PPP项目而言，ABN可能将主要包括两种类型的基础资产，一类是既有债权类，例如已进入运营期的PPP项目的回收款和企业的应收账款；另一类是收益权类资产，包括市政公用事业收费权和公共交通收费权等。

（5）股权转让。股权的转让仅仅是原有投资者退出一部分或全部股权，出让给另一部分投资者，实际上并没有给项目带来更多的资金，并非属于PPP项目再融资的范畴，但是股权的转让会对股东结构带来影响。大部分股权转让也发生在运营期，因此将股权转让亦作为运营期再融资进行讨论。

PPP项目的成功运作与合理的股东组合非常关键：对于固定资产投资类项目，应重点关注承包商和投资机构的组合；对于核心设备技术类项目，应重点关注掌握前沿科技并具有技术提升、改进能力的技术提供商和具有核心先进设备系统的设备供应商；对于综合运营管理类项目，应重点关注复杂系统集成运营维护商和关键设备系统运营维护商。在股东的选择方面，应根据不同项目类型，选择不同类别的股东，以实现项目收益的最大化及股东利益的最大化。

随着项目从发起至运营阶段，项目部分发起人的利益目标逐步实现（例如承包商完成了建造任务、设备供应商完成了设备供应任务），同时项目的运营逐步步入稳定阶段，可以形成稳定现金流，原股东基于自身战略和权益价值兑现等考虑，为PPP项目投融资市场注入了流动性。

PPP项目公司合理的股东组合和权益比例构成，可以降低委托代理成本，提高项目不同阶段的风险应对能力和实施效率；合理的权益结构调整，有利于提升股东和项目公司的价值，提高公共产品和服务的效率。

4.3.3.2 PPP项目再融资的条件

再融资的条件通常包括再融资应增加项目收益且不影响项目的实施、签署再融资协议前须经过政府的批准等。此外，PPP项目合同中也可能会规定，政府方对于因再融资所节省的财务费用享有按约定比例（例如50%）分成的权利。

4.3.4 PPP 项目再融资的各方风险

4.3.4.1 银行的风险

银行是 PPP 项目再融资的主要参与者。在再融资过程中，银行具有两面性，它不仅能通过变更融资条款获得再融资收益，还可能因项目杠杆率的提高承担项目失败贷款无法收回的风险。银行在 PPP 项目再融资中收益来源的渠道主要有：项目还款期延长；项目贷款额增大；项目贷款利率的提高(也有利率降低的情况)。前两项增加了银行的总收益，第三项增加了银行的收益率水平。但是再融资也往往伴随着项目财务指标的恶化，例如资产负债率、流动比率、速动比率的升高，PPP 项目还款期的延长等表明项目风险的提高。银行遭受损失的主要方式有：贷款利率的降低（其实很多情况下贷款利率反而提高了）；项目资产负债率过高，如果项目发生风险，偿债能力较低；项目公司以破产为威胁，要求对项目进行财务重组。虽然银行面临着各种危险，但总体来说，由于银行对项目有完善评估，并且通过利率的相对提高获得了部分风险溢价补偿，往往会选择与社会资本一起提高项目资产负债率。

4.3.4.2 使用者的风险

PPP 项目多为基础设施，所以项目的实际使用者多为公众。公共部门作为公众的代表行使对项目的管理权。但实际上，公共部门容易忽视公众利益，公众对项目也缺乏必要的监管渠道。PPP 项目进行再融资并不能给公众带来收益，相反，可能使项目面临更多风险，一旦项目停止运营或运营质量下降，最大受害者往往是公众。

从另一个角度说，公共部门最后接手陷入财务困境项目所需付出的资金也来自于公众税收，如果公共部门对再融资缺乏监管，公众为最终受害者。

4.3.4.3 担保人的风险

如果 PPP 项目采用普通的银行信用融资或有追索权项目融资，在再融资过程中往往还需要担保人。担保人在衡量自身风险时往往也是采用传统的违约概率乘以违约成本进行计算，但担保人自身资信水平又会对贷款利率产生影响。

4.4 项目用地

大部分 PPP 项目，尤其是基础设施建设项目或其他涉及建设的项目，均会涉及项目用地问题,因此在 PPP 合同体系中,项目用地条款是其重要组成部分。PPP 项目合同中的项目用地条款,是在项目实施中涉及的土地方面的权利义务规定,通常包括土地权利的取得、相关费用的承担以及土地使用的权利及限制等内容。

4.4.1 土地权利的取得

根据《中华人民共和国土地管理法》[1](以下简称《土地管理法》)的规定,中华人民共和国实行土地的社会主义公有制,即全民所有制和劳动群众集体所有制。全民所有,即国家所有土地的所有权由国务院代表国家行使。城市市区的土地属于国家所有。农村和城市郊区的土地,除由法律规定属于国家所有的以外,属于农民集体所有;宅基地和自留地、自留山,属于农民集体所有。任何单位和个人不得侵占、买卖或者以其他形式非法转让土地。土地使用权可以依法转让。因此,PPP 项目中的项目用地的权利只涉及使用权。

4.4.1.1 土地使用权的取得方式

根据《中华人民共和国城镇国有土地使用权出让和转让暂行条例》[2],土地使用权的取得是指个人或者单位通过一定的合法方式向土地所有人代表或是土地使用权人获取土地使用权的行为。在 PPP 项目中一般涉及建设用地。土地使用权的方式包括出让取得(招、拍、挂、协议),有偿转让取得,无偿行政划拨、租赁,土地使用权作价入股等。

(1) 出让取得。土地使用权出让,是指国家将土地使用权在一定年限内出让给土地使用者,由土地使用者向国家支付土地使用权出让金的行为。出让的方式包括:招标、拍卖、挂牌和协议。

①以招标方式出让土地使用权。招标出让国有土地使用权,是指市、县人民政府土地行政主管部门发布招标公告,邀请特定或者不特定的公民、法人或其他组织参加国有土地使用权投标,根据投标结果确定土地使用者的行为。

②以拍卖方式出让土地使用权。拍卖出让国有土地使用权,是指市、县人民政府土地行政主管部门发布拍卖公告,由竞买人在指定时间、地点进行

---

[1]1986 年 6 月 25 日第六届全国人民代表大会常务委员会第十六次会议通过,自 1987 年 1 月 1 日起施行,2004 年 8 月 28 日第十届全国人民代表大会常务委员会第十一次会议《关于修改〈中华人民共和国土地管理法〉的决定》第二次修正。

[2]1990 年 5 月 19 日国务院令第 55 号发布,自发布之日起施行。

公开竞价,根据出价结果确定土地使用者的行为。

③以挂牌方式出让土地使用权。挂牌出让国有土地使用权,是指市、县人民政府土地行政主管部门发布挂牌公告,按公告规定的期限将拟出让宗地的交易条件在指定的土地交易场所挂牌公布,接受竞买人的报价申请并更新挂牌价格,根据挂牌期限截止时的出价结果确定土地使用者的行为。

④以协议方式取得土地使用权。协议出让,是指土地使用权的有意受让人直接向国有土地的代表提出有偿使用土地的愿望,由国有土地的代表与有意受让人进行谈判和切磋,协商出让土地使用的有关事宜的一种出让方式。它主要适用于工业项目、市政公益事业项目、非盈利项目及政府为调整经济结构、实施产业政策而需要给予扶持、优惠的项目,采取此方式出让土地使用权的出让金不得低于国家规定所确定的最低价。以协议方式出让土地使用权,没有引入竞争机制,不具有公开性,人为因素较多,因此对这种方式要加以必要限制,以免造成不公平竞争、以权谋私及国有资产流失。此方式目前基本不采用。①

(2) 划拨取得。划拨方式取得国有土地使用权是指县级以上人民政府依法批准,在土地使用者缴纳补偿、安置等费用后将该幅土地交付其使用,或者将土地使用权无偿交付给土地使用者使用的行为。即划拨土地使用权不需要使用者出钱购买土地使用权,而是经国家批准其无偿地、无年限限制地使用国有土地。但取得划拨土地使用权的使用者依法应当缴纳土地使用税。

(3) 租赁取得。租赁方式取得土地使用权是指在一定期限内,向土地使用权者支付租金来获得土地的使用权。对原有建设用地,法律规定可以划拨使用的仍维持划拨,不实行有偿使用;对因发生土地转让、出租、企业改制和改变土地用途后依法应当有偿使用的,可以实行租赁。对于新增建设用地,重点推行和完善国有土地出让,租赁只作为出让方式的补充。对于经营性房地产开发用地,无论是利用原有建设用地,还是利用新增建设用地,都必须

---

①根据《招标拍卖挂牌出让国有建设用地使用权规范》,招标拍卖挂牌出让程序如下:a.公布出让计划,确定供地方式;b.编制、确定出让方案;c.地价评估,确定出让底价;d.编制出让文件;e.发布出让公告;f.申请和资格审查;g.招标拍卖挂牌活动实施;h.签订出让合同,公布出让结果;i.核发《建设用地批准书》,交付土地;j.办理土地登记;k.资料归档。

实行出让，不实行租赁。

（4）作价入股方式取得。土地使用权作价入股是指政府以土地使用权出资入股项目公司。由市、县人民政府土地行政主管部门根据土地使用权价格和出让金标准，核算应折算的出资额或股本额，并向企业颁发《国有土地使用权作价出资（入股）决定书》，明确土地用途、使用年限、出资额或股本额以及双方的权利和义务。项目公司由此取得土地使用权。以作价出资或者入股方式取得土地使用权的，应当以市、县人民政府作为出资人，制定作价出资或者入股方案，经市、县人民政府批准后实施。

4.4.1.2 PPP项目用地的取得方式

PPP项目公司能否获得PPP项目的土地使用权以及采用何种方式获得是目前中国PPP项目实践中非常复杂的一个问题。

从某市同一时期的两个PPP项目的土地使用权获取情况看，一个是自来水供应项目，一个是污水处理项目。两个项目均通过公开招投标方式进行，项目公司均为外商投资有限公司，前者是中外合资有限公司，后者是外商独资有限公司。按照政府与项目公司签署的《特许权协议》约定，"甲方应确保有权土地管理部门在生效日期前与项目公司签订《土地使用权划拨合同》，以确保在整个特许期内，项目公司以划拨方式取得项目场地土地使用权，有权为本项目之目的合法、独占性地使用项目场地，并以获得土地使用权证为证明"。经过10年的漫长工作和等待，污水处理项目的项目公司，终于得到了划拨土地使用权证。而自来水项目的项目公司却无法得到土地使用权证。对此，该市国土管理部门的答复是："若确定项目用地主体是国有企业，以非营利方式运营，经批准后，其用地可按划拨方式供地；若确定项目用地主体为外商投资的特许经营单位，应依规办理土地有偿使用手续，可选择土地出让或土地租赁方式办理用地手续。"可是，为何污水处理项目能得到划拨土地使用权证，相关部门却无法给出理由。①

PPP项目用地多为建设用地。《中华人民共和国土地管理法》第54条明确规定："城市基础设施用地和公益事业用地，经县级以上人民政府依法批

---

① 徐向东:《PPP项目实践的十大法律问题》，http://www.dfdaily.com/html/8757/2014/12/2/1210965.shtml.

准，可以以划拨方式取得。"2001年10月22日国土资源部发布的《划拨用地目录》规定："对国家重点扶持的能源、交通、水利等基础设施用地项目，可以以划拨方式提供土地使用权。"如果符合《划拨用地目录》的，则经建设单位提出申请，经有批准权的人民政府批准，可以划拨方式提供土地使用权。《划拨用地目录》中对于"城市基础设施用地和公益事业用地"等明确是可以以划拨方式取得的。也就是说，大多数PPP项目中的项目用地是可以采取划拨方式取得的。但实践中却不是如此。《划拨用地目录》同时也规定："对以营利为目的，非国家重点扶持的能源、交通、水利等基础设施用地项目，应以有偿方式提供土地使用权。"例如，医疗、教育基础设施用地等，具有很强的公益性和非营利性，按照相关规定属于"应以有偿出让方式提供土地使用权的情形"。经营性用地应根据《中华人民共和国物权法》[①]及《招标拍卖挂牌出让国有土地使用权规定》[②]的规定，以招标、拍卖或者挂牌方式出让；如采取协议出让的，则需符合《协议出让国有土地使用权规定》[③]。也有少数PPP项目用地的取得采用租赁和土地所有权作价入股方式取得。

如果PPP项目用地是通过出让方式取得，则可能的出让方式有招拍挂及协议出让，但协议出让有明确的程序性限定。根据《协议出让国有土地使用权规定》第3条："出让国有土地使用权，除依照法律、法规和规章的规定，应采用招标、拍卖或挂牌方式外，方可采取协议方式。"协议出让属于控制比较严的出让方式，其有相应的前置条件。而即使满足了协议出让的前置条件，也未必能一对一协议转让，因为同样根据该规定第9条："（即使是协议出让地，如果土地供应计划公布后）在同一地块有两个或两个以上意向用地者的，市、县人民政府国土资源行政主管部门应当按照《招标拍卖挂牌出让国有土地使用权规定》，采取招标、拍卖或挂牌方式出让。"采取协议转让方式的，政府应在PPP项目合同中保证项目用地的获取，土地出让金统一上缴财政，

[①] 由第十届全国人民代表大会第五次会议于2007年(丁亥年)3月16日通过，自2007年10月1日起施行。

[②] 由2002年4月3日国土资源部第4次部务会议通过，2002年5月9日国土资源部令第11号发布，自2002年7月1日起施行。

[③] 本规定是中华人民共和国国土资源部令第21号，经2003年6月5日国土资源部第6次部务会议通过，2003年6月11日发布，自2003年8月1日起施行。

但是是否能用于该项目的补贴不一定；土地出让价格应当采取暂定价方式。

国有土地使用权的招标拍卖挂牌与特许经营权的招标是两条线。获得特许经营权，并不能保证项目公司获得土地使用权。据此就不难理解前面两个同时期的 PPP 项目用地的获取结果截然不同的问题了。已经进行的很多 PPP 项目土地获取实践中，很多项目公司基本没有获得项目所占有的土地的土地使用权，由此直接影响到了项目公司对项目资产的所有权，一是影响项目公司的融资方式和融资能力，二是一定程度上挫伤了投资人的积极性。针对这一问题，可以借鉴国外做法，以 1 元钱将土地使用权出让给 PPP 项目公司，保证项目公司对项目资产的所有权。在未来项目转让时，再以 1 元钱收回土地使用权。这样一来可以使项目公司不至于被高昂的土地出让金所累，确保其保持很好的流动性，二来使投资人看到与政府合作带来的好处。

以租赁方式获取用地的，通常属于前期手续未办理任何变更的情形（含立项、土地使用权等仍在政府行业主管部门名下），该等情形下，需要明确租金标准，租赁期限（租赁通常期限不超过 20 年，如果短于 PPP 项目经营期的，需要明确续约方式），长期稳定供应等，但该等情形下，项目法人无相应的土地使用权，对于构筑物亦不能根据房地一体主义标注所有权，建筑物亦无法办理权证。此种情形下，仅设备融资或者应收账款质押融资或者股东担保等或可考虑。①

4.4.1.3 PPP 项目用地融资面临的法律问题

（1）划拨方式取得土地使用权进行融资。银行等金融机构在评估是否接受划拨土地使用权融资时，通常会考虑如下风险：

①政府无偿收回。《中华人民共和国土地管理法》（以下简称《土地管理法》）第五十八条第一款第(四)项及《中华人民共和国城镇国有土地使用权出让和转让暂行条例》第四十七条明确规定："无偿取得划拨土地使用权的土地使用者，因迁移、解散、撤销、破产或者其他原因而停止使用土地的，市、县人民政府应当无偿收回其划拨土地使用权，并可依照本条例的规定予以出让。对划拨土地使用权，市、县人民政府根据城市建设发展需要和城市规划的要求，可以无偿收回，并可依照本条例的规定予以出让。无偿收回划

---

① caipcom 凯普康之家。

拨土地使用权时，对其地上建筑物、其他附着物，市、县人民政府应当根据实际情况给予适当补偿。"本条规定的情形，属于可以无偿收回划拨土地使用权的情形，如果已设定抵押的划拨土地使用权被无偿收回，则相应的抵押权也会消灭。

②出让金优于抵押权人的权益。《中华人民共和国担保法》（以下简称《担保法》）第五十六条规定："拍卖划拨的国有土地使用权所得的价款，在依法缴纳相当于应缴纳的土地使用权出让金的款额后，抵押权人有优先受偿权。"《城市房地产管理法》第五十一条规定："房地产抵押合同签订后，土地上新增的房屋不属于抵押财产。需要拍卖该抵押的房地产时，可以依法将土地上新增的房屋与抵押财产一同拍卖，但对拍卖新增房屋所得，抵押权人无权优先受偿。"根据以上两条规定，以划拨方式取得的土地使用权或连同地上建筑物一并抵押的，在处分土地使用权和建筑物时，需先从所得价款中缴纳相当于应当缴纳的土地使用权出让金的款额后，余下价款抵押权人方可优先受偿。因此，在融资担保中，抵押权人应当充分考虑划拨土地使用权应缴纳的出让金部分，合理确定其抵押价值。

③抵押合同是否生效。根据《中华人民共和国物权法》（以下简称《物权法》）第一百八十条及第一百八十七条规定："建设用地使用权（无论该等土地使用权性质是划拨地还是出让地）抵押，采用登记生效主义。"但实务操作过程中一般都在以划拨土地使用权及其地上附着物设定抵押时，抵押双方往往仅签署抵押合同，而没有到土地管理部门办理登记，这可能将导致抵押无效，抵押权不成立，那么抵押权人在实现抵押权时将不受法律保护。当然我们注意到就划拨土地使用权而言，《中华人民共和国城镇国有土地使用权出让和转让暂行条例》第四十五条规定："如果在实现抵押权后，向当地市、县人民政府补交土地使用权出让金的，亦符合规定。"当时的国家土地管理局在《关于划拨土地使用权管理有关问题的批复》中，亦明确在划拨土地使用权转让、出租、抵押管理工作中，采取补办出让手续、补交出让金的做法是符合《城镇国有土地使用权出让和转让暂行条例》和财政部有关规定的。

(2) 出让方式取得土地使用权再进行融资。通过出让方式取得土地使用权再进行融资时，比较容易得到银行的认可。《中华人民共和国房地产管理法》第四十八条明确规定："以出让方式取得的土地使用权，可以设定抵押权。"但是，并非所有的以出让方式取得的土地使用权都可以设置抵押。

《担保法》第三十七条和《物权法》第一百八十四条明确规定："学校、幼儿园、医院等以公益为目的的事业单位，社会团体的教育设施、医疗卫生设施和其他社会公益设施不得设定抵押。"《全国人民代表大会常务委员会法制工作委员会对关于私立学校、幼儿园、医院的教育设施、医疗卫生设施能否抵押的请示的意见》（法工办〔2009〕231号）明确指出："私立学校、幼儿园、医院和公办学校、幼儿园、医院，只是投资渠道上的不同，其公益属性是一样的。私立学校、幼儿园、医院中的教育设施、医疗卫生设施也属于社会公益设施，按照《物权法》第一百八十四条规定，不得抵押。"同时，以出让方式获取的土地使用权设定抵押还存在抵押是否生效的风险。建设用地使用权采用登记生效，但实务操作过程中一般都在以出让土地使用权及其地上附着物设定抵押时，抵押双方往往仅签署抵押合同，而没有到土地管理部门办理登记，这可能将导致抵押无效，抵押权不成立，那么抵押权人在实现抵押权时将不受法律保护。

如果涉及上述情形，出让土地使用权不能用于融资或不被接受的情形下，怎样解决项目法人融资难题，是我们需要重点考虑的问题，应收账款质押是相对比较可行也相对易于为银行等金融机构接受的做法。

4.4.1.4 取得土地使用权的主体

大部分的PPP项目，尤其是基础设施建设项目或其他涉及建设的项目，均会涉及项目用地问题，由哪一方负责取得土地对于这类项目而言非常关键。PPP项目中项目土地的取得由政府还是项目公司来负责，取决于根据PPP项目的签约主体和具体情况不同，哪一方更有能力、更有优势承担取得土地使用权的责任。

（1）由政府负责提供土地使用权。根据《土地管理法》规定，在我国土地所有权由全民所有，即国家土地的所有权由国务院代表国家行使。国务院土地行政主管部门统一负责全国土地的管理和监督工作，县级以上地方人民政府土地行政主管部门的设置及其职责，由省、自治区、直辖市人民政府根据国务院有关规定确定。单位和个人依法使用的国有土地，由县级以上人民政府登记造册，核发证书，确认使用权。若PPP项目用地涉及农村土地，根据《土地管理法》，除乡（镇）村公共设施和公益事业建设经依法批准可使用

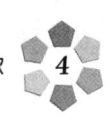

农民集体所有的土地外，其他的建设用地均须先由国家征收原属于农民集体所有的土地，将其变为国有土地后才可进行出让或划拨；若PPP项目用地涉及城市基础设施用地和公益事业用地以及国家重点扶持的能源、交通、水利等基础设施用地，此类土地可以采用划拨的方式取得，PPP项目中的大部分用地可以采取划拨用地，而项目公司一般无法自行取得该土地使用权。因此如果签署PPP项目合同的政府方是对土地使用权拥有一定控制权和管辖权的县级以上政府或政府部门，在PPP项目实施中，该政府方负责取得土地使用权对于项目的实施一般更为经济和效率。

政府方以土地划拨或出让等方式向项目公司提供项目建设用地的土地使用权及相关进入场地的道路使用权，并根据项目建设需要为项目公司提供临时用地。项目的用地预审手续和土地使用权证均由政府方办理，项目公司主要予以配合。

上述土地如涉及征地、拆迁和安置，通常由政府方负责完成该土地的征用补偿、拆迁、场地平整、人员安置等工作，并向项目公司提供没有设定他项权利、满足开工条件的净地作为项目用地。

若是政府方负责取得项目土地使用权，则政府应负责以项目公司的名义，根据项目公司与有关土地管理部门签订的土地使用权合同获得给予项目公司的对场地的独家使用权。

（2）由政府协助项目公司取得。如果项目公司完全有权、有能力根据我国法律规定自行取得土地使用权的，而且PPP项目参与政府方对于项目用地没有实际控制权和管辖权，则可以考虑由项目公司自行取得土地使用权，但政府方应提供必要的协助。

4.4.3 取得土地使用权或其他相关权利的费用

4.4.3.1 取得土地使用权或其他相关权利所涉及的费用

在取得土地使用权或其他相关权利的过程中，可能会涉及的费用包括：土地出让金，征地补偿费用（具体可能包括土地补偿费、安置补助费、地上附着物和青苗补偿费等），土地恢复平整费用以及临时使用土地补偿费等。

土地出让金是指各级政府土地管理部门将土地使用权出让给土地使用者，按规定向受让人收取的土地出让的全部价款（指土地出让的交易总额），或土地使用期满，土地使用者需要续期而向土地管理部门缴纳的续期土地出让价款，或原通过行政划拨获得土地使用权的土地使用者，将土地使用权有偿转让、出租、抵押、作价入股和投资，按规定补交的土地出让价款。

征地补偿费用是指国家建设征用土地时，按照被征用土地的原用途给予被征收单位的补偿的各项费用，包括土地补偿费、安置补助费、地上附着物和青苗补偿费的总和。土地补偿费是因国家征用土地对享有土地使用权的个人或单位在土地上的投入和收益造成损失的补偿。补偿的对象是土地所有权人。安置补助费是国家建设征用农民集体土地后，为了解决以土地为主要生产资料并取得生活来源的农业人口因失去土地造成生活困难所给予的补助费用。征收耕地的安置补偿费用，按照需要安置的农业人口数计算。需要安置的农业人口数，按照被征收的耕地数量除以征地前被征收单位平均每人占有耕地的数量计算。青苗补偿费是指征用土地时，对被征用土地上生长的农作物，如小麦、水稻、蔬菜、玉米等造成损失所给予的一次性经济补偿费用。地上附着物补偿费是对被征用土地上的各种地上建筑物、构筑物，如房屋、水井、道路、管线、水渠等的拆迁和恢复费以及被征用土地上林木的补偿或者砍伐费等。

土地恢复平整费用是指通过拆迁、土方工程而对土地表层状况进行改造，拆除建筑物、构筑物以及存在比较明显的土地不同位置的高差，以达到后续施工要求而支出的费用。

临时使用土地补偿费是指因建设项目施工或地质勘查需要临时使用土地的单位，按照临时使用土地合同向有关土地行政主管部门或农村集体经济组织、村民委员会支付的费用。

4.4.3.2 费用的承担

实践中，负责取得土地使用权与支付相关费用的有可能不是同一主体。通常来讲，即使由政府方负责取得土地权利以及完成相关土地征用和平整工作，也可以要求项目公司支付一定的相关费用。

若是采用出让、租赁方式由项目公司取得土地使用权，那么取得土地的费用，一般由项目公司独立承担。若是采用划拨、土地使用权作价入股等方式由政府取得土地使用权，那么需要根据对费用的性质、项目公司的承担能力、项目的投资回报等进行综合评估后，确定具体项目公司应当承担哪些费用和承担多少费用。例如，实践中，项目公司和政府方可能会约定一个暂定

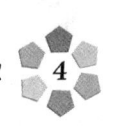

价，项目公司在暂定价的范围内承担土地使用权取得的费用，如实际费用超过该暂定价，对于超出的部分双方可以协商约定由政府方承担或由双方分担，如果未来土地实际成本低于或者高于该成本，还可以相应调高或调低相应产品或者服务的价格。

4.4.4 土地使用的权利及限制

4.4.4.1 项目公司的土地权利——土地使用权

PPP项目合同中通常会约定，项目公司有权在项目期限内独占性地使用特定土地进行以实施项目为目的的活动。根据取得土地使用权的方式，确定土地使用权人是否可以依法转让、出租、抵押和继承土地使用权。

土地使用权的转让是指土地使用者将土地使用权单独或者随同地上建筑物、其他附着物转移给他人的行为。土地使用权转让的方式包括出售、交换和赠予等。土地使用权出售是指转让人以土地使用权作为交易条件，取得一定收益的行为。土地使用权交换是指土地使用者之间互相转移土地使用权的行为。土地使用权赠予是指转让人将土地使用权无偿转移给受让人的行为。土地使用权出租是指土地使用者将土地使用权单独或者随同地上建筑物、其他附着物租赁给他人使用，由他人向其支付租金的行为。土地使用权抵押是指土地使用者提供可供抵押的土地使用权作为按期清偿债务的担保的行为。土地使用权继承指公民按照法律规定或者合法有效的遗嘱取得死者生前享有的单独土地使用权或者随同地上建筑物、其他附着物的行为。

根据我国《土地管理法》规定，以出让方式获得的国有土地使用权可以依法转让、出租、抵押和继承。但是如果PPP项目涉及公益设施的，则不能抵押。因为根据《担保法》及《物权法》的规定，学校、幼儿园、医院等以公益为目的的事业单位、社会团体的教育设施、医疗卫生设施及其他社会公益设施不得抵押。也就是说虽然此类项目用地的使用权是通过出让方式取得的，但是因为其为公益设施所有，依然不可以抵押。即使公益设施为私立性质，但是根据相关规定[1]，私立学校、幼儿园、医院和公办学校、幼儿园、医院只是投资渠道不同，其公益性质属性是一样的，因此其土地使用权依然不

---

[1]《关于私立学校、幼儿园、医院的教育设施、医疗卫生设施能否抵押的请示意见》(法工办〔2009〕231号)。

得抵押。

根据《土地管理法》的规定,以划拨方式取得的土地使用权,未经市、县人民政府土地管理部门批准并办理土地使用权出让手续,交付土地使用权出让金的土地使用者,不得转让、出租、抵押土地使用权。但是若使用权人在依法报批并补缴土地使用权出让金后,可以转让、出租、抵押。

4.4.4.2 项目公司土地使用权的限制

由于土地是为专门实施特定的PPP项目而划拨或出让给项目公司的,因此在PPP项目合同中通常还会明确规定,未经政府批准,项目公司不得将该项目涉及的土地使用权转让给第三方或用于该项目以外的其他用途。

除PPP项目合同中的限制外,项目公司的土地使用权还要受土地使用权出让合同或者土地使用权划拨批准文件的约束,并且要遵守《土地管理法》等相关法律法规的规定。

4.4.4.3 政府方的场地出入权

(1) 政府方有权出入项目设施场地。项目公司主要以营利为目的,因此,在项目的建设和运营过程可能会出现以下问题:①在项目建设过程中,为了节约成本,偷工减料,使项目的质量难以达到规定的标准,在项目运行过程中,存在安全隐患;②如果项目运行收益难以达到投资方的要求,为了加快和扩大投资回报,会提高基础设施和服务的使用价格,而这些项目具有垄断性,高价格会使社会大众的利益受损。

政府作为社会监督者,在PPP项目运行过程中要负责监督项目的建造过程,并对项目的验收把关承担责任,若在项目运行过程中出现问题,政府要建立相应的责任追究及倒查机制,并确保责任落实到自然人。就项目土地来说,政府应在PPP项目实施工程中加强对建设用地利用的监管。监督法规政策禁止、限制供地和各类建设用地标准落实情况;用地单位依照划拨决定书或土地出让合同确定的面积、用途、容积率、绿地率、建筑密度、投资强度等建设条件和标准使用土地,项目开、竣工时间以及土地开发利用与闲置等情况。

同时政府作为项目出资人和项目公司股东,对于项目工程的施工进度、施工情况等具有知情权和内部监督权。

因此,为了保证政府对项目的开展拥有足够的监督权(关于政府方的监督和介入权利，请见 4.13），在 PPP 项目合同中，通常会规定政府方在不影响项目正常实施的前提下拥有出入项目设施场地的权利，以便于政府能够更好地对项目进行实地监督检查。

(2) 条件和限制。政府方行使上述出入权需要有一定的条件和限制，包括：①仅在合同中约定的特定目的下才有权进入场地，例如检查建设进度、监督项目公司履行 PPP 项目合同项下义务等；②履行双方约定的合理通知义务后才可入场；③需要遵守一般的安全保卫规定，并不得影响项目的正常建设和运营。

需要特别说明的是，上述条件和限制仅是对政府方合同权利的约束，政府方及其他政府部门为依法行使其行政监管职权而采取的行政措施不受上述合同条款的限制。

4.4.4.4 土地使用权的移交

当项目合作期限结束或者项目合同提前终止后，项目公司将土地使用权和使用场地的其他权利以合同约定的条件和程序移交给政府或者政府指定的其他机构。（详见 4.15）

4.5 项目的建设

PPP 项目的建设包含新建或改扩建内容的 PPP 项目，通常采用 BOT、BOO、TOT 或 ROT 等运作方式。关于项目建设的相关条款是项目合同的必要条款，主要包括设计和建设两部分内容。根据《合同法》规定，项目建设工程合同包括工程勘察、设计、施工合同。

4.5.1 项目运作方式及其选择

4.5.1.1 项目运作方式

PPP 项目运作模式种类繁多，实践中，我国 PPP 项目运作方式主要包括委托运营、管理合同、建设—运营—移交、建设—拥有—运营、转让—运营—移交和改建—运营—移交等。

4.5.1.2 运作方式的选择

具体运作方式的选择主要由收费定价机制、项目投资收益水平、风险分配基本框架、融资需求、改扩建需求和期满处置等因素决定。

4.5.2 项目的设计

项目设计是指在项目工程准备阶段，根据项目工程的要求，对项目工程所需的技术、经济、资源、环境等条件进行综合分析、论证的过程。PPP 项目在操作的过程中，项目设计是项目实施的重点，也是实现项目经济性、可行性、风险控制和 PPP 项目目标的基础。

为保证项目工程建设与设计工作的配合与衔接，将项目设计分为几个阶段。一般工业项目与民用一般工业项目与民用建设项目设计按初步设计（或初始设计）和施工图设计（或施工设计）两阶段进行，称为"两阶段设计"；对于技术上复杂而又缺乏设计经验的项目，可按初步设计、扩充设计（技术设计）和施工图设计三个阶段进行，称之为"三阶段设计"。PPP 项目在项目设计之前还应进行可行性研究，因此 PPP 项目设计根据项目的规模和复杂程度，一般来讲可以分为三个或四个阶段。对于土建项目，设计通常分为可行性研究、初步设计和施工图设计三个阶段；对于工业项目（包括工艺装置设施）以及复杂的基础设施项目，通常还要在上述初步设计和施工图设计阶段之间增加一个扩初设计阶段。

4.5.2.1 可行性研究和项目产出说明

项目的可行性研究是项目建设中必不可少的主要环节。根据《合同法》规定，国家重大建设工程合同，应当按照国家规定的程序和国家批准的投资计划、可行性研究报告等文件订立。是企业从事项目建设投资活动之前，由可行性研究主体对政治法律、经济、社会、技术等项目影响因素进行具体调查、研究、分析，确定有利和不利的因素，分析项目必要性、项目是否可行，评估项目经济效益和社会效益，为项目投资主体提供决策支持意见或申请项目主管部门批复的过程。

可行性研究报告中应包括以下内容：①项目背景；②主要技术指标；③市场预测；④融资方案；⑤建设条件；⑥项目用地的选择；⑦建设规模；⑧工程技术方案；⑨节能节水与环境保护；⑩劳动保护、安全卫生、消防等；⑪财务分析；⑫风险配置；⑬社会效益分析；⑭可行性结论及建议。

在 PPP 项目设计可行性研究阶段，最终结论性报告还应包括项目产出说明。

广义的 PPP 产出是指 PPP 的"模式产出"，即采用 PPP 模式相比传统的公共采购模式而言产生的效益差别（即 Value for Money 或 VFM，物有所值），

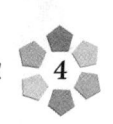

以货币化（定量化，可能为正值或负值）和非货币化（定性描述和判断）方式衡量。模式产出是个相对概念，基本原理与项目评估中的前后比较法类似，强调PPP模式与公共采购模式间的差异性的比较，因此同一个PPP项目的模式产出可能随不同的边界条件而异，没有一个绝对的标准。

产出说明书是用来定义和规范PPP项目产出的说明性文件，作为项目纲要的一部分，用于向参与PPP项目的社会资本投资者明确需求以及满足该等需求所需的产出要求。在产出说明书的应用中，存在一个常见的误区，即过分关注如何实现产出而非产出本身，或者说是误把目标当成产出来控制。

4.5.2.2 项目设计文件

根据《建设工程勘察设计管理条例》规定，在进行项目设计工作中，应该编制建设工程勘察、设计文件。在编制及实施时应遵守以下规定：

（1）编制文件时应当以下列规定为依据：①项目批准文件；②城市规划；③工程建设强制性标准；④国家规定的建设工程勘察、设计深度要求。

铁路、交通、水利等专业建设工程，还应当以专业规划的要求为依据。

（2）建设工程勘察文件，应当真实、准确，满足建设工程规划、选址、设计、岩土治理和施工的需要。编制方案设计文件，应当满足编制初步设计文件和控制概算的需要。编制初步设计文件，应当满足编制施工招标文件、主要设备材料订货和编制施工图设计文件的需要。编制施工图设计文件，应当满足设备材料采购、非标准设备制作和施工的需要，并注明建设工程合理使用年限。

（3）设计文件中选用的材料、构配件、设备，应当注明其规格、型号、性能等技术指标，其质量要求必须符合国家规定的标准。除有特殊要求的建筑材料、专用设备和工艺生产线等外，设计单位不得指定生产厂、供应商。

（4）建设单位、施工单位、监理单位不得修改建设工程勘察、设计文件；确需修改建设工程勘察、设计文件的，应当由原建设工程勘察、设计单位修改。经原建设工程勘察、设计单位书面同意，建设单位也可以委托其他具有相应资质的建设工程勘察、设计单位修改。修改单位对修改的勘察、设计文件承担相应责任。

（5）建设工程勘察、设计文件中规定采用的新技术、新材料，可能影响建设工程质量和安全，又没有国家技术标准的，应当由国家认可的检测机构进行试验、论证，出具检测报告，并经国务院有关部门或者省、自治区、直辖市人民政府有关部门组织的建设工程技术专家委员会审定后，方可使用。

（6）建设工程勘察、设计单位应当在建设工程施工前，向施工单位和监理单位说明建设工程勘察、设计意图，解释建设工程勘察、设计文件。建设工程勘察、设计单位应当及时解决施工中出现的勘察、设计问题。

4.5.2.3 设计工作的分工

根据项目具体情况的不同，PPP项目合同中对于设计工作的分工往往会有不同。常见的设计工作分工包括：

（1）可行性研究报告、项目产出说明由政府或社会资本方完成。如果PPP项目由政府发起，则应由政府自行完成可行性研究报告和项目产出说明的编制工作；如果PPP项目由社会资本方发起，则可行性研究报告和项目产出说明由社会资本方完成。

无论可行性研究报告和项目产出说明由谁完成，其均应作为采购文件以及最终签署的合同文件的重要组成部分。

（2）初步设计和施工图设计主要由项目公司完成。在PPP项目合同签署后，项目公司负责编制或最终确定初步设计和施工图设计，并完成全部的设计工作。也可以承包给专业项目设计公司。

根据政府已完成设计工作的多少，PPP项目合同中约定的设计范围也会有所不同。如果政府仅编制了项目产出说明和可行性研究报告，项目公司将承担主要的设计工作；如果政府已完成了一部分设计工作（如已完成初步设计），则项目公司的设计范围也会相应缩小。

4.5.2.4 项目设计要求

在PPP项目合同签订之前，双方应协商确定具体的项目设计要求和标准，并在PPP项目合同中予以明确约定。确定项目设计要求和标准的依据通常包括：

（1）政府编制或项目公司编制并经政府方审查同意的可行性研究报告和项目产出说明；

（2）双方约定的其他技术标准和规范；

（3）项目所在地区和行业的强制性技术标准；

（4）建设工程相关法律法规的规定，例如《建筑法》、《环境保护法》、

《产品质量法》等。

4.5.2.5 设计的审查

在 PPP 项目中，虽然设计工作通常主要由项目公司承担，但政府方享有在一定的期限内审查设计文件并提出意见的权利，即政府对项目设计过程享有监督权和介入权，这也是政府方控制设计质量的重要途径。政府方有权审查由项目公司制作的任何设计文件，特别是初步设计以及施工图设计，项目公司有义务将上述文件提交政府方审查。

政府方应当在约定期限内（通常在合同明确约定）审查设计文件。如果设计文件中存在任何不符合合同约定的内容，政府方可以要求项目公司对不符合合同约定的部分进行修正，有关修正的风险、费用由项目公司承担；如果政府方在上述约定期限内未提出审查意见，约定审查期限届满后项目公司即可实施项目设计方案并开始项目建设。

如项目公司对政府方提出的意见存在异议，可以提交争议解决程序处理。

政府方的上述审查不能减轻或免除项目公司依法履行相关设计审批程序的义务。根据《建设工程勘察设计管理条例》的规定，县级以上人民政府建设行政主管部门或者交通、水利等有关部门应当对施工图设计文件中涉及公共利益、公众安全、工程建设强制性标准的内容进行审查。施工图设计文件未经审查批准的，不得使用。

4.5.2.6 项目设计的责任

根据《合同法》规定，总承包人经发包人同意，可以将自己承包的部分工作交由第三人完成。第三人就其完成的工作成果与总承包人或者勘察、设计、施工承包人向发包人承担连带责任。承包人不得将其承包的全部建设工程转包给第三人，或者将其承包的全部建设工程肢解以后以分包的名义分别转包给第三人。即在 PPP 项目中，项目公司可以将设计工作发包给独立设计企业，但是通常由项目公司对其所做出的设计承担全部责任。该责任不应该设计已由项目公司分包给其他设计单位或已经政府方审查而被豁免或解除。

同时根据《中华人民共和国建筑法》[1]规定，建筑工程的勘察、设计单位必须对其勘察、设计的质量负责。也就是说，设计单位同时对设计承担连带

---

[1] 经 1997 年 11 月 1 日第八届全国人大常委会第 28 次会议通过；根据 2011 年 4 月 22 日第十一届全国人大常委会第 20 次会议《关于修改〈中华人民共和国建筑法〉的决定》修正。

责任。以此要求勘察、设计单位要以对建筑工程的质量和安全高度负责的态度,兢兢业业地做好建筑工程的勘察、设计工作,加强对勘察、设计过程的质量控制,健全质量保证体系,确保勘察、设计工作的质量万无一失。如果由于勘察、设计质量出了问题,影响工程的质量,则应由勘察、设计单位承担质量责任,包括对因此造成的损失承担赔偿责任,而不仅仅只是赔偿勘察、设计费用的问题。

4.5.3 项目的建设

在 PPP 项目建设中,发包人为项目公司,承包人为施工单位。在 PPP 项目建设合同中,除上述条款之外,还要合理划分政府方与项目公司在建设期间的权利义务,更好地平衡双方的不同诉求,确保项目的顺利实施。

4.5.3.1 项目建设要求

与项目设计类似,在 PPP 项目合同签订之前,双方应协商确定具体的项目建设标准,并规定在 PPP 项目合同中。常见的建设标准和要求包括设计标准、施工标准、验收标准、安全生产要求、环境保护、工程建设管理要求等。

(1) 设计标准。设计标准包括设计生产能力或服务能力、使用年限、工艺路线、设备选型等。

(2) 施工标准。施工标准包括施工用料、设备、工序、技术标准、工艺路线、质量要求等。

工程施工标准必须符合现行国家有关工程施工质量验收规范和标准的要求。有关工程质量的特殊标准或要求由合同当事人在专用合同条款中约定。

施工单位应按照法律规定和项目公司的要求,对材料、工程设备以及工程的所有部位及其施工工艺进行全过程的质量检查和检验,并做详细记录,编制工程质量报表,报送项目公司、监理人审查。

(3) 验收标准。验收标准包括验收程序、验收方法、验收标准。

根据《建设工程质量管理条例》[1]的规定,建设单位收到建设工程竣工报告后,应当组织设计、施工、工程监理等有关单位进行竣工验收。

建设工程竣工验收应当具备下列条件:

第一,完成建设工程设计和合同约定的各项内容;

---

[1] 中华人民共和国国务院令第 279 号,经 2000 年 1 月 10 日国务院第 25 次常务会议通过。

第二，有完整的技术档案和施工管理资料；

第三，有工程使用的主要建筑材料、建筑构配件和设备的进场试验报告；

第四，有勘察、设计、施工、工程监理等单位分别签署的质量合格文件；

第五，有施工单位签署的工程保修书。

建设工程经验收合格的，方可交付使用。

(4) 安全生产要求。安全生产要求包括安全管理目标、安全管理体系等。

项目建设期间，项目建设施工人员均应当遵守国家和工程所在地有关安全生产的要求，项目公司有特别要求的，应在专用合同条款中明确施工项目安全生产标准化达标目标及相应事项。施工单位有权拒绝项目公司及监理人强令施工单位违章作业、冒险施工的任何指示。

在施工过程中，如遇到突发的地质变动、事先未知的地下施工障碍等影响施工安全的紧急情况，施工单位应及时报告监理人和项目公司，项目公司应当及时下令停工并报政府有关行政管理部门采取应急措施。

因安全生产需要暂停施工，按照合同中约定的协议暂停施工，相关费用依照协议约定责任方支付。

因此，项目公司应就安全生产目的，制定安全管理目标，建立安全管理体系。

在 PPP 项目中，安全管理目标（见图 4-5-1）应是以项目公司安全生产的总目标层层分化，确定每个部门甚至每个员工的行动方针，安排安全生产进度，制定实施有效组织措施，并对安全成果进行考核的一种管理制度。

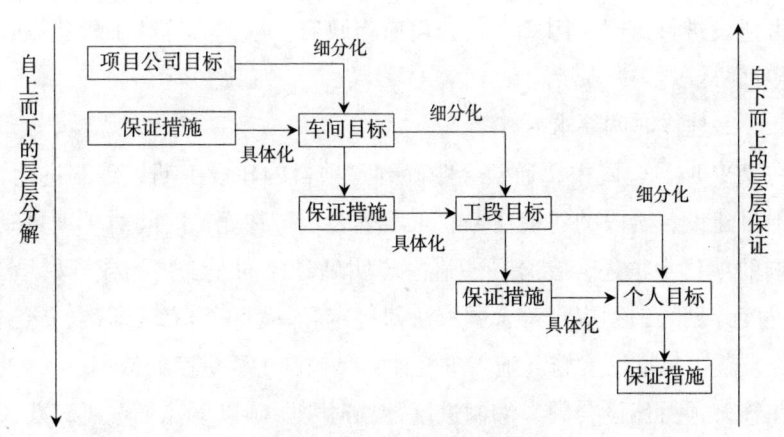

图 4-5-1 PPP 项目安全目标体系

安全管理体系即基于安全管理的一整套体系，为企业构建一个框架，使得管理者及员工可以在这一框架内对安全问题做出相应决策，并使这些决策得以贯彻、执行。安全管理体系包含人、财、物、信息、时间、机构和法律法规等，其实施过程是以实现安全为最终目的，运用机构职能和法律法规约定来有效组织和使用人、财、物、信息、时间等各种组织资源的过程。

(5) 环境保护要求。

PPP项目多涉及投资额度大、资本集中度高、投资期限长等基础设施与公用事业项目。作为重要的出资人，政府应当高度重视同样事关公共利益的环境保护工作。项目公司应在施工组织设计中列明环境保护的具体措施。在合同履行期间，项目公司应采取合理措施保护施工现场环境。对施工作业过程中可能引起的大气、水、噪音以及固体废物污染采取具体可行的防范措施。

(6) 工程建设管理要求。工程建设管理要求，包括对招投标、施工监理、分包的具体管理要求。

监督管理是PPP项目建设成功施行的基础，监督管理的基础是公开透明。因此PPP项目合同应制定明确的监督管理协议，并实行全过程管理和质量管理双重管理。

在PPP项目建设过程中，首先，政府应该根据各自职责，对项目公司执行法律、行政法规、行业标准、产品或服务技术规范，以及其他有关监管要求进行监督管理。其次，县级以上审计机关应当依法对特许经营活动进行审计。再次，根据《建筑法》规定，国家推行建筑工程监理制度，监理公司应该对项目建设进行监督。因此项目公司应与政府、承包方等就工程建设管理要求等签订协议。

4.5.3.2 建设时间要求

在PPP项目合同中，通常会明确约定项目的建设工期，编制进度计划，包括项目建设各阶段的建设任务、工期等要求。在完工时间对于项目具有重大影响的项目中，还会在合同中进一步明确具体的完工日期或开始运营日。施工进度计划的编制应当符合国家法律规定和一般工程实践惯例，施工进度计划经发包人批准后实施。施工进度计划是控制工程进度的依据。

在签订项目建设合同、编制进度计划时要明确以下几个重要日期，即开工日期、竣工日期、工期、缺陷责任期和基准日期。

开工日期：包括计划开工日期和实际开工日期。计划开工日期是指合同协议书约定的开工日期；实际开工日期是指监理人按照开工通知约定发出的符合法律规定的开工通知中载明的开工日期。

竣工日期：包括计划竣工日期和实际竣工日期。计划竣工日期是指合同协议书约定的竣工日期；实际竣工日期为工程经竣工验收合格的，以承包人提交竣工验收申请报告之日为实际竣工日期。

工期：是指在合同协议书中约定的承包人完成工程所需的期限，包括按照合同约定所做的期限变更。

缺陷责任期：是指承包人按照合同约定承担缺陷修复义务，且发包人预留质量保证金的期限，自工程实际竣工日期起计算的保修期是指承包人按照合同约定对工程承担保修责任的期限，从工程竣工验收合格之日起计算。

基准日期：招标发包的工程以投标截止日前28天的日期为基准日期，直接发包的工程以合同签订日前28天的日期为基准日期。

4.5.3.3 项目建设责任

根据《建筑法》规定，建设工程实行总承包的，总承包单位应当对全部建设工程质量负责；建设工程勘察、设计、施工、设备采购的一项或者多项实行总承包的，总承包单位应当对其承包的建设工程或者采购的设备的质量负责。总承包单位依法将建设工程分包给其他单位的，分包单位应当按照分包合同的约定对其分包工程的质量向总承包单位负责，总承包单位与分包单位对分包工程的质量承担连带责任。

在PPP项目中，通常由项目公司负责按照合同约定的要求和时间完成项目的建设并开始运营，该责任不因项目建设已部分或全部由项目公司分包给施工单位或承包商实施而豁免或解除。

在PPP项目中，项目建设责任对项目公司而言是约束客观上要受合同义务约束之外，还会有额外的商业动机，因为通常只有项目开始运营，项目公司才有可能获得付费，产生盈利。通过严格约定项目建设责任并确保责任落实到自然人，是避免项目公司、建设单位为尽快完工并快速实现投资回报而进行短期行为的有效制约手段，是确保工程质量和公共利益实现的重要"防护墙"。

4.5.3.4 政府方对项目建设的监督和介入

为了能够及时了解项目建设情况，确保项目能够按时开始运营并满足合同约定的全部要求，政府方往往希望对项目建设进行必要的监督或介入，并且通常会在PPP项目合同中约定一些保障政府方在建设期的监督和介入权利的条款。

介入权是指依照合同约定或者法律规定，在特定情形下，公共部门或者债权人有权在一定期间内控制项目公司的权利。这种政府方的监督和介入权应该有多大，也是项目建设条款的核心问题。需要强调的是，PPP项目与传统的建设采购项目完全不同。尤其是股权合作形式的狭义PPP项目，应当严格遵循《公司法》的相关规定，确保项目公司的独立公司法人和市场竞争主体地位，实现资本所有权与项目公司日常运营权的分离，依法行使好项目公司股东的各项权利义务。考虑到PPP项目大多数都是涉及公共领域和公共利益，为了确保公共利益不受负面影响，政府方作为行政管理者，应当从维护公共利益的角度出发，合理约定并行使项目合同约定的介入与监督权，及时了解项目建设情况。但是，政府方的参与必须有一定的限度，过度的干预会影响项目公司正常的经营管理以及项目的建设和运营。政府方作为项目公司的股东，应当以出资额为限承担有限责任，这也是股权合作形式的PPP模式在分散政府投融资风险的本意所在。如果政府方过度介入甚至干预项目公司的日常建设和运营，极有可能使本应承担有限责任的政府出资人变成项目公司承担、兜底所有风险的无限责任主体，重蹈政企不分、资企不分的覆辙，从而违背PPP项目的初衷。因此，政府方要与项目公司就介入权的条件、时间表等方面达成协议。

政府对项目建设的监督和介入权利主要包括：

(1) 定期获取有关项目计划和进度报告及其他相关资料；

(2) 在不影响项目正常施工的前提下进场检查和测试；

(3) 对建设承包商的选择进行有限的监控；

(4) 在特定情形下，介入项目的建设工作；等等。

4.6 项目的运营与维护

项目建设竣工之后，进入运营与维护阶段。由于社会主体对项目的实施和维护具有丰富的管理经验和专业技术，所以通常由社会主体负责PPP项目

的具体运营和维护。在此阶段既可以是项目公司独立运营，也可以是项目公司与专业运营商签订管理合同，由其负责项目的运营和维护。

4.6.1 项目运营

在PPP项目中，项目运营关系到公共产品或服务的供给效率和质量，关系到项目公司的投资回报。因此项目运营是PPP项目全生命周期中非常关键的一个阶段。项目运营主要条款包括开始运营时间和条件、运营的权利和义务以及政府方和公众对项目运营的监督等内容。

4.6.1.1 运营回报机制分类

项目运营期间，PPP项目公司将取得收入、收回投资、获得利润，同时归还贷款、支付政府税收、进行股东分红。由于项目自身经营属性不同，项目运营回报机制分为使用者付费、政府付费和可行性缺口补助。

4.6.1.2 开始运营

开始运营是指项目建设阶段完成后，项目公司开始提供公共产品或服务，并开始获得付费的行为。开始运营的时间点、条件及确认方式是PPP项目合同条款中的重要内容。

（1）开始运营的时间。对于政府方而言，开始运营的时间决定了项目公司提供公共产品或服务的时间，对于一些重大项目工程，这一时间点的约定至关重要，如北京奥运场馆"鸟巢"的开始运营时间如不明确，产生的影响不言而喻。对于项目公司而言，开始运营的时间决定了其取得收入、收回投资、获得利润的时间，项目公司必然十分关注开始运营的时间。因此政府方与项目公司签订运营维护合同时要在兼顾双方原则的情况下协商明确开始运营的时间。

（2）开始运营的条件。在订立PPP项目合同时，双方会根据项目的技术特点和商业特性约定开始运营的条件，以确定开始运营及付费的时间点。常见的条件包括以下几种：①项目的建设已经基本完工（除一些不影响运营的部分），工程验收合格，并且已经达到满足项目目的的水平，影响运营安全的遗留问题整改完成；②已按照合同中约定的标准和计划完成项目试运营；③项目运营所需的审批手续已经完成，包括项目相关的备案审批和竣工验收手续等；④其他需要满足项目开始运营条件的测试和要求已经完成或具备。

在一些PPP项目中，开始运营与建设完工为同一时间，完工日即被认定为开始运营日。但在另一些项目中，开始运营之前包括建设完工和试运营两个阶段，只有在试运营期满时才被认定为开始运营。

这种包括试运营期的安排通常适用以下两种情形：①在项目完工后，技术上需要很长的测试期以确保性能的稳定性；②在项目开始运营之前，需要进行大量的人员培训或工作交接。

因此，在PPP项目运营合同中还应确定试运营条款内容，包括：①试运营的前提条件和技术标准；②试运营的期限；③试运营期间的责任安排；④试运营的费用和收入处理。

在试运营期间，项目公司应提供试运营报告，包括运营基本情况、设施设备可靠性和故障率情况等。

（3）无法按期开始运营。政府与项目公司应在运营合同中明确，若项目没有按照合同约定的时间和要求按时开始运营，责任方所需承担的后果。

任何时候，如果一方合理地预计由该方负责的项目计划的任何部分导致项目无法按时开始运营，该方要及时通知另一方并合理描述一下情况：①明确何种事项的进度预期无法达到，从而导致无法按时开始营业；②延误或预计延误的原因，包括对任何申明为不可抗力的情况的描述；③所预计的对进度的延误(以天数计算)和其他合理的可预见的对开始营业时间不利的影响；④己方已经采取或将要采取的解决或减少迟延及其影响的措施。

即使责任方向另一方发出上述通知，但是依然无法免除其应当承担的责任。

若是由于项目公司自身的原因导致项目没有按期开始运营或没达到运营标准，通常会承担如下后果：

①因为没有按期开始运营，导致其无法按时获得付费，运营期也会相应缩短。通常来讲，根据PPP项目合同的付费机制和项目期限机制，如果项目公司未能按照合同约定开始运营，其开始获得付费的时间也将会延迟。在项目合作期限固定，不分别设置建设期和运营期，且没有正当理由可以延期，并且公共产品或服务的定价机制确定的情况下，延迟开始运营意味着项目公司的运营期也会随之缩短，最终会导致其收入减少、经济利益受损。

②支付逾期违约金。一些PPP项目合同中会规定逾期违约金条款，即如果项目公司未能在合同约定的时间开始运营，则需要向政府方支付违约金。

需要特别指出的是，由于 PPP 项目时间周期长，不稳定因素多，因此开始运营时间延迟的风险比较大。并非所有的 PPP 项目合同中都必然包括逾期违约金条款，特别是在逾期并不会对政府方造成很大损失的情况下，PPP 项目合同中的付费机制和项目期限机制已经足以保证项目公司有动机按时完工，因而无须再另行规定逾期违约金。

如果在 PPP 项目合同中加入逾期违约金条款，则应在项目采购阶段对逾期可能造成的损失进行评估，并据此确定逾期违约金的金额和上限。

③项目终止。如果项目公司延误开始运营日超过一定的期限，政府方有权依据 PPP 项目合同的约定主张提前终止该项目（关于终止的后果和处理机制，请见本章第十四节）。

④履约担保。为了确保项目公司按时按约履行合同，有时政府方也会要求项目公司以履约保函等形式提供履约担保，其作用是保证项目公司按合同条件建成项目。

在 PPP 合同体系中，履约担保是政府方在招标文件中规定的要求项目公司提交的保证履行合同义务的担保。履约担保是政府方为防止项目公司在合同执行过程中违反合同规定或违约，并弥补给政府方造成的经济损失。如果项目公司没有按照合同约定运营项目，政府方可以依据双方约定的履约担保机制获得一定的赔偿（关于履约担保机制，请见本章第九节）。

履约担保内容通常包括：

a.履约担保人及其承担的责任与连带责任；

b.建设运营期限条款，明确建设项目为实现竣工所需的工程完工期限、试运营期限、验收程序和正式运营期限；

c.明确项目运营的具体生产技术指标，项目产品的质量指标，项目产品的单位产出量指标，项目在开始试运营后的一定期间内稳定生产的指标等；

d.试运营与验收条款；

e.担保范围与数额，明确履约担保人承担的担保责任范围、在不同时期的担保责任限额、是否为完全追索权担保等；

f.违反完工担保的义务，该条款须明确完工担保人在发生项目拖期、成本超支或不符合商业完工标准等事件时所应承担的基本义务。

若是由于政府方的原因导致无法按时开始运营，则政府方可能承担的后果如下：

①延长工期和赔偿费用。若是因政府方原因导致项目公司无法按期开始运营，项目公司有权主张延长开始运营时间并向政府方索赔额外费用。如PPP公路项目由于土地审批原因导致工程中断，无法按期通车，则由政府方承担责任，并向项目公司赔偿损失。

②视为已经开始运营。在一些采用政府付费机制的项目中，对于因发生政府方违约、政治不可抗力及其他政府方风险而导致项目在约定的开始运营日前无法完工或无法进行验收的，除了可以延迟开始运营日之外，还可以规定"视为已开始运营"，即政府应从原先约定的开始运营日起向项目公司付费。这也是政府方以另外一种方式向项目公司赔偿损失。

因中性原因导致政府方或项目公司不能按期开始运营的，受到该中性原因影响的一方或双方均可以免除违约责任，也可以根据该中性原因的影响期间申请延迟开始运营日。

4.6.1.3 运营期间的权利和义务

（1）运营内容。根据项目所涉行业和具体情况的不同，PPP项目运营的内容也各不相同。实践中，PPP项目主要为公共交通项目、公共设施项目和社会公共服务项目。

公共交通项目通常是指涉及民航、铁路、公路等交通方式的项目。公共交通系统由道路、交通工具、站点设施等物理要素构成，因此该项目的建设组成主要由上述三点构成。公共交通项目的特点是公共服务性强，投资规模大。

公用设施项目通常指涉及社会公众使用或想用的公用基础设施的项目，包括供电、供气、供水、供热、污水处理、垃圾处理及通信服务设施等。该类项目的特点是公益性强、自然垄断性强、投资规模大、建设周期长、政府监管严、价格弹性较小、盈利能力较弱等。

社会公共服务项目通常指涉及教育、科学普及、医疗卫生、社会保障等通过国家权力介入或公共资源投入，为满足公民的社会发展活动的直接需要所提供的服务项目。该类项目的特点是公益性很强，其所提供的公共服务通常是免费的或收费较低。

（2）项目运营的标准和要求。在PPP项目的运营期内，项目公司应根据法律法规从维护公共利益、提高运营效率、节约运营成本等角度在合同中约

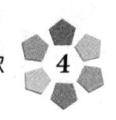

定的项目要求和运营标准。常见的运营标准和要求包括：

a.服务范围和服务内容；

b.生产规模或服务能力；

c.运营技术标准或规范，如污水处理厂的出水标准，自来水厂的水质标准等；

d.产品或服务质量要求，如普遍服务、持续服务等；

e.安全生产要求；

f.环境保护要求；等等。

为保障项目的运营质量，PPP项目中通常还会要求项目公司在运营开始之日，编制符合适用法律和中国国家行业规范、标准的运营与维护手册，载明生产运营、日常维护以及大修维护和年度维修的内容、程序、计划、频率，以及调整和改进检验及维护安排的程序和计划等，并在开始运营之前报送政府方审查和备案。运营维护手册以及具体运营标准通常会作为PPP项目合同的附件。

(3) 运营责任划分。大多数PPP项目时间周期长、投资规模大，因此在项目筹备期间，项目公司与政府方要合理预测在项目运营期间可能遭遇的风险，并注明对相应风险所采取的应对措施，使风险影响最小化。在项目运营期间，通常会遇到市场收益不足、项目唯一性、配套设备服务提供、市场需求变化、收费变更和政府信用等各种风险。

一般情况下，PPP项目的运营一般都是由专业性更强、更具有运营经验的项目公司负责。项目公司按照合同约定，承担费用、责任、风险，管理、运营和维护项目，使项目处于良好的运营状态并能够安全稳定地提供公共产品和服务。但在一些PPP项目中，特别是公共服务和公用设施行业下的PPP项目中，项目的运营通常需要政府方的配合与协助。在这类项目中，政府方可能需要提供的外部条件包括：

①提供部分设施、设备和服务及其具体内容、规格、提供方式和费用标准等，与项目公司负责建设运营的项目进行配套或对接，例如垃圾处理项目中的垃圾供应、供热项目中的管道对接等。

②项目生产运营所需特定资源及其来源、数量、质量、提供方式和费用标准等，如污水处理厂的进水来源、来水量、进水水质等。

③对项目特定产出物的处置方式及配套条件，如污水处理厂的出水、污泥的处置，垃圾焚烧厂的飞灰、灰渣的处置等。

④道路、供水、供电、排水等其他保障条件。

具体项目中如何划分项目的运营责任，需要根据双方在运营方面的能力及控制力来具体分析，原则上仍是由最有能力且最有效率的一方承担相关的责任。

需要特别说明的是，根据 PPP 项目运营内容和项目公司管理能力的不同，项目公司有时会考虑将项目全部或部分的运营和维护事务外包给有经验的运营商，并与其签订运营服务合同。个案中，运营维护事务的外包可能需要事先取得政府的同意。但是，PPP 项目合同中约定的项目公司的运营和维护义务并不因项目公司将全部或部分运营维护事务分包给其他运营商实施而豁免或解除。

（4）暂停服务。在项目运营过程中不可避免地会因一些可预见的或突发的事件而暂停服务。暂停服务一般包括两类：

①计划内的暂停服务。一般来讲，对项目设施进行定期的大修维护或修复，会导致项目定期暂停运营。对于这种合理的、可预期的计划内暂停服务，项目公司应在报送运营维护计划时提前向政府方报告重大维护和更新内容，政府方应在暂停服务开始之前给予书面答复或批准，项目公司应尽最大努力将暂停服务的影响降到最低，一定期间内计划内的暂停服务时间不得多于合同中约定的最多天数。

发生计划内的暂停服务，项目公司不承担不履约的违约责任。

②计划外的暂停服务。若发生突发的不可预期的计划外暂停服务，项目公司应立即通知政府方，解释其原因，报告暂停服务可能持续的时间并提出更正暂停服务的意见，尽最大可能降低暂停服务的影响并尽快恢复正常服务。项目公司必须制定因意外事故造成暂停服务的紧急预案。对于计划外的暂停服务，责任的划分按照一般的风险分担原则处理，即：

a.如因项目公司原因造成，由项目公司承担责任并赔偿相关损失。

b.如因政府方原因造成，由政府方承担责任，项目公司有权向政府方索赔因此造成的费用损失并申请延展项目期限。因项目公司原因导致的计划外暂停服务，在预计期间内问题得不到有效解决时，政府方提出处理暂停服的意见和建议。

c.如因不可抗力原因造成，双方共同分担该风险，均不承担对对方的任何违约责任。

4.6.1.4 政府方对项目运营的监督和介入

在PPP项目中，通常是由社会资本承担运营、维护基础设施的大部分工作，并通过"使用者付费"、"可行性缺口补助"、"政府付费"获得合理投资回报，而社会资本方主要以营利为目的，本身存在着不公开、不透明的情况。要保障PPP项目按照国家规定的方向运行，单靠政府作为外部监管者是不够的，需要政府作为内部监管者，进行监管。这主要体现为在PPP项目中，政府作为出资人，在项目公司中持股，政府作为股东，可以派出代表列席企业的股东会，参与企业的运营，从而了解项目的内部情况，在关键时刻，采用股东表决权的作用，进行内部监管，负责基础设施及公共服务的价格和质量监管，政府方对于项目运营同样享有一定的监督和介入权，通常包括：

①在项目的运行过程中，政府要负责监管项目的经营过程，相关部门对项目的验收把关，并承担相应的责任。在不影响项目正常运营的情况下入场检查。

②定期获得有关项目运营情况的报告及其他相关资料（例如运营维护计划、经审计的财务报告、事故报告等）。

③审阅项目公司拟定的运营方案并提出意见。

④委托第三方机构开展项目中期评估和后期评价。

⑤在特定情形下，介入项目的运营工作的触发条件、实施程序、接管范围和时间、接管期间各方的权利义务等。

⑥在项目运营过程中，出现问题，建立相应的责任追究及倒查机制，并确保责任落实到自然人。

需要特别说明的是，在基础设施及公共服务价格制定方面，政府要结合投资方的利益以及社会公众的利益合理确定价格，制定价格上限，防止运营方擅自抬高价格，对于项目确实存在运营亏损的，通过考察和计算，给予相关运营商以补助。

另外需要指出的是，在PPP模式中，严禁政府在项目运营过程中发挥主导作用，严禁政府直接干预项目的运营和管理，这样可以有效避免项目运营的行政化和官僚化，防止政府官员和项目管理者互相调用，防止由缺乏管理经验和能力的领导干预项目管理。

4.6.1.5 公众监督

为保障公众知情权、维护公共利益、促进依法行政、提高项目透明度，项目运营期间要接受社会监督，根据《企业信息公示暂行条例》①规定，企业应当于每年 1 月 1 日至 6 月 30 日，通过企业信用信息公示系统向工商行政管理部门报送上一年度年度报告，并向社会公示。当年设立登记的企业，自下一年起报送并公示年度报告。因此 PPP 项目合同中通常还会明确约定项目公司依法公开披露相关信息的义务，详细披露内容应在合同附件中明确。

关于信息披露和公开的范围，一般的原则是，除法律明文规定可以不予公开的信息外（如涉及国家安全和利益的国家秘密），其他的信息均可依据项目公司和政府方的合同约定予以公开披露。实践中，项目公司在运营期间需要公开披露的信息主要包括项目产出标准、运营绩效等，如医疗收费价格、水质报告。

4.6.2 项目维护

在项目运营期间，为了使项目处于正常状态，需要对项目进行定期维护和修理。

在 PPP 项目合同中，有关项目维护的权利义务规定在很多情况下是与项目运营的有关规定重叠和相关的，通常会与项目运营放在一起统一规定，但也可以单列条款。项目合同应约定项目运营维护与设施修理事项。详细内容可在合同附件中描述。

①项目日常运营维护的范围和技术标准；

②项目日常运营维护记录和报告制度；

③大中修资金的筹措和使用管理；

④项目维护义务和责任；

⑤政府方对项目维护的监督；等等。

4.6.2.1 项目维护义务和责任

（1）项目维护责任。在 PPP 项目中，通常由项目公司负责根据合同约定

---

①2014 年 7 月 23 日国务院第 57 次常务会议通过。

及维护方案和手册的要求对项目设施进行维护和修理,该责任不因项目公司将部分或全部维护事务分包给其他运营维护商实施而豁免或解除。

(2) 维护方案和手册。

维护方案:为保障项目的运营质量,PPP项目中通常还会要求项目公司在运营开始之日,编制符合适用法律和中国国家行业规范、标准的维护方案,并在开始运营之前报送政府方审查和备案。政府方有权对该方案提出意见。在双方共同确定维护方案后,项目公司做出重大变更,均须提交政府方。但维护方案的实施是否以取得政府方同意为前提,则需要视维护的技术难度要求、政府方参与维护的程度、政府方希望对维护控制的程度等具体情况而定。对于一些项目维护技术难度和政府方的参与维护程度较高,项目维修事关公共利益的PPP项目,建议维护方案应在取得政府方同意后方可实施。

维护方案中通常包括项目运营期间计划内的维护、修理和更换的时间、费用以及上述维护、修理和更换可能对项目运营产生的影响等内容。

维护手册:对于某些PPP项目,特别是技术难度较大的项目,除维护方案外,有时还需要编制详细的维护手册,进一步明确日常维护和设备检修的内容、程序、频率等。

(3) 计划外的维护。如果发生意外事故或其他紧急情况,需要进行维护方案之外的维护或修复工作,项目公司应立即通知政府方,解释其原因,并尽最大努力在最短的时间内完成修复工作。对于计划外的维护事项,责任的划分与计划外暂停服务基本一致,即:

第一,如因项目公司原因造成,由项目公司承担责任并赔偿相关损失;

第二,如因政府方原因造成,由政府方承担责任,项目公司有权向政府方索赔因此造成的费用和损失,并申请延展项目期限;

第三,如因不可抗力及其他双方约定由双方共同承担风险的原因造成,双方共同分担该风险,均不承担对对方的任何违约责任。

4.6.2.2 政府方对项目维护的监督和介入

政府方对项目维护的监督和介入权,与对项目运营的监督和介入权类似,主要包括:

(1) 在不影响项目正常运营和维护的情形下入场检查;

(2) 定期获得有关项目维护情况的报告及其他相关资料;

(3) 审阅项目公司拟定的维护方案并提供意见；

(4) 在特定情形下，介入项目的维护工作；等等。

4.7 股权变更限制

在PPP项目中，虽然项目的直接实施主体和PPP项目合同的签署主体通常是社会资本设立的项目公司，但项目的实施仍主要依赖于社会资本自身的资金和技术实力。项目公司自身或其母公司的股权结构发生变化，可能会导致不合适的主体成为PPP项目的投资人或实际控制人，进而有可能会影响项目的实施。鉴此，为了有效控制项目公司股权结构的变化，在PPP项目合同中一般会约定限制股权变更的条款。该条款通常包括股权变更的含义与范围以及股权变更的限制等内容。

4.7.1 限制股权变更的考虑因素

对于股权变更问题，社会资本和政府方的主要关注点完全不同，合理地平衡双方的关注点是确定适当的股权变更范围和限制的关键。

4.7.1.1 政府方关注

对于政府方而言，限制项目公司自身或其母公司的股权结构变更的目的主要是为了避免不合适的主体被引入到项目的实施过程中。由于在项目合作方选择阶段，通常政府方是在对社会资本的融资能力、技术能力、管理能力等资格条件进行系统评审后，才最终选定社会资本合作方。因此，如果在项目实施阶段，特别是建设阶段，社会资本将自身或项目公司的部分或全部股权转让给不符合上述资格条件的主体，将有可能直接导致项目无法按照既定目的或标准实施。

4.7.1.2 社会资本关注

对社会资本而言，其希望通过转让其所直接或间接持有的部分或全部的项目公司股权的方式，来吸引新的投资者或实现退出。保障其自由转让股权的权利，有利于增加资本灵活性和融资吸引力，进而有利于社会资本更便利地实现资金价值。因此，社会资本当然不希望其自由转让股份的权利受到限制。因此，为更好地平衡上述两方的不同关注，PPP项目合同中需要设定一个适当的股权变更限制机制，在合理的期限和限度内有效地限制社会资本不当变更股权。

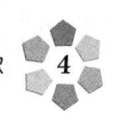

4.7.2 股权变更的范围

在不同的 PPP 项目中，政府方希望控制的股权变更范围和程度也会有所不同，通常股权变更的范围包括以下内容。

4.7.2.1 直接或间接转让股权

在国际 PPP 实践，特别是涉及外商投资的 PPP 项目中，投资人经常会搭建多层级的投资架构，以确保初始投资人的股权变更不会对项目公司的股权结构产生直接影响。但在一些 PPP 项目合同中，会将项目公司及其各层级母公司的股权变更均纳入股权变更的限制范围，但对于母公司股权变更的限制，一般仅限于可能导致母公司控股股东变更的情形。例如，在 PPP 项目合同中规定，在一定的期间内，项目公司的股权变更及其各级控股母公司的控股股权变更均须经过政府的事前书面批准。

在当代社会，公司已经成为普通商事主体，持续运营成为公司的首要目标。实际控制人对待公司资产的态度也不再仅为抽空资产，而是控制股权。其方式一般为先通过旗下低层级子公司与控制目标公司从事日常经营往来，通过日常经营增加目标公司负债，待目标公司现金流周转出现困难时，由母公司或其他子公司出面对公司提出附带股权转让要求的融资服务，最终获取公司的股权。这种行为较普通的并购重组更具有隐蔽性，而且控制股权的成本也更低。

就 PPP 公司而言，为了控制政府方国有资产流失的风险，在设立公司时，政府方应当要求社会资本提供其股东信息，如果其中法人股东占比过多，则可考虑让其提供股权结构树状图，直至能够发现自然人股东为止。此一项可以成为政府守法责任的对价在公司设立合同中写明。不在这些方面进行审查而最终被资产转移，则将不得不运用撕开公司面纱的方式去追究实际控制人责任，而这在最终控制人为西方公民的前提下是极难实现的。

另外，如果社会方的股东中有较多的开曼群岛等离岸避税地注册的公司，则应考虑其易被作为股东抽逃转移资产的工具，可在合作之前的评审环节中明确，公司股东中不得含有开曼群岛等地注册的公司，否则无资格参与合作。

4.7.2.2 并购、增发等其他方式导致的股权变更

PPP 合同中的股权变更，通常并不局限于项目公司或母公司的股东直接或间接将股权转让给第三人，还包括以收购其他公司股权或者增发新股等其

他方式导致或可能导致项目公司股权结构或母公司控股股东发生变化的情形。

并购包含宏观层面的战略运作和微观层面的公司资本运营和公司经营的两方面，包含资产转让、公司的合并和分立等方面。并购也是一种重组，巩固其在行业内的集中优势。并购和收购的区别尽管在很多方面尤其是最终效益核算方面并不明显，但基本区分还是清晰的。从法律角度看，并购是法律角度上将两个公司合并为一个实体，收购则是一个公司收购另一个而使其为自己所拥有。这种情况下被收购公司仍然作为一个独立实体存在，而为收购人控制。实践中，前者被称为公司的合并，后者则被称为收购。

并购的最终目的是以最小的代价实现对大规模资产的控制。以我国资本市场为例，在去年开始的一轮牛市中，二级市场的总体市净率也大约为4～5倍，而很多非上市公司的股权价格更是远低于其净资产。以一家中等规模城市商业银行为例，其股权价格大约在400亿元左右，而其资产总额往往可以达到2000亿元，在并购中，如果该行的控股情况较为分散，则大约控制25%的股权，即100亿元左右，就可以将上述2000亿元资产并入实施并购的公司，对于公司的规模提升有很大裨益，并且可以实得每年20亿～30亿元的现金分红，大大改进公司的经营资金流。

4.7.2.3 股份相关权益的变更

广义上的股权变更，除包括普通股、优先股等股份的持有权变更以外，还包括股份上附着的其他相关权益的变更，例如表决权等。此外，一些特殊债权，如股东借款、可转换公司债等，如果也带有一定的表决权或者将来可转换成股权，则也可能被纳入股权变更的限制范围。

4.7.2.4 兜底规定

为了确保股权变更范围能够全面地涵盖有可能影响项目实施的股权变更，PPP项目合同中往往还会增加一个关于股权变更范围的"兜底性条款"，即"其他任何可能导致股权变更的事项"。

4.7.3 股权变更的限制

4.7.3.1 锁定期

（1）锁定期的含义。锁定期，是指限制社会资本转让其所直接或间接持有的项目公司股权的期间。通常在PPP项目合同中会直接规定：在一定期间内，未经政府批准，项目公司及其母公司不得发生上文定义的任何股权变更

的情形。这也是股权变更限制的最主要机制。

（2）锁定期期限。锁定期的期限需要根据项目的具体情况进行设定，常见的锁定期是自合同生效日起，至项目开始运营日后的一定期限（例如2年，通常至少直至项目缺陷责任期届满）。这一规定的目的是为了确保在社会资本履行完其全部出资义务之前不得轻易退出项目。

（3）例外情形。在锁定期内，如果发生以下特殊的情形，可以允许发生股权变更：①项目贷款人为履行本项目融资项下的担保而涉及的股权结构变更；②将项目公司及其母公司的股权转让给社会资本的关联公司；③如果政府参股了项目公司，则政府转让其在项目公司股权的不受上述股权变更限制。

4.7.3.2 其他限制

除锁定期外，在一些PPP项目合同中还可能会约定对受让方的要求和限制，例如约定受让方须具备相应的履约能力及资格，并继承转让方相应的权利义务等。在一些特定的项目中，政府方有可能不希望特定的主体参与到PPP项目中，因此可能直接在合同中约定禁止将项目公司的股权转让给特定的主体。这类对于股权受让方的特殊限制通常不以锁定期为限，即使在锁定期后，仍然需要政府方的事前批准才能实施。但此类限制通常不应存在任何地域或所有制歧视。

4.7.3.3 违反股权变更限制的后果

一旦发生违反股权变更限制的情形，将直接认定为项目公司的违约行为，情节严重的，政府方将有权因该违约而提前终止项目合同。

4.8 付费机制

付费机制关系PPP项目的风险分配和收益回报，是PPP项目合同中的核心条款。实践中，需要根据各方的合作预期和承受能力，结合项目所涉及的行业、运作方式等实际情况，因地制宜地设置合理的付费机制。

4.8.1 付费机制概述

付费机制是指PPP项目的来源方式，根据项目自身的经营属性，可分为政府付费、使用者付费和可行性缺口补助三种类型。作为一种市场化的思维模式，付费机制与传统模式下的政府直接购买服务有着本质的区别，政府不再承担提供公共产品和服务的全部成本，而是将一定比例的成本转嫁到终端消费者身上。首先，可以缓解政府的财政压力，促进政府思维由"大政府，小市场"向"小政府，大市场"转变，借助市场力量提高公共产品和服务的社会覆盖范围和运营效率；其次，社会资本方从中获利，借助PPP平台可撬动数倍于政府财力的社会存量资本，同时拓宽市场准入领域，助推供给侧改革；最后，可促进社会受众群体不仅仅以"公共产品和服务接受者"的身份参与其中，而是融入支付一定代价的真正意义上的"消费者"角色，减少消费过程中的浪费，延长基础设施和公共设备的使用寿命，促进资源的节约。

4.8.2 付费机制的分类

在PPP项目中，常见的付费机制主要包括以下三类。

4.8.2.1 政府付费

政府付费（Government Payment）是指政府直接付费购买公共产品和服务。其运作机理可表达为：政府可以依据项目设施的可用性、产品或服务的使用量以及质量向项目公司付费，社会资本方通过项目公司向政府提供符合要求的公共产品和服务，这种不面向终端消费者的模式，与传统的政府采购项目有很多相同之处，但还是有诸多不同之处，不能将二者归为一类理解。

第一，传统政府采购项目的对象既包括政府自身需要的服务，也包括政府向社会公众提供的服务，而PPP项目下政府付费的唯一且确定的指向是为社会公众提供公共产品和服务。

第二，传统的政府采购项目主要指向公共产品和服务本身，而PPP项目下的政府采购主要指向合作者的选择，因为PPP项目下的社会资本方将承担项目设计、建设、投资、运营维护等一系列商业风险，比传统政府采购项目下合作方承担的风险范围更广，也更复杂。

第三，PPP模式下政府付费的测算依据需要一套完善的系统支撑，考虑的因素更多，而且许多PPP项目属于面向社会公众提供公共服务，采购结果的效益需要通过服务受益对象的切身感受来体现，无法像传统采购那样根据采购合同规定的每一项技术、服务指标进行履约验收，而是结合预算绩效评价、社会公众评价、第三方评价等其他方式完成履约验收。

第四，PPP项目的实施建立在双方契约精神的基础上，对采购双方履行合同的法律要求非常高，后续的争议解决也较传统采购更为复杂。政府很难通过一个合同、一种标准或是一次性付费完成购买服务的对价，较传统采购模式下政府以现金支付为主，PPP项目中的政府付费可采用更多的形式购买服务。

4.8.2.2 使用者付费

使用者付费（User Charges）是指由最终消费用户直接付费购买公共产品和服务。项目公司直接从最终用户处收取费用，以回收项目的建设和运营成本并获得合理收益。其运作机理可表达为：政府和社会资本方组建项目公司，政府给予社会资本方一定的特许经营期，待项目建成后项目公司直接向消费者提供公共产品和服务，并向消费者收取合理的费用。而政府在此过程要进行一定的监管，以项目公司实现弥补成本并收取合理比例的盈利为限，防止项目公司凭借特许经营权谋取超额利润。

在这种付费机制下，需要重点关注以下问题：

使用者付费适用于有稳定消费群体、能与市场机制较好融合、可经营系数高、财务效益好并直接面对终端用户的项目，对这类项目的选取应审慎把握，提前测算未来预期现金流量，使项目的收益有保障。采用使用者付费的项目需要对项目盈利能力的测算估计是项目运作的关键一环，直接影响项目公司融资的偿还和项目合作的期限。

使用者付费的PPP模式需要充分考虑直接消费群体的反应和承担能力，对于此类项目在设计规划前应进行广泛的社会论证，与民众及时沟通，并建立科学的定价机制和高效的收费渠道，以减少后期向使用者付费的阻碍和征收成本。

科学的定价机制是核心。PPP价格规制应考虑以下因素：一是项目的投资与进行成本，不同类型的项目投资规模与成本结构不同，从而成本规模与测算体系也不同；二是物价指数，其中要考虑通货膨胀的因素，以反映真实的项目经营成本变化趋势和消费者的支付能力；三是国家有关税费政策的变动，将这部分隐形影响通过科学的方式借助价格及时反映为显性的成本变化；四是服务质量，它会对成本和需求产生双面影响，进而借助价格机制的作用促进服务质量的提升；五是行业的平均利润水平，即让投资者得到基本等同于行业平均的盈利水平才能有效撬动社会资本。综合起来，确定的价格既要反映公共服务的价值，又要反映供求关系，只有这样才能借助市场机制的作用引导资源的合理流动与高效配置。

政府对价格水平的监管为合理价格的形成提供了坚强的保障。政府也应当设计一套价格监控的框架与机制，为保证项目的公益性而实施的政府定价与项目商业化所需要的自主定价之间建立起科学灵活、充分反映市场变化的价格调整机制，实现高效监管、低成本监管。

总体而言，高速公路、桥梁、地铁等公共交通项目以及供水、供热等公用设施项目通常可以采用使用者付费机制，在实际操作中需要结合项目的市场环境及收费特点综合测算。

4.8.2.3 可行性缺口补助

可行性缺口补助（Viability Gap Funding，简称 VGF）是指使用者付费不足以满足项目公司成本回收和合理回报时，由政府给予项目公司一定的经济补助，以弥补使用者付费之外的缺口部分。可行性缺口补助是在政府付费机制与使用者付费机制之外的一种折中选择。其运作机理可表达为：项目公司直接向最终使用者提供公共服务并向其收取一定的费用，而使用者付费不足以满足社会资本或项目公司成本回收和合理回报的部分，由政府以财政补贴、股本投入、优惠贷款和其他优惠政策的形式，给予社会资本或项目公司的经济补助。适合可行性缺口补助的 PPP 项目一般是可经营性系数较低、财务效益欠佳、直接向终端用户提供服务但收费无法覆盖投资和运营回报的基础设施项目，其实践的关键点在于：一是如何测算"使用者付费不足以满足社会资本或项目公司成本回收和合理回报的部分"，即政府补多少的问题；二是在诸多形式中，如何选择适合 PPP 项目的补助形式，即政府如何补的问题；三是政府补助是在项目建设期投入还是在运营期投入，在不同阶段内投入的比例保持在什么范围时，才能达到促进项目公司提高运营效率的同时保证项目的顺利进行，即政府何时补贴的问题。

在我国实践中，可行性缺口补助的形式多种多样，具体可能包括土地划拨、投资入股、投资补助、优惠贷款、贷款贴息、放弃分红权、授予项目相关开发收益权等其中的一种或多种。对政府的补贴形式可做以下归纳总结。

土地划拨：按中国的土地管理法，建设单位使用国有土地，应当以出让等有偿使用方式取得，但城市基础设施用地、公益事业用地等是可以以划拨方式取得，据此可以理解 PPP 项目中的部分用地，可以采取划拨地。

运营补贴：是指在项目运营期间，政府承担的直接付费责任，以政府承

担的那部分缺口为限。

投资入股：在政府与社会资本共同组建项目公司的情况下，政府承担的股权投资支出责任。如果社会资本单独组建项目公司，政府不承担股权投资支出责任。

优惠贷款：通过政策引导，鼓励银行等金融机构发挥中长期融资优势，积极提供融资顾问及"投资、贷款、债券、租赁、证券"等综合金融服务，进一步拓宽PPP项目融资渠道，降低融资成本。

贷款贴息：项目公司从商业银行获得贷款的利息由政府方全额或部分负担，项目公司只需要按照协议归还本金或少部分的利息。

放弃分红权：政府放弃部分或全部其作为项目公司股东应享有的项目运营红利，以此作为财政支持的手段。

一般情况下，医院、学校、文化及体育场馆、保障房、价格调整之后或需求不足的网络型市政公用项目、交通流量不足的收费公路等领域可运用可行性缺口补助付费模式，以确保项目的正常运营。

4.8.3 设置付费机制的基本原则和主要因素

4.8.3.1 基本原则

不同PPP项目适合采用的付费机制可能完全不同，一般而言，在设置项目付费机制时需要遵循以下基本原则：既能够激励项目公司妥善履行其合同义务，又能够确保在项目公司未履行合同义务时，政府能够通过该付费机制获得有效的救济。之所以设置不同的付费机制，正是考虑每个项目的市场环境、盈利能力、收费模式等情况各异，政府在适当的情况下给予一定的支持正是出于社会资本方不可能完全驾驭PPP项目复杂风险的考量，最终目的还是实现项目的预期目标，满足社会的公共需求。但政府要转换的思维是不能对项目在运营过程中遇到的问题"无限兜底"，可通过市场机制解决的困难不需要、也不应该由政府解决，在此过程中设计一套对项目公司运营绩效的科学评价及奖惩机制是极为重要的，即通过制度促进项目公司妥善履行合同义务，而在项目公司确实无法驾驭风险的情况下，由双方协同合作，政府在正常履行其合同义务的情况下，怎样妥帖地提供额外必要的支持则需要在实际情况和大量实操经验的基础上进行把握。

4.8.3.2 主要考虑因素

在设置付费机制时,通常需要考虑以下因素:

(1) 项目产出是否可计量。PPP项目所提供的公共产品或服务的数量和质量是否可以准确计量,决定了其是否可以采用使用量付费和绩效付费方式。

首先需要对"项目产出"进行界定,即指满足项目需求的基础设施项目资产、公共产品和服务等直观的产出,通过产出说明书的形式进行定义和规范,是个绝对值的概念。它指向同一个对具体的基础设施建设、融资、运营服务等需求标准的满足,是结果导向的指标。项目产出之所以是付费机制的主要影响因素之一,在于用以提供公共产品或服务的PPP项目的受众对象是社会群体,因此很难界定消费对象的特定范围,若采用使用者付费或是可行性缺口补助等直接面向终端客户的机制,准确核算项目产出作为成本把控的依据能更为有效、便捷、准确地计算出对消费者的收费基数,这是一个基础而关键的问题。因此,在一些公用设施类和公共服务类PPP项目中,如供热、污水处理等,需要事先明确这类项目产出的数量和质量是否可以计量以及计量的方法和标准,并将上述方法和标准在PPP项目合同中加以明确。

政府对这一环节的监管可作为其控制价格的一个途径,以防止项目公司虚报公共产品服务的数量或质量,从而获得高于行业平均水平或是合同约定水平的利润。但由于这部分技术要求高,而且对于市场需求的预期要极为准确,因此,政府应要求严格的测定系统并进行适时监督,并采取适当的奖惩机制督促项目公司提供精准的项目产出数据。

(2) 适当的激励。付费机制应当能够保证项目公司获得合理的回报,以对项目公司形成适当、有效的激励,确保项目实施的效率和质量。

适当的激励措施可以提高项目公司的主动性与积极性,从而进一步提升服务质量和水平,节约项目运营成本,并能够促进政府和项目资本方和谐关系的构建,问题的关键在于何为"适当",如果激励措施不到位,反而适得其反。

在实践中,政府的激励措施一般包括以下几方面:

一是给予PPP项目一定比例的资金投资,并根据实际运营情况在一定时期内不要求分红或是减少分红比例。

二是政府对融资的协助,即政府为私营部门融资提供一定的协助,如出

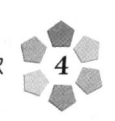

具"安慰函"等措施①，这样可以有效地帮助贷款人降低由于项目公司违约或者不可抗力所带来的危害，提高项目公司获得贷款的可能性。

三是政府就部分项目进行担保，以降低项目公司将面临的风险，保证未来现金流的稳定。

四是政府在权力范围内往往会对基础设施PPP项目的投资者提供一定的税收减免优惠，这是政府的常用措施。

五是帮助社会资本方进入和开拓新市场，这比任何优惠政策都更具价值、力度更大。

相反，不合理的激励措施会人为地为项目的顺利进行设置障碍，主要表现在以下几方面：

一是地方政府为了吸引私营资本的投资，往往会做出不现实或不理智的担保和支持，在增加政府履约成本的同时，还可能承担一些原本应有社会资本方承担的风险，有时会在项目特许期间出现拒绝支付或者无力支付的窘境(特别是在地方政府换届之后)，导致项目公司错估利润，甚至无法还贷。

二是地方政府为了短期的利益或者个人政绩，可能会做出与中央政府政策、长期目标或者公众利益相违背的决策，投资者特别是外商如果对中国法律法规了解甚少的话，可能会为PPP项目未来的正常运营带来隐患。

三是在项目融资、设计、建设、运营、维护等大部分职责都移交给项目公司的情况下，极容易出现政府与社会资本方信息不对称的情况，社会资本方如果利用政府部门对PPP模式或者该项目了解过少而签订不平等协议，也可能导致项目运营阶段出现政府不愿或无力履行协议义务的风险，使得政府信誉受损。

(3) 灵活性。鉴于PPP项目的期限通常很长，为了更好地应对项目实施过程中可能发生的各种情势变更，付费机制项下一般也需要设置一定的变更或调整机制。

调整机制是对市场机制的尊重与适应，根据市场供求关系的变化适时做出反应。在设置调整机制的时候应关注几个问题：①为及时把握市场变化对

---

①所称"安慰函"，通常是指政府或企业控股母公司为借款方融资而向贷款方出具的表示愿意帮助借款方还款的书面陈述文件。

项目调整做出的要求，应选定几个具有代表性的市场监测指标，并为指标的变动设定一定程度的范围，一旦市场值触底，则需要根据相关标准调整付费标准；②灵活性对项目公司的要求较高，需要建立标准化、系统化的程序，基于不同项目中的特定的、重要的因素形成适合不同领域的机制，保证灵活调整的科学性；③注重政府和项目公司在此过程中的协调配合和政府对付费调整机制的监管，即政府应要求项目公司出具应当调整的充分证据以及合理的调整方案，防止项目公司借故调升价格以侵占消费者剩余，损害消费者利益。

(4) 可融资性。项目进入设计、建设、运营、维护的前提环节是融资，融资便利性是PPP项目能否落地的关键一环，对于需要由项目公司进行融资的PPP项目，在设置付费机制时还需考虑该付费机制在融资上的可行性以及对融资方的吸引力。项目的未来现金流量是融资方重点关注的指标，也是项目还本付息并带来一定收益的基础。对于可融资性高的项目，通常而言其项目的市场运营基础好，价格调整机制灵活，长期合同关系清楚，具有长期稳定的市场需求，通过市场机制可有效解决其在前期建设以及后期运营中的资金需求，对财政投资的要求比较低，通常更适合采用使用者付费方式。但如果项目的可融资性比较低，公益性突出，市场能力相对薄弱，项目对融资方没有产生足够的吸引力，政府便需要在项目融资方面承担互补角色，给予项目合理的财政补助或以其他方式作价出资，保障项目的进行有较为充足的财力可用。

(5) 财政承受能力。在多数PPP项目中，尤其是采用政府付费和可行性缺口补助机制的项目中，财政承受能力关系到项目公司能否按时足额地获得付费，因此需要事先对政府的财政承受能力进行评估。开展PPP项目财政承受能力论证，是政府履行合同义务的重要保障，有利于规范PPP项目财政支出管理，实现PPP可持续发展。

财政承受能力是识别、测算PPP项目的各项财政支出责任，且由于PPP项目的时间周期长，设计、建设、运营等各阶段要求的投入资金与收益回报也各有差异，对财政支出责任的衡量还需要考虑项目运营的周期性和货币的时间价值等因素，并从定性分析和定量分析两方面对项目全生命周期内的财政支出责任进行分别测算。如果项目的市场预期好，能够较好地弥补项目投

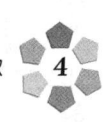

建成本并带来一定回报，则财政支出责任相对较小，此时采用使用者付费或是可行性缺口补助的方式更为恰当。反言之，如果项目未来产生现金流量的能力较差，政府为了帮助项目平稳运行，必定要承担较大财政支出责任，而在此情况下，采取政府付费的方式更契合项目的运行情况。

归根结底，PPP项目的成本弥补来源主要来自两个方面，一为政府，二为消费者，前者的责任估算体现在财政支出责任，需要有财政承受能力的前期度量，后者的责任体现在付费机制的选择，如果综合市场及政策因素后对财政支出责任要求较高，则消费者承担较小责任的政府付费机制成为首选，如果根据市场情况消费者可支付更多的成本弥补责任，则对财政支出责任的划分范围变小，比例也会有所下降。

4.8.4 定价和调价机制

在付费机制项下，通常还要根据相关法律法规规定，结合项目自身特点，设置合理的定价和调价机制，以明确项目定价的依据、标准，调价的条件、方法和程序，以及是否需要设置唯一性条款和超额利润限制机制等内容。

4.8.4.1 定价机制

PPP项目大多为涉及公众利益的基础设施项目，其定价不能简单地以市场机制为导向，需要由项目管理公司向省物价部门提交资料后，通过政府审批或价格听证会的形式来确定，其价格以总成本为基础，以资源的合理分配为原则，兼顾当地的经济水平和公众的承受能力，同时也不能忽略项目公司的利益。一般来说，根据项目的复杂程度和规模大小，其价格的确定有整体定价法和复合定价法两种。整体定价法中的价格为产品的生产成本加上预期的收益；复合定价则比整体定价更为科学严谨，是根据不同的影响因素将价格分成若干部分，调整价格时只调整受到相关风险因素影响的部分，按照影响作用程度，以一定的规则进行。高速公路、桥梁等成本组成较为简单的基础设施项目一般会采用整体定价法，水利、电力等项目适宜采用复合定价法。

4.8.4.2 调价机制

首先应明确价格调整机制的定位，价格调整机制并没有增加或损伤某一方的利益，强调的是各方利益与风险达到动态均衡，价格调整机制需要考虑的问题是风险由谁来承担，在什么情况下需要进行价格调整，如何调整以及调整多少。

PPP项目的合同期限较长，通常在20年以上，项目的经营成本会受到各种因素的影响而产生波动。价格调整机制的出发点是保护企业的利益，但这并不意味着任何成本变动风险都由政府或者公众来承担，市场条件变化、外汇变动、不可抗力风险等由政府和企业共同承担，因此在制定价格调整机制时需要约定价格调整的时间间隔或者临界条件，只有满足时才能进行调整。

价格调整一般涉及三种类型因素的变动：一是通货膨胀率、汇率水平；二是原材料、劳动力等价格水平；三是不可预见的风险因素对成本以及市场环境的强烈影响。当上述条件中一者或是多者产生变化，且变化幅度超过一定限度后便可进行价格调整。

鉴于不同付费机制下PPP项目的基本架构和运作方式可能完全不同，相关合同条款约定往往存在较大差异，本书第五章将对不同付费机制下的核心要素进行详细阐述。此外，不同付费机制、不同行业领域下PPP项目定价和调价的依据、考虑因素和方法也各不相同，将在本书第五章分别进行论述。

4.9 履约担保

4.9.1 概述

4.9.1.1 履约担保的含义和方式

在大部分PPP项目中，政府通常会与专门为此项目新设的、没有任何履约记录的项目公司签约。鉴于项目公司的资信能力尚未得到验证，为了确保项目公司能够按照合同约定履约，政府通常会希望项目公司或其承包商、分包商就其履约义务提供一定的担保。这里所说的履约担保广义上是指为了保证项目公司按照合同约定履行合同并实施项目所设置的各种机制。履约担保具有补偿性，它的特点是由第三方担保人保证对受益人因被担保人不履行合同义务而造成的损失进行补偿。《担保法》第二十一条规定：保证担保的范围包括主债权及利息、违约金、损害赔偿金和实现债权的费用。根据该条款对保证范围的规定可以看出，承担担保责任的主要目的是对损失给予补偿。履约担保有利于防范项目公司的违约风险并保证工程质量。履约担保具有惩戒机制，一旦项目公司违反合同约定，高额的履约保证金将不能如期返还，甚至还有可能面临经济处罚和法律诉讼。因此履约担保能有效防范项目公司的违约风险，确保项目公司在工程工期、工程质量、工程安全等各个方面按

合同要求全面履约。

履约担保的形式通常包括履约保函、履约担保书、履约保证金以及其他形式的保证等。

4.9.1.2 要求项目公司提供履约担保的主要考虑因素

在传统的采购模式中，政府通常可能会要求项目承包商或分包商通过提供保函或第三人保证（例如母公司担保）等方式为其履约进行担保。

但PPP模式与传统的采购模式有所不同，在要求项目公司提供履约担保时还需要考虑以下因素：

（1）社会资本成立项目公司的目的之一就是通过项目责任的有限追索来实现风险剥离（即项目公司的投资人仅以其在项目公司中的出资为限对项目承担责任），因此多数情况下项目公司的母公司本身可能并不愿意为项目提供额外的担保。

项目公司的母公司为其提供履约担保时，承担的风险包括：①母公司在项目施工过程中疏于监督和缺少与施工监理机构的信息交流，没能及时发现工程建设过程中的问题，造成本来有可能及时解决或制止的违约现象变为代偿的现实。②由于前期调查的失误，造成产品定价过低，不能提取合理有效的风险准备，使得收益和风险不匹配，因此母公司的收入减少、风险增加。③当项目公司不能履行合同时，母公司需向受益人支付延期利息、违约金及其他经济损失，或者由母公司代替项目公司完成工程建设。④市场上的宏微观经济环境、政策法规、经营环境等外部环境随时可能发生变化，如果不能及时地了解和把握这些变化，当这些变化酿成市场环境突变而母公司没有防备时造成的风险，等等。项目公司具有法人主体资格，可以独立承担整个项目的投融资风险以及项目运行风险，社会资本成立项目公司的目的之一就是通过项目责任的有限追索来实现风险剥离，即出资人以其出资额为限承担有限责任，不承担债务的无限追索责任，从而限制了母公司的风险负担。如果母公司为项目公司提供履约担保，将面临上述各种风险，这与社会资本成立项目公司的目的不符，因此多数情况下项目公司的母公司本身可能并不愿意为项目提供额外的担保。

（2）PPP项目本身通常已经设置了一些保证项目公司按合同履约的机制，例如付费机制和项目期限机制等，足以激励和约束项目公司妥善履约。

①付费机制。付费机制是指PPP项目取得投资回报的资金来源，它关系到PPP项目的风险分配和收益回报，是PPP项目合同中的核心条款。实践中，PPP项目涉及不同的行业、不同的运作方式，各方的合作预期和承受能力也不相同，因此需要设置不同的付费机制。常见的付费机制主要包括政府付费、使用者付费和可行性缺口补助三种。

②项目期限机制。PPP项目涉及的风险分配方案、运作方式、付费机制及具体情况各不相同，因此项目合作期限的规定方式也不同，常见的项目期限规定方式包括以下两种：一是自合同生效之日起一个固定的期限；二是分别设置独立的设计建设期间和运营期间，并规定运营期间为自项目开始运营之日起的一个固定期限。

政府要求项目公司提供履约担保的目的是为了确保项目公司能够按照合同约定履约，而付费机制和项目期限机制等机制设置本身就既能激励又能约束项目公司妥善履行其合同义务，因此政府可以考虑不需要项目公司提供履约担保。

(3) 在PPP项目中，并非采用的担保方式越多、担保额度越大对政府越有利，因为实际上每增加一项担保均会相应增加项目实施的成本。

项目公司实行履约担保的成本很大一部分是担保保费，即担保人向被担保人提供担保服务时收取的费用。担保保费的收取通常会考虑以下因素：履约担保的种类、期限、金额，金额越大，期限越长，包含内容越多，则保费金额越高；申请人提供的反担保越大，则保费金额越低；申请人的资信状况、财务状况及履约状况越好，则保费金额越低；申请人的工程能力越强，则保费金额越低；工程项目的复杂程度、规模、范围和期限；担保人的经营管理费用及合理利润；同业竞争的需要；等等。在PPP项目中采用的担保方式越多、担保额度越大，项目公司承担的保费金额也相应地越高，项目公司会将履约担保的担保费用计入项目成本，所以最终会导致项目实施成本的增加，政府可能将为此向项目公司支付更高的费用。政府方应该在保证项目公司按合同约定履约和增加项目实施成本之间寻找一个平衡点，采用恰当的担保方式，选择合理的担保额度，达到既能保证项目公司履行合同，又能控制项目成本的最优结果。

4.9.1.3 选择履约担保方式的基本原则

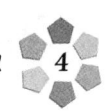

为了更好地实现物有所值原则，在具体项目中是否需要项目公司提供履约担保、需要提供何种形式的担保以及担保额度，均需要具体分析和评估。一般的原则是，所选用的担保方式可以足够担保项目公司按合同约定履约，且在出现违约的情形下政府有足够的救济手段即可。政府方在行使监督权时如果发现项目公司违约，政府方认为有可能需要介入的，通常应在介入前按照PPP项目合同的约定，书面通知项目公司并给予其一定期限自行补救；如果项目公司在约定的期限内仍无法补救，政府方才有权行使其介入权。政府方在介入后的救济方式一般为由政府方或政府方指定第三人代替项目公司履行其违约所涉及的部分义务。

如果该项目公司的资信水平和项目本身的机制，例如付费机制和项目期限机制等，足以确保项目公司不提供履约担保同样能够按照合同约定履约，且在项目公司违约的情形下，政府有足够的救济手段，则可以不需要项目公司提供履约担保。反言之，如果项目公司资信和项目机制均不足以确保项目公司按合同约定履约，同时项目公司违约时，政府缺乏充足有效的救济手段，则需要项目公司提供适当的履约担保。

履约担保的形式通常包括履约保函、履约担保书、履约保证金以及其他形式的保证等。不同的履约担保形式提供的履约担保额度也不同，其中履约保函的担保额度通常为合同金额的10%左右；履约担保书的担保额度通常为合同金额的30%~50%；履约保证金的担保额度通常为合同金额的10%左右。履约担保额度的设置需要考虑申请人的资金压力、保费支出及其对工程投标报价的影响。高担保额度对申请人的资金压力较大，保费支出较多，造成项目成本也较高，可以对申请人履约形成较高的约束作用，同时担保人也会为申请人履约提供更多的支持。低担保额度对申请人的资金压力较小，保费支出较少，可以有效地控制项目成本，但是对申请人履约的约束作用较小。在设置担保额度时，如果担保额度过低，可能不能对担保项目公司履行合同约定形成有效的约束，如果担保额度过高，则可能导致项目成本过高。因此需要具体分析和评估不同的项目，考虑多方因素，设置适当的担保额度，既能保证项目公司履约，又能将项目成本控制在合理的范围内。

4.9.2 常见的履约担保方式——保函

在PPP实践中，最为常见、有效的履约担保方式是保函。保函是指金融机构（通常是银行）应申请人的请求，向第三方（即受益人）开立的一种书面信用担保凭证，用以保证在申请人未能按双方协议履行其责任或义务时，由该金融机构代其履行一定金额、一定期限范围内的某种支付责任或经济赔偿责任。在出具保函时，金融机构有可能要求申请人向金融机构提供抵押或者质押。

保函中申请人的权责包括：

(1) 当金融机构依照保函规定向受益人付款后，申请人应立即偿还金融机构垫付的款项；

(2) 申请人应负担保函项下的一切费用及利息；

(3) 当金融机构认为需要时，申请人应预支部分或全部押金。

金融机构的权责包括：

(1) 在接受申请人的请求后，金融机构应按照申请人的指示给受益人开具保函；

(2) 保函一经开出，金融机构就有责任按照保函中所约定的承诺条件，合理审慎地审核受益人提交的包括索赔书在内的所有单据，并向受益人付款；

(3) 当申请人不能立即偿还其垫付给受益人的款项时，金融机构有权处置申请人提供的押金、抵押品、担保品。如果处置后仍不足抵偿，则金融机构有权向申请人追索不足部分。按照保函规定，受益人可以在保函有效期内提交相关的索款声明或连同有关单据向金融机构索款，并取得付款。

不同的交易会制定不同内容的保函，但保函通常会包括以下内容。

(1) 基本栏目。包括保函当事人的完整名称和详细地址、保函编号、出具时间、有关交易或工程项目的名称、有关合同或标书的编号和订约或签发日期等。

(2) 付款条件。即在保函中规定金融机构在什么条件下应该履行付款义务，它构成了银行保函的核心内容。

(3) 保证金额。即出具保函的金融机构所承担的责任的最高赔偿金额。保证金额可以是具体金额，也可以用合同或有关文件金额的一定百分比表示。如果金融机构可以按申请人履行合同的程度而相应地递减赔偿金额，则必须对此做出具体说明。

(4) 有效期限和终止日期。有效期限是受益人索偿要求送达金融机构的

最后期限，既可以是具体的日期，也可以是在某一行为或某一事件发生后的一个时期。终止日期是金融机构解除其担保责任的最后期限。

(5) 索偿方式。即索偿条件，是指受益人在何种情况下可向金融机构提出索赔。国际上通常有两种不同的索偿方式：一种是无条件保函或称"见索即付"，即受益人无须证明申请人违约，只需按照保函上规定的索赔程序出示索赔书等单据，金融机构就要付款；另一种是有条件保函，即金融机构向受益人付款是有条件的，只有在符合保函规定的条件下才予以付款。

为了担保项目公司根据PPP项目合同约定的时间、质量实施项目，履行义务，政府可以要求项目公司提供一个或多个保函，具体可能包括建设期履约保函、维护保函、移交维修保函等。在PPP项目中，保函既包括项目公司向政府提供的保函，也包括项目承包商、分包商或供应商为担保其合同义务履行而向项目公司或直接向政府提供的保函。

根据项目的实际情况，政府可能要求项目公司在不同时期提供不同类型的保函，常见的保函包括以下几类。

建设期的履约保函是指金融机构应申请人的请求，向受益人开立的一种书面信用担保凭证，用以保证申请人在工程建设期间能够按合同约定的标准进行建设并且能够按时完工，否则该金融机构将代其履行一定金额、一定期限范围内的某种支付责任或经济赔偿责任。PPP项目建设期间，项目公司应该保证项目能够符合建设工期及进度安排，且满足合同约定的建设标准和要求。包括：设计标准，包括设计生产能力或服务能力、使用年限、工艺路线、设备选型等；施工标准，包括施工用料、设备、工序等；验收标准，包括验收程序、验收方法、验收标准；安全生产要求；环境保护要求；等等。在项目建设过程中还需严格遵守《建筑法》、《环境保护法》、《产品质量法》等相关法律法规的规定以及国家、地方及行业强制性标准的要求。如果项目公司在项目建设期没有满足上述标准和要求，受益人可以在保函有效期内提交相关的索款声明或连同有关单据向金融机构索款，金融机构需按保函约定对收益人做出赔偿。建设期的履约保函的有效期一般是从项目合同全部生效之日起到建设期结束为止。

运营维护期的履约保函，也称维护保函，指金融机构应申请人的请求，向受益人开立的一种书面信用担保凭证，用以保证工程竣工后如果申请人不履行合同约定的运营维护义务，或工程出现质量问题后，施工单位不能依约维护时，由该金融机构代其履行一定金额、一定期限范围内的某种支付责任或经济赔偿责任。PPP 项目中，项目公司应该保证项目能够按期运营且在运营期间满足合同约定的运营标准和要求。包括：服务范围和服务内容；生产规模或服务能力；运营技术标准或规范；产品或服务质量要求；安全生产要求；环境保护要求；等等。PPP 项目维护期间，项目公司负责根据合同约定及维护方案和手册的要求对项目设施进行维护和修理，该责任不因项目公司将部分或全部维护事务分包给其他运营维护商实施而豁免或解除。维护方案中通常包括项目运营期间计划内的维护、修理、更换的时间和费用，以及上述维护、修理和更换可能对项目运营产生的影响等内容。维护手册则在维护方案的基础上进一步明确了日常维护和设备检修的内容、程序及频率等。如果项目公司在项目运营维护期没有满足上述标准和要求，金融机构需按保函约定对收益人做出赔偿。运营维护期的履约保函的有效期通常视具体项目而定，可以一直到项目期限终止。在项目期限内，为了保证运营维护期的履约保函的有效性，减少金融机构因项目公司违约支付而造成的运营风险，确保当项目公司再次违约时金融机构能够赔付，项目公司有义务保证该保函项下的金额一直保持在一个规定的金额，一旦低于该金额，项目公司应当及时补足，使该保函恢复至该规定金额。

　　移交维修保函是指金融机构应申请人的请求，向受益人开立的一种书面信用担保凭证，用以保证项目移交时如果经评估和测试项目状况不符合合同约定的移交条件和标准时，由该金融机构代其履行一定金额、一定期限范围内的某种支付责任或经济赔偿责任。项目移交通常是指在项目合作期限结束或者项目合同提前终止后，项目公司将全部项目设施及相关权益以合同约定的条件和程序移交给政府或者政府指定的其他机构。为了确保回收的项目符合政府的预期，PPP 项目合同中通常会明确约定项目移交的条件和标准。其中权利方面的条件和标准为：项目设施、土地及所涉及的任何资产不存在权利瑕疵，其上未设置任何担保及其他第三人的权利。但在提前终止导致移交的情形下，如移交时尚有未清偿的项目贷款，就该未清偿贷款所设置的担保除外。技术方面的条件和标准为：项目设施应符合双方约定的技术、安全和环保标准，并处于良好的运营状况。在一些 PPP 项目合同中，会对"良好运

营状况"的标准做进一步明确，例如在不再维修情况下，项目可以正常运营3年等。如果项目公司在项目移交时未满足上述条件和标准，金融机构需按保函约定对收益人做出赔偿。移交维修保函的提交时点一般在期满终止日12个月之前，担保至期满移交后12个月届满。

与此同时，在PPP项目合同签订前，政府还可能要求项目公司提供下列保函。

投标保函是指在招投标中，招标人为保证投标人遵守其诺言，不撤标，不改标，不更改原报价条件，中标后不得无正当理由不与招标人订立合同等，要求投标人提交的一般由银行出具的书面担保。为确保投标文件对投标人的约束力，投标保函应随投标文件同时提交。投标保函中投标人的责任义务为：在标书规定的期限内，投标人投标后，不得修改原报价，不得中途撤标；投标人中标后，必须与招标人签订合同并在规定的时间内向招标人提供银行的履约保函。如果投标人未能履行上述责任义务，银行将按照合同约定对招标人进行赔偿。投标保函的有效期从开立保函之日至开标之日，如果投标人中标，则保函有效期自动延长至投标人与招标人签订合同，并按要求提交履约保函之日止。当出现下列情况时，招标人应退还投标保函：投标中标后与招标人签订了合同并按招标文件要求提交了履约担保；招标过程因正当理由而被招标人宣布中止；招标失败，需重新组织招标；在投标截止日之前，投标人撤回投标书且不再进行投标；等等。

在许多PPP项目中，政府会要求参与项目采购的社会资本提供一个银行保函，作为防止恶意参与采购的一项保障（如社会资本参与采购程序仅仅是为了获取商业信息，而没有真正的签约意图）。这类保函通常在采购程序结束并且选定社会资本同意或正式签署PPP项目合同时才会予以返还。因此，投标保函并不直接规定在PPP项目合同中，因为一旦签署了PPP项目合同，投标保函即被返还并且失效。

PPP项目中，担保合同前提条件成就的履约保函是指政府为了保证项目公司在约定的时间内满足PPP项目合同中的前提条件，要求项目公司提交的一般由银行出具的书面信用担保凭证。前提条件是指PPP项目合同中的某些条款生效所必须满足的特定条件，常见的前提条件包括：①完成融资交割，即项目公司已为项目建设融资的目的签署并向融资方提交所有融资文件，并且融资文件要求的就本项目获得资金的所有前提条件得到满足或被豁免。②获得项目相关审批，即项目公司实施PPP项目可能需要履行相关行政审批程序，只有获得相应的批准或备案，才能保证PPP项目的合法合规实施。③保险已经生效，即项目公司已根据项目合同中有关保险的规定购买保险，且保单已经生效，并向政府方提交了保单的复印件。④项目实施相关的其他主要合同已经签订，即项目公司已根据项目合同中有关规定签订工程总承包合同及其他主要分包合同，并且向政府方提交了有关合同的复印件，等等。如果项目公司没有在规定的时间内达成上述的前提条件，银行需按保函约定对收益人做出赔偿。

在一些PPP项目中，为了确保项目公司能够按照规定的时间达成融资交割等PPP项目合同中约定的前提条件，政府可能会要求项目公司在签署PPP项目合同之前向政府提交一份履约保函，以担保合同前提条件成就。该保函通常在PPP项目合同条款全部生效之日即被返还并失效。

4.10 政府承诺

政府承诺是指为了保障PPP项目的顺利实施并移交，政府在PPP项目合同中对自身所必须履行的义务的安排，表明政府支持该项目并且愿意承担部分项目风险的责任和态度。一般来讲，政府承诺需要同时具备以下两个前提：一是如果没有该政府承诺，会导致项目的效率降低、成本增加甚至无法实施；二是政府有能力控制和承担该义务。

PPP项目通常具有资金规模大、生命周期长、投资难度大、投资环境复杂等特点，项目建设和运营期间面临着诸多难以预料的各类风险。为此，在PPP项目合同中约定政府承诺是保障PPP项目顺利实施的有效手段。

由于PPP项目的特点和合作内容各有不同，需要政府承担的义务有可能完全不同。在不同PPP项目合同中，政府承诺有可能集中规定在同一条款项下，也有可能散见于不同条款中。实践中较为常见的政府承诺如下。

4.10.1 付费或补助

付费机制是指PPP项目取得投资回报的资金来源，它关系到PPP项目的风险分配和收益回报，是PPP项目合同中的核心条款。实践中，PPP项目涉及不同的行业、不同的运作方式，各方的合作预期和承受能力也不相同，因

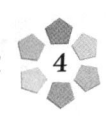

此需要设置不同的付费机制。常见的付费机制主要包括政府付费、使用者付费和可行性缺口补助三种。在采用政府付费机制的项目中，政府按项目的可用性、使用量或绩效来付费是项目的主要回报机制；在采用可行性缺口补助机制的项目中，也需要政府提供一定程度的补助。对于上述两类项目，按照合同约定的时间和金额付费或提供补助是政府的主要义务。

在一些供电、供气、供水等能源类项目中，可能会设置"照付不议"的付费安排。"照付不议"是指在项目合同中规定一个政府最低采购量，只要项目公司达到该最低采购量的供应能力并且不存在项目公司违约等情形，政府方就有义务按照该最低采购量向项目公司支付费用，而不论项目公司是否实际生产了该部分的最低采购量或者政府方是否需要采购有关能源。如果项目公司能够超出该最低采购量的供应能力，政府方则可根据其需求和实际采购量支付费用。这种付费安排，可以为项目公司的收入提供一定保障，有助于提高PPP项目的可融资性。

4.10.2 负责或协助获取项目相关土地权利

在一些PPP项目合同中，根据作为一方签约主体的政府方的职权范围以及项目的具体情形不同，政府方有可能会承诺提供项目有关土地的使用权或者为项目公司取得相关土地权利提供必要的协助（关于土地取得的机制，请见4.5）。

4.10.3 提供相关连接设施

与其他领域项目不同，一些公用设施项目需要建设一些与公共管网连接的设施才能实现运营。例如，供电项目中与国家电网连接的输变电设施，供热项目中与城市现有供热管网连接的换热站、管道等。因此，在这类公用设施项目的PPP项目合同中，通常会详细规定有关连接设施的建设条款。实践中，根据项目具体情况的不同，关于连接设施的建设责任由哪一方承担通常有以下三种情形：

第一，全部由政府负责建设。由于连接设施需要与公共管网直接连接，因此为了确保其与管网的配套统一性且不影响公共管网的正常运作，一些项目中，政府会主张自己建设此部分设施。

第二，由项目公司和政府方共同负责建设。即项目公司和政府方每方负责一部分连接设施的建设。

第三，全部由项目公司负责建设。如果全部由项目公司负责建设，该连接设施通常会包含在整个项目设施的范围内，并在项目的建设条款中对连接设施设计、建设标准和要求进行规定。

在一些PPP项目的建设过程中，包括建设部分项目配套设施，完成项目与现有相关基础设施和公用事业的对接等连接设施的建设，如果项目公司无法独自完成这些连接设施的建设，政府方可能会承诺由政府方全部负责或者由政府和项目公司共同负责建设相关连接设施。例如，在一些电力项目中，除了电厂建设本身，还需要建设输电线路以及其他辅助连接设施，用以实现上网或并网发电，这部分连接设施有可能由政府方建设或者由双方共同建设。因此，在这类PPP项目中，政府方可能会承诺按照一定的时间和要求提供其负责建设的部分连接设施。

当全部由政府方负责建设相关连接设施时，为了确保该连接设施建设与项目建设和运营配合，通常会在PPP项目合同中规定：

（1）建设标准，以确保政府所建设的连接设施能够与项目设施相连接，并且符合项目正常运营的要求。

（2）完工时间要求。如果必要的连接，设施没有完工，即使项目已达到开始运营的条件，也仍然无法开始运营。因此，在PPP项目合同中通常会规定政府有义务在项目设施完工时或之前完成连接设施的建设。如果政府无法按照合同约定的要求完工，项目公司将可能获得一定的救济，如项目期限延长、损害赔偿等。

（3）政府建设连接设施的费用承担，通常由双方在合同中约定。

当由政府方和项目公司共同负责建设相关连接设施时，合同条款中应当特别注意设施边界和双方责任的划分，同时要重点关注连接设施的建设标准和工程进度的统一性问题。为此，PPP项目合同中通常会规定：

（1）各方的义务和责任范围，包括应建设的工程范围、建设的标准以及完工时间和进度要求等；

（2）双方互相通知和报告的义务，以确保一方能够及时了解对方设施的建设情况；

（3）政府和项目公司建设连接设施的费用如何分摊，通常由双方在合同中约定，等等。

4.10.4 办理有关政府审批手续

通常 PPP 项目的设计、建设、运营等工作需要获得政府的相关审批后才能实施。在项目的设计阶段,发改委要对项目建议书、投资估算、可行性报告初步设计等进行审批和监督;财政部要对项目公司的选择、委托合同、项目预算等进行审批和监督;审计部门要对项目公司的准入资质、立项投资等进行审批和监督;其他行政监管部门如规划部门、国土部门、环保部门等也要对 PPP 项目条件是否符合标准进行审批和监督。在项目建设阶段,需要对施工图预算、PPP 项目建设程序报建、竣工结算和决算、项目合同及工程合同进行审批和监督。在项目运营阶段,需要对产品和服务的成本信息、定价、维护等进行审批和监督。为了提高项目实施的效率,一些 PPP 项目合同中,政府方可能会承诺协助项目公司获得有关的政府审批。尤其是对于那些项目公司无法自行获得或者由政府方办理会更为便利的审批,甚至可能会直接规定由政府方负责办理并提供合法有效的审批文件。但政府承诺的具体审批范围以及承诺的方式,需要根据法律法规的有关规定、项目具体情况以及获得相关审批的难易程度做具体评估。

4.10.5 防止不必要的竞争性项目

防止不必要的竞争性项目是指政府承诺在一定时期和一定范围内不再设立或有限设立相同或相似的项目,防止过度竞争造成项目公司经营收益下降,投资回报减少。该项政府承诺对于高速公路、桥梁、港口等公共交通项目来说尤为重要。项目公司依据项目设计在一定时期和一定范围内的消费量或需求量及其增长率来计算投资成本和投资回报,并以此来确定项目建成后的经营年限和收费标准。PPP 项目建成后在一定时期和一定范围内,使用者对项目产品的需求相对稳定,即正常情况下需求量不会产生较大增幅。如果政府在同一地区及其附近另行建设或允许其他投资者建设相同或相似的项目,必然会加剧竞争强度,导致使用者对该项目的需求降低,减少项目公司的经营收益和投资回报,有时甚至会对项目的正常运营造成威胁。因此,政府需要给予项目公司防止不必要的竞争性项目的承诺,使项目公司能够获得稳定的投资收益。政府做出该项承诺的方式主要有两种:一种是直接承诺在一定时期和一定范围内不再设立相同或相似的项目;另一种是如果要再设立相同或相似的项目,则该项目公司在同等条件下享有优先承建权。

在采用使用者付费机制的项目中，项目公司需要通过从项目最终用户处收费以回收投资并获取收益，因此必须确保有足够的最终用户会使用该项目设施并支付费用。鉴此，在这类项目的PPP项目合同中，通常会规定政府方有义务防止不必要的竞争性项目，即通常所说的唯一性条款。唯一性条款是PPP模式下高速公路项目中的重要条款，因为高速公路的收益直接取决于过往车辆的通行量，而且高速公路项目先期投资成本大、回收周期长，如果项目附近有性能和技术条件与本项目类似、但免费或收费较低的可替代路线，将会严重影响项目公司的成本回收及合理收益的获得，从长远来看，不利于调动社会资本的投资积极性。因此，为保证项目建成通车后项目公司有稳定的收入，项目公司在前期需要认真研究路网规划，对是否有可代替的路线以及如果存在这些路线将会对项目收益产生怎样的影响进行详细评估。在合同谈判阶段则要求政府做出相关承诺，即承诺项目期限内不在项目附近兴建任何竞争性的道路，并控制公路支线岔道口的连接，使项目公司保持较高的回报率，以避免过度竞争引起项目公司经营收益的下降。

防止不必要的竞争性项目承诺可能会消灭竞争，使PPP项目处于垄断地位，导致使用者的利益受到损害，所以政府与项目公司签订合同时要注意政府承诺的强度。在给予项目公司该项承诺的同时，政府对项目收费定价要享有足够的控制权，如果让项目公司完全自主定价，必然会因为价格过高而有损使用者的利益，同时也会给本地区的经济发展带来消极影响。所以政府在做出防止不必要的竞争性项目承诺时，一定要尽量使项目公司经营收益和使用者利益两者维持合理的平衡。

4.10.6 其他承诺

在某些PPP项目合同中也有可能规定其他形式的政府承诺。例如对原材料供应的承诺。一些PPP项目的运营通常会与原料供应紧密相关，原材料的及时、充足、稳定供应是项目能否平稳运营的关键所在。例如，在污水处理、垃圾处理以及火电项目中，污水、垃圾、煤炭等原料的供应量直接决定项目产出的产品或服务的数量。通常情况下，原材料的供应分为由项目公司负责供应和由政府方负责供应两类。对于可在公开市场上购买的原料，例如原煤、水泥等，原料供应的风险和责任通常由项目公司自行承担。在原料无法从公开市场上取得，仅能由政府供应（例如污水、垃圾），或者项目公司无法承担

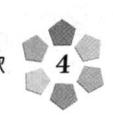

有关原料供应风险的情形下，通常会约定由政府负责供应原料。在由政府方负责供应原材料时，合同中对原料的质量和数量予以明确约定。

（1）原料质量。通常原料的质量标准应根据项目的成本和运营标准等进行评估，原则上原料的质量应确保项目在不增加预计成本的情形下实现正常的运营。如果因政府供应的原料质量未达到约定标准而导致项目公司的运营成本增加，政府应给予相应的补偿。

（2）原料数量。在多数的公用设施项目中，原料供应的数量将直接决定项目提供产品或服务的数量，并且可能直接与项目公司的收益挂钩。因此，有必要对供应原料的数量进行明确约定。例如，一些污水处理项目的PPP项目合同中规定，政府应确保在整个项目期限内，收集和输送污水至污水处理项目指定的交付地点，并满足合同约定的基本水量（如日均污水量）和进水水质等。

4.11 保险

在项目合同谈判中，通常只有在最后阶段才会谈及项目相关的保险问题，因此这一问题也极易被有关各方所忽略。然而，能否获得相关保险、保险覆盖的范围等问题恰恰是项目风险的核心所在，需要政府与项目公司在谈判中予以重点关注。

需要特别说明的是，保险并不能覆盖项目的所有风险，对于具体项目涉及的具体风险而言，保险也并不一定是最适合的风险应对方式。此外，由于保险是一个非常复杂而且很专业的领域，具体项目需要购买哪些保险还需要根据项目的具体情况来制定保险方案，并参考专业保险顾问的意见。

4.11.1 一般保险业务

4.11.1.1 购买和维持保险业务

大多数PPP项目合同会约定由项目公司承担购买和维持保险的相关义务，具体可能包括：

（1）在整个PPP项目合作期限内，购买并维持项目合同约定的保险，确保其有效且达到合同约定的最低保险金额。PPP项目中，政府首先与项目公司签订的合同约定需要项目公司购买和维持的保险，并且在合同中约定最低保险金额，即保险事故发生后被保险人能获得的最少赔偿金额。然后由项目公司与保险公司制订保险计划，谈判后签订保险合同，其中保险合同内容涉及的保险金额不得低于项目公司与政府签订的合同中约定的最低保险金额。保险合同生效后，项目公司要严格履行合同条款，做好索赔、理赔工作。

(2) 督促保险人或保险人的代理人在投保或续保后尽快向政府提供保险凭证，以证明项目公司已按合同规定取得保单并支付保费。PPP项目中，项目公司向保险人或保险代理人提出保险要求，保险人或保险代理人同意承保并就合同条款达成一致，则保险合同成立，保险人或保险代理人向项目公司签发保单。为了确保项目能够按照合同约定履行，政府方在PPP项目中具有监督权，所以项目公司在投保或续保后要督促保险人或保险人的代理人尽快向政府提供保险凭证，以证明项目公司已按合同规定取得保单并支付保费。

(3) 如果项目公司没有购买或维持合同约定的某项保险，则政府可以投保该项保险，并从履约保函项下扣抵其所支付的保费或要求项目公司偿还该项保费。PPP项目中，大部分项目合同会约定由项目公司承担购买和维持保险的相关义务，并按保险合同约定向保险人支付保费。如果项目公司没有购买或维持合同约定的某项保险，也可以由政府来投保该项保险。政府作为投保人向保险人支付保费后，可以从履约保函项下扣抵其所支付的保费或要求项目公司偿还该项保费。

(4) 向保险人或保险代理人提供完整、真实的项目可披露信息。在PPP项目中，项目公司作为投保人，应该以诚信为原则，向保险人或保险代理人提供完整、真实的项目可披露信息，不能故意隐瞒或提供虚假信息。

(5) 在任何时候不得做出或允许任何其他人做出任何可能导致保险全部或部分失效、可撤销、中止或受损害的行为。在PPP项目实施过程中，项目公司作为投保人和被保险人应该严格遵守合同约定，在任何时候不得做出或允许任何其他人做出任何可能导致保险全部或部分失效、可撤销、中止或受损害的行为。

(6) 当发生任何可能影响保险或其项下的任何权利主张的情况或事件时，项目公司应立即书面通知政府方。PPP项目中，项目公司与政府签订特许权协议，负责项目的筹资、建设与经营。当发生任何可能影响保险或其项下的任何权利主张的情况或事件时，都可能对项目风险产生影响，政府方为了确保项目能够按照合同约定履行，需要及时了解项目的进展情况以及任何可能

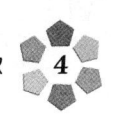

影响项目风险的事项。项目公司应该接受政府方合理的监督，将发生的任何可能影响保险或其项下的任何权利主张的情况或事件立即书面通知政府方，做到信息共享，保障项目的顺利进行。

（7）尽一切合理努力协助政府或其他被保险人及时就保险提出索赔或理赔等。保险理赔是指保险标的发生保险事故，造成被保险人财产损失或人身伤害，或发生保险合同约定的其他保险事故需要给付保险金时，保险公司按照合同规定，履行赔偿或给付责任的行为。在PPP项目进展中，发生保险合同中约定可以获得赔偿的保险事故后，项目公司应该尽一切合理努力协助政府或其他被保险人及时就保险提出索赔或理赔，从而将风险降到最低，实现共同利益最大化。保险人在收到被保险人或者受益人的赔偿或者给付保险金的请求后，应当立即派人查验，了解事故情况及原因，对事故及时做出核定。

4.11.1.2 保单要求

（1）保单的基本概念。保单是投保人与保险人之间订立保险合同的正式书面凭证。保单一般由保险人在保险合同成立时签发，并将正本交由投保人收执，表明保险人已接受投保人的投保申请。保单签发后，即成为保险合同最主要的组成部分，是保险合同存在的重要凭证，是保险双方当事人享有权利与承担义务的最重要的凭证和依据。不同的保险业务有各自不同的特点，保单的设计也是风格各异，但作为载明保险合同主要内容的凭证，保单通常都包含以下重要事项：声明事项、保险事项、除外事项和条件事项。

（2）保单要求。在PPP项目合同中，政府方可能会要求保险单满足以下要求：

①项目公司应当以政府方及政府方指定的机构作为被保险人进行投保。

被保险人是指其财产或者人身受保险合同保障，享有保险金请求权的人，投保人可以为被保险人。首先，被保险人是受保险合同保障的人，即保险事故发生时遭受损失的人。其次，被保险人是享有保险金请求权的人，由于被保险人是因保险事故而遭受损失的人，所以保险人的赔偿自然应当以被保险人为给付对象。被保险人的权利包括：被保险人对保险合同签订的同意权；被保险人指定、变更受益人的权利；被保险人请求保险金的权利；被保险人同意投保人指定或变更受益人的权利；等等。被保险人的义务包括：如实告知义务；减灾防损义务；保险事故通知义务；危险增加通知义务；危险发生通知义务；提供相关证明、资料的义务；等等。

②保险人同意放弃对政府方行使一些关键性权利，比如代位权、抵扣权，以及多家保险公司共同分摊保险赔偿的权利等。

代位权。保险代位权是指在保险标的发生了保险责任范围内的事故造成损失时，根据法律或合同，第三者需要对保险事故引起的保险标的的损失承担损害赔偿责任，保险人向被保险人履行了损害赔偿责任之后，在其已赔偿的金额限度内，有权站在被保险人的地位向该第三者索赔。保险代位权的功能包括：避免被保险人受到双重补偿；防止造成保险标的的损害的第三者免除责任；确定保险人的保险赔偿义务；减轻保险人的保险给付负担，降低社会平均保费负担；等等。

在PPP项目中，保险人同意放弃对政府行使代位权是指因政府的过错致使保险标的发生保险责任事故造成损害，保险人按照保险合同约定向被保险人给付保险金后，放弃代被保险人向政府方请求赔偿的权利。

抵扣权。根据《中华人民共和国保险法》第六十条第二款规定：前款规定的保险事故发生后，被保险人已经从第三者取得损害赔偿的，保险人赔偿保险金时，可以相应扣减被保险人从第三者已取得的赔偿金额。前款规定的保险事故是指在保险标的发生了保险责任范围内的事故造成损失时，根据法律或合同，第三者需要对保险事故引起的保险标的的损失承担损害赔偿责任。

在PPP项目中，保险人同意放弃对政府行使抵扣权是指因第三方过错致使保险标的发生保险责任事故造成损害，第三方依据法律或合同约定对政府方给付损害赔偿后，保险人赔偿政府方保险金时不扣减政府方从第三方已取得的赔偿金额。

多家保险公司共同分摊保险赔偿的权利。在PPP项目中，为了充分保障政府方的权利和社会公共利益的实现，政府方往往会要求保留多家保险公司共同分摊保险赔偿的权利。多家保险公司共同分摊保险赔偿发生在重复保险的情况下。重复保险是指投保人对同一保险标的、同一保险利益、同一保险事故分别与两个以上保险人订立保险合同，且保险金额总和超过保险价值的保险。根据《中华人民共和国保险法》第五十六条第二款规定：重复保险的各保险人赔偿保险金的总和不得超过保险价值。除合同另有约定外，各保险人按照其保险金额与保险金额总和的比例承担赔偿保险金的责任。

③在取消保单、不续展保单或对保单做重大修改等事项发生时，提前向

政府方发出书面通知。

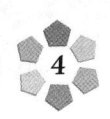

取消保单包括投保人取消保单和保险人取消保单。由于保险合同是在平等自愿的基础上订立的,因而在一般情况下,投保人可以随时提出解除保险合同,即可以取消保单。按照我国保险法的规定,保险人一般不能解除保险合同,但是发生了保险法规定的情形或者保险合同另有约定外,保险人才有权解除保险合同,即可以取消保单。不续展保单是指在原保单有效期满后,投保人不再向保险人提出续展保单申请,即不再继续向该保险公司投保。对保单做重大修改是投保人和保险人协商后变更保单的某些重要内容,如增加或者减少保费,扩大或缩小保险人应承担的保险责任范围等。在 PPP 项目中,取消保单、不续展保单或对保单做重大修改等事项会影响保险合同当事人的权益及保险风险的大小,很可能会对项目风险产生影响,因此当这些事项发生时,项目公司应提前向政府方发出书面通知,并交给政府方审议。

4.11.1.3 保险条款变更

(1) 保险条款的基本概念。保险条款是指保险合同中规定保险责任范围,明确有关保险人与被保险人的权利、义务及其他保险事项的条文。保险条款是保险合同的核心内容,是明确合同各方权、义、责的最重要载体。

按照保险条款性质的不同,一般将其分为基本条款和附加条款。

基本条款。基本条款是记载有关保险合同当事人权利和义务基本事项的条款。例如:保险人的名称和住所;投保人、被保险人的姓名或者名称、住所,以及人身保险的受益人的姓名或者名称、住所;保险标的;保险责任和责任免除;保险期间和保险责任开始时间;保险金额;保险费以及支付办法;保险金赔偿或者给付办法;违约责任和争议处理;订立合同的年、月、日。保险合同应当参照上述内容约定相应的基本条款。

附加条款。附加条款是指保险人与被保险人在基本条款的基础上,根据需要另行约定或附加的、用以扩大或限制基本条款中所规定的权利和义务的补充条款。例如:扩大承保责任、减少基本条款规定的除外责任或者承保范围等,以满足投保人的多种需要。作为基本条款的补充条款,附加条款通常采取在保险单空白处批注或在保险单上加贴批单的形式。投保人和保险人只能在基本条款的基础上约定附加条款,而不能单独约定附加条款。

(2) 保险条款变更。保险条款变更是指在保险合同主体不发生变化的情况下对保险合同的某些条款进行修改和补充。当被保险人要求变更保险条款时，可以先向保险人提出需要变更的事项，并提交有关资料，然后由保险人审查核定；当保险人要求变更保险条款时，应当先通知投保人、被保险人或者受益人，并征得他们同意，双方协商一致后即可对保险条款做出变更。由于保险条款的变更会影响到合同当事人的权益及保险风险的大小，因此保险条款变更应当采用法定形式，经过一定的法律程序方可实施。

在PPP项目中，项目公司以及项目的承包商、分包商、供应商、运营商等向保险公司投保是为了转移和分散风险，由于保险条款的变更可能对项目风险产生影响，因此一般情况下，合同中会规定未经政府方同意，不得对保险合同的重要条款做出实质性变更，即对有关合同标的、数量、质量、价款或者报酬、履行期限、履行地点和方式、违约责任和解决争议方法等的变更。其中重要条款包括但不限于以下内容。

保险责任。保险责任是指在保险合同中载明的对于保险标的在约定的保险事故发生时，保险人应承担的经济赔偿和给付保险金的责任。它是保险合同中约定由保险人承担的危险范围，在保险事故发生时所负的赔偿责任，包括损害赔偿、责任赔偿、保险金给付、施救费用、救助费用、诉讼费用等。保险人赔偿或给付保险金的责任范围包括：损害发生在保险责任内；保险责任发生在保险期限内；以保险金额为限度。所以，保险责任既是保险人承担保障的保障责任，也是负责赔偿和给付保险金的依据和范围；同时也是被保险人要求保障的责任和获得赔偿或给付的依据和范围。

责任免除。责任免除是对保险人承担责任的限制，即保险人不承担经济赔偿和给付保险金的责任。责任免除大多采用列举的方式，即在保险条款中明文列出保险人不负赔偿责任的范围。各类保险合同列明的免除条款不尽相同，但通常有以下几方面的内容：由于战争、军事行动、暴力行为、核辐射和污染等；被保险人的故意行为等造成保险标的的损失；保险标的自身的自然耗损以及其他不属于保险责任范围内的损失等。

保险金额。保险金额是指保险人承担赔偿或者给付保险金责任的最高限额。保险金额直接关系到合同当事人的责任和义务，必须在合同中明确规定。不同的保险合同确定保险金额的方法和原则也不同，财产保险合同中保险金额的约定应当以保险标的的保险价值为根据。

在 PPP 项目中，政府方在审议保险条款变更事项时，需要结合当时的市场情况，综合分析保险条款变更是否会对项目整体保险方案产生影响以及影响的程度等因素，然后做出最佳判断。

4.11.2 常见的保险种类

PPP 项目各主体在选择需要投保的险种时，要全面考虑项目的具体风险以及相关保险能否在当地获得等各种因素。在实践中，可供选择的险种包括但不限于以下内容。

货物运输保险

货物运输保险是指以运输途中的货物作为保险标的物，保险人承保标的物因遭受自然灾害或意外事故而引起的财产损失。主要分为海洋货物运输保险、国内水路货物运输保险、国内陆路货物运输保险、航空货物运输保险和其他货物运输保险。

（1）海洋货物运输保险责任范围。海洋货物运输保险分为平安险、水渍险及一切险三种。当被保险货物遭受损失时，保险人按保险单上订明的承保险别条款负赔偿责任。

平安险共性条款部分

本保险负责赔偿：①货物在运输途中由于恶劣气候、雷电、海啸、地震、洪水等自然灾害造成整批货物的全部损失或推定全损。当被保险人要求赔付推定全损时，须将受损货物及其权利委付给保险公司。被保险货物用驳船运往或运离海轮的，每一驳船所装的货物可视作一个整批。推定全损是指被保险货物的实际全损已经不可避免，或者恢复、修复受损货物以及运送货物到原订目的地的费用超过该目的地的货物价值。②由于运输工具遭受搁浅、触礁、沉没、互撞、与流冰或其他物体碰撞以及失火、爆炸意外事故造成货物的全部或部分损失。③在运输工具已经发生搁浅、触礁、沉没、焚毁意外事故的情况下，货物在此前后又在海上遭受恶劣气候、雷电、海啸等自然灾害所造成的部分损失。④在装卸或转运时由于一件或数件整件货物落海造成的全部或部分损失。⑤被保险人对遭受承保责任内危险的货物采取抢救、防止或减少货损的措施而支付的合理费用，但以不超过该批被救货物的保险金额为限。⑥运输工具遭遇海难后，在避难港由于卸货所引起的损失以及在中途港、避难港由于卸货、存仓以及运送货物所产生的特别费用。⑦共同海损的牺牲、分摊和救助费用。⑧运输契约订有"船舶互撞责任"条款，根据该条款规定应由货方偿还船方的损失。

水渍险共性条款部分

除包括上列平安险的各项责任外，本保险还负责被保险货物由于恶劣气候、雷电、海啸、地震、洪水等自然灾害所造成的部分损失。

一切险共性条款部分

除包括上列平安险的各项责任外，本保险还负责被保险货物在运输途中由于外来原因所致的全部或部分损失。包括下列11种条款：①偷窃、提货不着险条款；②淡水雨淋险条款；③短量险条款；④混杂、沾污险条款；⑤渗漏险条款；⑥碰损、破碎险条款；⑦串味险条款；⑧受潮受热险条款；⑨钩损险条款；⑩包装破裂险条款；⑪锈损险条款。

(2) 国内水路、陆路货物运输保险责任范围。国内水路、陆路货物运输保险分为基本险和综合险两种。当被保险货物遭受损失时，保险人按保险单上订明的承保险别条款负赔偿责任。

基本险共性条款部分

本保险负责赔偿：①因火灾、爆炸、雷电、冰雹、暴风、暴雨、洪水、地震、海啸、地陷、崖崩、滑坡、泥石流所造成的损失。②由于运输工具发生碰撞、搁浅、触礁、倾覆、沉没、出轨或隧道、码头坍塌所造成的损失。③在装货、卸货或转载时因遭受不属于包装质量不善或装卸人员违反操作规程所造成的损失。④按国家规定或一般惯例应分摊的共同海损的费用。⑤在发生上述灾害、事故时，因纷乱而造成货物的散失及因施救或保护货物所支付的直接合理的费用。

综合险共性条款部分

本保险除包括基本险责任外，保险人还负责赔偿：①因受震动、碰撞、挤压而造成货物破碎、弯曲、凹瘪、折断、开裂或包装破裂致使货物散失的损失。②液体货物因受震动、碰撞或挤压致使所用容器（包括封口）损坏而渗漏的损失，或用液体保藏的货物因液体渗漏而造成保藏货物腐烂变质的损失。③符合安全运输规定而遭受雨淋所致的损失。

(3) 航空货物运输保险责任范围。航空货物运输保险分为航空运输险和航空运输一切险两种。当被保险货物遭受损失时，保险人按保险单上订明的承保险别条款负赔偿责任。

航空运输险共性条款部分

本保险负责赔偿：①被保险货物在运输途中遭受雷电、火灾或爆炸或由于飞机遭受恶劣气候或其他危难事故而被抛弃，或由于飞机遭受碰撞、倾覆、坠落或失踪意外事故所造成的全部或部分损失。②被保险人对遭受承保责任内危险的货物采取抢救、防止或减少货损的措施而支付的合理费用，但以不超过该批被救货物的保险金额为限。

航空运输一切险共性条款部分

除包括上列航空运输险的责任外，本保险还负责被保险货物由于外来原因所致的全部或部分损失。

在PPP项目的建设、运营和维护过程中，涉及相关材料供应、产品和设备运输等环节，投保货物运输相关保险主要是为了转移货物在运输途中遭遇损坏或灭失的风险。

建筑工程一切险

建筑工程一切险是指承保各类民用、工业和公用事业建筑工程项目，包括道路、桥梁、水坝、港口等基础设施，在建造过程中因自然灾害或意外事故而引起的一切损失的险种。这一保险主要承保因保险合同所列除外责任以外的自然灾害或意外事故造成的在建工程物质损失。建设工程一切险还可加保第三者责任险。第三者责任险是指凡在工程期间的保险有效期内，因在工地上发生意外事故造成在工地及邻近地区的第三者人身伤亡或财产损失，依法应由被保险人承担的经济赔偿责任。

(1) 物质损失保险共性条款部分。

责任范围

在保险期间内，保险合同分项列明的保险财产在列明的工地范围内，因保险合同责任免除以外的任何自然灾害或意外事故造成的物质损坏或灭失，保险人按保险合同的约定负责赔偿。①自然灾害：指地震、海啸、雷电、飓风、台风、龙卷风、风暴、暴雨、洪水、水灾、冻灾、冰雹、地崩、山崩、雪崩、火山爆发、地面下陷下沉及其他人力不可抗拒的破坏力强大的自然现象。②意外事故，指不可预料的以及被保险人无法控制并造成物质损失或人身伤亡的突发性事件，包括火灾和爆炸。

在保险期间内，由于以上保险责任事故发生造成保险标的的损失所产生的以下费用，保险人按照保险合同的约定负责赔偿。①保险事故发生后，被保险人为防止或减少保险标的的损失所支付的必要的、合理的费用，保险人按照保险合同的约定也负责赔偿。②对经保险合同列明的因发生上述损失所产生的其他有关费用，保险人按保险合同约定负责赔偿。

除外责任

保险人对下列各项原因造成的损失不负责赔偿（仅指建筑工程一切险的物质损失部分，不包括第三者责任险）：①设计错误引起的损失和费用；②自然磨损、内在或潜在缺陷、物质本身变化、自燃、自热、氧化、锈蚀、渗漏、鼠咬、虫蛀、大气(气候或气温)变化、正常水位变化或其他渐变原因造成的保险财产自身的损失和费用；③因原材料缺陷或工艺不善引起的保险财产本身的损失以及为换置、修理或矫正这些缺点错误所支付的费用；④非外力引起的机械或电气装置的本身损失，或施工用机具、设备、机械装置失灵造成的本身损失；⑤维修保养或正常检修的费用；⑥档案、文件、账簿、票据、现金、各种有价证券、图表资料及包装物料的损失；⑦盘点时发现的短缺；⑧领有公共运输行驶执照的，或已由其他保险予以保障的车辆、船舶和飞机的损失；⑨除非另有约定，在保险工程开始以前已经存在或形成的位于工地范围内或其周围的属于被保险人的财产的损失；⑩除非另有约定，在保险单保险期限终止以前，保险财产中已由工程所有人签发完工验收证书或验收合格或实际占有或使用或接受的部分。

(2) 第三者责任保险共性条款部分。

责任范围

在保险期间内，因发生与保险合同所承保工程直接相关的意外事故引起工地内及邻近区域的第三者人身伤亡、疾病或财产损失，依法应由被保险人承担的经济赔偿责任，保险人按照保险合同约定负责赔偿。

保险事故发生后，被保险人因保险事故而被提起仲裁或者诉讼的，对应由被保险人支付的仲裁或诉讼费用以及其他必要的、合理的费用，经保险人书面同意，保险人按照保险合同约定也负责赔偿。

除外责任

下列原因造成的损失、费用，保险人不负责赔偿：①由于震动、移动或减弱支撑而造成的任何财产、土地、建筑物的损失及由此造成的任何人身伤害和物质损失；②领有公共运输行驶执照的车辆、船舶、航空器造成的事故；③保险合同物质损失项下或本应在该项下予以负责的损失及各种费用；④工程所有人、承包人或其他关系方或其所雇用的在工地现场从事与工程有关工作的职员、工人及上述人员的家庭成员的人身伤亡或疾病；⑤工程所有人、承包人或其他关系方或其所雇用的职员、工人所有的或由上述人员所照管、控制的财产发生的损失；⑥被保险人应该承担的合同责任，但无合同存在时仍然应由被保险人承担的法律责任不在此限。

（3）总除外责任共性条款部分。

下列原因造成的损失、费用，保险人不负责赔偿：①战争、类似战争行为、敌对行为、武装冲突、恐怖活动、谋反、政变；②行政行为或司法行为；③罢工、暴动、民众骚乱；④被保险人及其代表的故意行为或重大过失行为；⑤核裂变、核聚变、核武器、核材料、核辐射、核爆炸、核污染及其他放射性污染；⑥大气污染、土地污染、水污染及其他各种污染；⑦工程部分停工或全部停工引起的任何损失、费用和责任；⑧罚金、延误、丧失合同及其他后果损失；⑨保险合同中载明的免赔额和按保险合同中载明的免赔率计算的免赔额。

在PPP项目的建设过程中，很可能因自然灾害或意外事故而产生损失，因此投保建筑工程一切险可以有效地分散和转移基础设施建设中的风险。在PPP项目的主要参与方中，签订此类保险合同的被保险人一般是承包商和分包商。

安装工程一切险

安装工程一切险承保被保险工程项目整个安装、调试期间由于自然灾害或意外事故（不包括保险条款中规定的除外责任）所遭受的物质损坏或灭失。安装工程一切险还可加保第三者责任险，即承保由于安装施工造成工地内或邻近地区的第三者人身伤亡或财产损失。

（1）物质损失保险共性条款部分。

责任范围

在保险期间内，保险合同分项列明的保险财产在列明的工地范围内，因保险合同责任免除以外的任何自然灾害或意外事故造成的物质损坏或灭失，保险人按保险合同的约定负责赔偿。①自然灾害：指地震、海啸、雷电、飓风、台风、龙卷风、风暴、暴雨、洪水、水灾、冻灾、冰雹、地崩、山崩、雪崩、火山爆发、地面下陷下沉及其他人力不可抗拒的破坏力强大的自然现象。②意外事故，指不可预料的以及被保险人无法控制并造成物质损失或人身伤亡的突发性事件，包括火灾和爆炸。

在保险期间内，由于以上保险责任事故发生造成保险标的的损失所产生的以下费用，保险人按照保险合同的约定负责赔偿：①保险事故发生后，被保险人为防止或减少保险标的的损失所支付的必要的、合理的费用，保险人按照保险合同的约定也负责赔偿。②对经保险合同列明的因发生上述损失所产生的其他有关费用，保险人按保险合同约定负责赔偿。

除外责任

下列原因造成的损失、费用，保险人不负责赔偿：①因设计错误、铸造或原材料缺陷或工艺不善引起的保险财产本身的损失以及为换置、修理或矫正这些缺点错误所支付的费用；②自然磨损、内在或潜在缺陷、物质本身变化、自燃、自热、氧化、锈蚀、渗漏、鼠咬、虫蛀、大气(气候或气温)变化、正常水位变化或其他渐变原因造成的保险财产自身的损失和费用；③由于超负荷、超电压、碰线、电弧、漏电、短路、大气放电及其他电气原因造成电气设备或电气用具本身的损失；④施工用机具、设备、机械装置失灵造成的本身损失；⑤维修保养或正常检修的费用；⑥档案、文件、账簿、票据、现金、各种有价证券、图表资料及包装物料的损失；⑦盘点时发现的短缺；⑧领有公共运输行驶执照的，或已由其他保险予以保障的车辆、船舶和飞机的损失；⑨除非另有约定，在保险工程开始以前已经存在或形成的位于工地范围内或其周围的属于被保险人的财产的损失；⑩除非另有约定，在保险合同保险期间终止以前，保险财产中已由工程所有人签发完工验收证书或验收合格或实际占有或使用或接收部分的损失。

（2）第三者责任保险共性条款部分。

责任范围

在保险期间内，因发生与保险合同所承保工程直接相关的意外事故引起工地内及邻近区域的第三者人身伤亡、疾病或财产损失，依法应由被保险人承担的经济赔偿责任，保险人按照保险合同约定负责赔偿。

保险事故发生后，被保险人因保险事故而被提起仲裁或者诉讼的，对应由被保险人支付的仲裁或诉讼费用以及其他必要的、合理的费用，经保险人书面同意，保险人按照保险合同约定也负责赔偿。

除外责任

下列损失、费用，保险人不负责赔偿：①保险合同物质损失项下或本应在该项下予以负责的损失及各种费用；②工程所有人、承包人或其他关系方或其所雇用的在工地现场从事与工程有关工作的职员、工人及上述人员的家庭成员的人身伤亡或疾病；③工程所有人、承包人或其他关系方或其所雇用的职员、工人所有的或由上述人员所照管、控制的财产发生的损失；④领有公共运输行驶执照的车辆、船舶、航空器造成的事故；⑤被保险人应该承担的合同责任，但无合同存在时仍然应由被保险人承担的法律责任不在此限。

（3）总除外责任共性条款部分。

下列原因造成的损失、费用，保险人不负责赔偿：①战争、类似战争行为、敌对行为、武装冲突、恐怖活动、谋反、政变；②行政行为或司法行为；③罢工、暴动、民众骚乱；④被保险人及其代表的故意行为或重大过失行为；⑤核裂变、核聚变、核武器、核材料、核辐射、核爆炸、核污染及其他放射性污染；⑥大气污染、土地污染、水污染及其他各种污染；⑦工程部分停工或全部停工引起的任何损失、费用和责任；⑧罚金、延误、丧失合同及其他后果损失；⑨保险合同中载明的免赔额和按保险合同中载明的免赔率计算的免赔额。

PPP项目涉及机器设备的安装和调试，在安装过程中因自然灾害或意外事故而产生损失的风险很大，因此投保安装工程一切险可以有效分散和转移安装过程中的风险。在PPP项目的主要参与方中，签订此类保险合同的被保险人一般是承包商和分包商。

第三者责任险

第三者责任险是指承保PPP项目从开始建设到特许权期结束的整个期间内，在项目所在地发生的、因实施工程或运营导致的第三者人身伤亡或财产损失。在保险期间内，因发生与保险合同所承保工程直接相关的意外事故引起工地内及邻近区域的第三者人身伤亡、疾病或财产损失，依法应由被保险人承担的经济赔偿责任，保险人按照保险合同约定负责赔偿。

保险事故发生后，被保险人因保险事故而被提起仲裁或者诉讼的，对应由被保险人支付的仲裁或诉讼费用以及其他必要的、合理的费用，经保险人书面同意，保险人按照保险合同约定也负责赔偿。

在PPP项目建设、运营及维护过程中，各方主体可以根据需要与保险公司签订第三者责任险，把因意外事故使其他主体遭受损失而承担的经济赔偿风险进行分散和转嫁，从而有效地降低和减少自身承担的风险。第三者责任保险非常重要，为了最大限度地减少损失，保险覆盖的风险事件应当尽可能地宽泛。

施工机具综合保险

施工机具综合保险承保工程建设、安装、运营测试及调试期间，项目公司选定承包商自有或其租赁的施工机具发生的物质损坏或灭失，以及与所承保工程直接相关的意外事故引起工地内及邻近区域的第三者人身伤亡或财产损失。

保险人在保险期间一般对因下列原因造成的保险标的损失对被保险人进行赔偿：火灾、爆炸；雷击、暴雨、洪水、暴风、龙卷风、冰雹、台风、飓风、沙尘暴、暴雪、冰凌；突发性滑坡、崩塌、泥石流、地面突然下陷下沉；飞行物体及其他空中运行物体坠落；碰撞、倾覆。保险事故发生后，被保险人为防止或者减少保险财产的损失所支付的必要的、合理的费用，保险人负责赔偿。保险人对每一保险项目的赔偿责任均不得超过保险单明细表中对应列明的分项保险金额以及保险单特别条款或批单中规定的其他适用的赔偿限额。但在任何情况下，保险人在保险单项下承担的对物质损失的最高赔偿责任不得超过保险单明细表中列明的保险金额。

在保险期限内，因保险单所承保的施工机具在使用过程中因发生意外事故引起工地内及邻近区域的第三者人身伤亡或财产损失，依法应由被保险人承担的经济赔偿责任，保险人按保单的规定负责赔偿。对被保险人因上述原因而支付的诉讼费用以及事先经保险人书面同意而支付的其他费用，保险人亦负责赔偿。保险人对每次事故引起的赔偿金额以法院或政府有关部门根据现行法律裁定的应由被保险人偿付的金额为准。但在任何情况下，均不得超过保险单明细表中对应列明的每次事故的赔偿限额。在保险期限内，保险人在保险单项下对上述经济赔偿的最高赔偿责任不得超过保险单明细表中列明

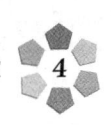

的累计赔偿限额。

在PPP项目建设、运营及维护过程中，建筑机械设备使用属于高风险作业，存在自身损毁风险，同时还存在大量的第三者责任风险，投保施工机具综合保险能在发生保险事故时将风险直接转嫁给保险公司，使公司最大限度地减少经济损失，降低经营风险。具体承保的范围与除外责任，依具体保险合同的约定可能略有不同，投保的范围也需要根据项目作业的类型以及关键设备的数量来定。

雇主责任险

雇主责任险是指所有雇员在从事与工程建设和运营有关的业务工作时，因遭受意外或患与业务有关的国家规定的职业性疾病而致伤、残或死亡的，对被保险人依照《中华人民共和国劳动法》和劳动合同须承担的医疗费及经济赔偿责任等进行投保。

雇主责任险的基本保障范围包括：①被保险人雇用的人员（包括长期固定工、临时工、季节工、徒工）在保单有效期间，在受雇过程中，在保单列明的地点，从事保单列明的被保险人的业务活动时，遭受意外而受伤、致残、死亡或患与业务有关的职业性疾病所致伤残或死亡的赔偿责任。一般来说，雇主责任险的赔付范围包括死亡赔偿金、伤残赔偿金、误工费用、医疗费用。②被保险人的有关的诉讼费用。经保险公司书面同意的必要的、合理的诉讼费用，保险公司负责在保险单中规定的累计赔偿限额内赔偿。

雇主责任险的赔偿限额由雇主自行确定或雇主根据与雇员协商的结果进行确定，然后一次性给付受害人。如果购买的限额较高，则同等伤残等级下可以获得的补偿越高，反之亦然。影响雇员获得赔偿金的因素不仅仅是月工资，还有雇主购买的赔偿限额。雇主责任险不只负责赔偿员工医疗费、残疾津贴（如果达到残疾等级的话），还包括停工留薪期间的工资。

在PPP项目的建设、运营及维护过程中，各参与方的雇员在从事业务工作时随时有可能遭受意外或患上职业疾病。特别是建筑施工人员等高危行业工作人员，其日常工作中事故发生率很高，因而面临巨大风险。各参与方投保雇主责任险能解决职工因公受伤后的医疗、生活费用等问题，保证公司在遇到上述风险并遭到损失时，能尽快得到保险补偿，尽快恢复正常的生产经营。

4.12 守法义务、法律变更与不可抗力

4.12.1 守法义务与法律变更

PPP项目合同中的守法义务及法律变更机制，可能会规定在同一条款中，也可能散见于不同条款项下，通常包括以下几部分内容。

4.12.1.1 法律的含义（通常会规定在合同的定义中）

法律是一国全体国民意志的体现，国家的统治工具。由享有立法权的立法机关（全国人民代表大会和全国人民代表大会常务委员会行使国家立法权），依照法定程序制定、修改并颁布，并由国家强制力保证实施的规范总称。包括基本法律、普通法律。

4.12.1.2 守法义务

在PPP项目合同中，通常会规定项目公司在实施PPP项目的过程中有义务遵守上述广义"法律"的规定。需要特别强调的是，PPP项目合同中应体现政府采购（包括投资人选择和合同谈判）过程中依据政府采购相关法律已确定的各项要求，例如采购本国货物和服务、保护环境、扶持不发达地区和少数民族地区、促进中小企业发展、技术引进和本地化转移等要求。

4.12.1.3 "法律变更"的定义（通常会规定在合同的定义中）

在我国法律中，对于"法律变更"并没有明文的规定。在PPP项目合同中，法律变更通常会被定义为在PPP项目合同生效日之后颁布的各级人民代表大会或其常务委员会或有关政府部门对任何法律的施行、修订、废止或对其解释或执行的任何变动。

4.12.1.4 法律变更的后果

（1）政府方可控的法律变更的后果。在PPP项目中，某些法律变更事件可能是由作为PPP项目合同签约主体的政府方直接实施或者在政府方职权范围内发生的，例如由该政府方，或其内设政府部门，或其下级政府所颁行的法律。对于此类法律变更，可认定为政府方可控的法律变更，具体后果可能包括：

第一，在建设期间，如果因发生政府方可控的法律变更导致项目发生额外费用或工期延误，项目公司有权向政府方索赔额外费用或要求延长工期（如果是采用政府付费机制的项目，还可以要求认定"视为已开始运营"）；

第二，在运营期间，如果因发生政府方可控的法律变更导致项目公司运营成本费用增加，项目公司有权向政府方索赔额外费用或申请延长项目合作期限；

第三，如果因发生政府方可控的法律变更导致合同无法继续履行，则构成"政府违约事件"，项目公司可以通过违约条款及提前终止机制等进行救济（关于违约及提前终止，请见4.14）。

（2）政府方不可控的法律变更的后果。对于超出政府方可控范围的法律变更，如由国家或上级政府统一颁行的法律等，应视为不可抗力，按照不可抗力的机制进行处理。在某些PPP项目合同中，也有可能将此类法律变更直接定义为不可抗力政治风险，并约定由政府方承担该项风险。

4.12.2 不可抗力

不可抗力条款是PPP项目合同中一个重要的免责条款，用于明确一些双方均不能控制又无过错的事件的范围和后果，通常包括不可抗力的定义和种类以及不可抗力的法律后果两部分内容。

4.12.2.1 不可抗力的定义和种类

在PPP实践中，关于不可抗力并没有统一的定义，通常情况下，合同方在确定不可抗力的定义和范围时会参照项目所在国关于不可抗力的法律规定以及项目的风险分配方案。

我国《合同法》第117条规定："不可抗力是指不能预见、不能避免并不能克服的客观情况。"实践中，合同中有时会约定只有不可抗力事件发生且其效果持续一定期间以上足以影响合同的正常履行，才构成合同约定的不可抗力。

定义方式。常见的不可抗力界定方式包括概括式、列举式和概括加列举式三种。

单纯的概括式定义过于笼统，容易引起合同执行过程中的争议；而单纯列举式的无法穷尽，容易有所遗漏。鉴此，多数PPP项目合同采用的是概述加列举式，即先对不可抗力进行概括的定义，再列举具体的不可抗力情形，最后再加一个兜底的表述。

例如，"本合同所称的不可抗力，是指合同一方无法预见、控制且经合理努力仍无法避免或克服的、导致其无法履行合同项下义务的情形，包括但不限于：台风、地震、洪水等自然灾害；战争、罢工、骚乱等社会异常现象；征收征用等政府行为；以及双方不能合理预见和控制的任何其他情形。

不可抗力的特殊分类。鉴于PPP项目合同的签约主体一方为政府，其所控制风险的范围和能力与一般的签约主体不同，因此实践中一些PPP项目合同会将不可抗力事件分为政治不可抗力和自然不可抗力，并对不同类型不可抗力事件的法律后果进行区别处理。

(1) 政治不可抗力。政治不可抗力事件通常包括非因签约政府方原因导致的且不在其控制下的征收征用、法律变更（即"政府不可控的法律变更"）、未获审批等政府行为引起的不可抗力事件。

在PPP实践中，考虑到政府方作为PPP项目合同的签约主体，对于上述不可抗力事件具有一定的影响能力，因此一些PPP项目合同中，将此类政治不可抗力事件归为政府方应承担的风险，并约定如下的法律后果：①发生政治不可抗力事件，项目公司有权要求延长工期、获得额外补偿或延长项目合作期限；②如因政治不可抗力事件导致项目提前终止，项目公司还可获得比其他不可抗力事件更多的回购补偿，甚至可能包括利润损失（关于回购补偿机制，请见4.14）。

社会资本方如在PPP项目中遭遇上述政治不可抗力的风险，其权益无法获得保障，损失也难以得到补偿。

(2) 自然不可抗力。主要是指台风、冰雹、地震、海啸、洪水、火山爆发、山体滑坡等自然灾害；有时也可包括战争、武装冲突、罢工、骚乱、暴动、疫情等社会异常事件。这类不可抗力则通常按照一般不可抗力的法律后果处理。

4.12.2.2 不可抗力的法律后果

在PPP项目合同中，除政治不可抗力外，一般不可抗力的法律后果通常包括以下内容：

(1) 免于履行。如在PPP项目合同履行过程中，发生不可抗力并导致一方完全或部分无法履行其合同义务时，根据不可抗力的影响可全部或部分免除该方在合同项下的相应义务。

但在一些PPP项目、特别是采用政府付费机制的项目中，也可能在PPP项目合同中约定由政府方承担全部或部分不可抗力风险，在不可抗力影响持

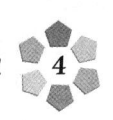

续期间，政府仍然有义务履行全部或部分付款义务。

（2）延长期限。如果不可抗力发生在建设期或运营期，则项目公司有权根据该不可抗力的影响期间申请延长建设期或运营期。

（3）免除违约责任。不可抗力条款启动后，在不可抗力事件持续期间（或双方另外约定的期间），受影响方无须为其中止履约或履约延误承担违约责任。

（4）费用补偿。对于不可抗力发生所产生的额外费用，原则上由各方自行承担，政府不会给予项目公司额外的费用补偿。

（5）解除合同。如果不可抗力发生持续超过一定期间，例如12个月，任何一方均有权提出解除合同（关于因不可抗力导致终止后的处理，请见4.14）。

4.13 政府方的监督和介入

由于PPP项目通常是涉及公共利益的特殊项目，从履行公共管理职能的角度出发，政府需要对项目执行的情况和质量进行必要的监控，甚至在特定情形下，政府有可能临时接管项目。PPP项目合同中关于政府方的监督和介入机制，通常包括政府方在项目实施过程中的监督权以及政府方在特定情形下对项目的介入权两部分内容。

4.13.1 政府方的监督权

在项目从建设到运营的各个实施阶段，为了能够更好地了解项目进展，确保项目能够按照合同约定履行，政府方通常会在PPP项目合同中规定各种方式的监督权利，这些监督权通常散见于合同的不同条款中。需要特别说明的是，政府方的监督权必须在不影响项目正常实施的前提下行使，并且必须要有明确的限制，否则将会违背PPP项目的初衷，将本已交由项目公司承担的风险和管理角色又揽回到政府身上。不同项目、不同阶段下的政府监督权的内容均有可能不同。

4.13.1.1 定义

政府方的监督权是指政府根据相关法律规定或者合同约定，对PPP项目的建设、运营全过程进行监视、督促和管理，以使项目结果符合预定目标。监督权的权能包括对信息的知情权、对项目建设过程中的审查权等。

政府方的监督权来自于政府方在PPP项目中扮演的双重角色，作为公共事务的管理者，政府方要根据有关法律、法规对 PPP 项目进行合规性检查，比如是否符合环境保护标准、有关各方的资质是否符合要求、质量是否达标等。作为 PPP 项目公司的股东，政府方有对项目建设运营全过程的知情权以及监控权等。

4.13.1.2 内容

（1）项目实施期间的知情权。在 PPP 项目合同中通常会规定项目公司有义务定期向政府提供有关项目实施的报告和信息，以便政府方及时了解项目的进展情况。政府方的上述知情权贯穿项目实施的各个阶段，每一阶段知情权的内容和实现方式也会有所不同，具体包括：

第一，建设期——审阅项目计划和进度报告。在项目正式开工以前（有时在合同签订前），项目公司有义务向政府提交项目计划书，对建设期间重要节点做出原则规定，以保障按照该工程进度在约定的时间内完成项目建设并开始运营。在建设期间，项目公司还有义务定期向政府提交项目进度报告，说明工程进度及项目计划的完成情况。有关上述项目计划和进度报告的格式和报送程序，应在 PPP 项目合同的合同条款或者附件中予以明确约定。

第二，运营维护期——审阅运营维护手册和有关项目运营情况的报告。在开始运营之前，项目公司通常应编制项目运营维护手册，载明生产运营、日常维护以及设备检修的内容、程序和频率等，并在开始运营日之前报送政府备查。在运营维护期间，项目公司通常还应定期向政府报送有关运营情况的报告或其他相关资料，例如运营维护报告（说明设备和机器的现状以及日常检修、维护状况等）、严重事故报告等。此外，有时政府也会要求项目公司定期提交经审计的财务报告、使用者相关信息资料等。

（2）进场检查和测试。在 PPP 项目合同中，有时也会规定在特定情形和一定限制条件下，政府方有权进入项目现场进行检查和测试。政府方行使进场检查和测试权不得影响项目的正常实施，并且受制于一些特定的条件，例如：需要遵守一般的安全保卫规定，并且不得影响项目的正常建设和运营；履行双方约定的合理通知义务后才可入场；仅在检查建设进度、监督项目公司履约情况等特定目的下才有权进入场地；等等。

（3）对承包商和分包商选择的监控。有时政府方也希望在建设承包商或者运营维护分包商的选择上进行一定程度的把控。通常可能采取两种途径：

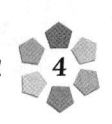

第一，在合同中约定建设承包商或运营维护分包商的资质要求。但须特别注意，上述要求必须是保证本项目建设质量或者运营质量所必需的且合理的要求，不得不合理地限制项目公司自行选择承包商或分包商的权利。

第二，事先知情权。要求项目公司在签订工程承包合同或运营维护合同前事先报告政府方，由政府方在规定的期限（例如5个工作日）内确认该承包商或分包商是否符合上述合同约定的资质要求；如果在规定期限内，政府方没有予以正式答复，则视为同意项目公司所选择的承包商或分包商。需要特别说明的是，在PPP项目中，原则上项目公司应当拥有选择承包商和分包商的充分控制权。政府方对于项目质量的控制一般并不依赖于对承包商及分包商选择的直接控制，而是通过付费机制和终止权利来间接把控项目的履约。例如，如果项目质量无法达到合同约定的标准，项目的付费就会被扣减，甚至在严重情形下，政府方可以终止项目。

（4）参股项目公司。在PPP实践中，为了更直接地了解项目的运作以及收益情况，政府也有可能通过直接参股项目公司的方式成为项目公司股东甚至董事（即使政府所持有的股份可能并不多），以便更好地实现知情权。在这种情形下，原则上政府与其他股东相同，享有作为股东的基本权益，同时也需履行股东的相关义务，并承担项目风险，但是经股东协商一致，政府可以选择放弃部分权益或者可能被免除部分义务。有关政府与其他股东的权利义务安排，通常会规定在项目公司的股东协议中。

4.13.1.3 限制条件

在PPP项目的建设和运营过程中，赋予政府方以监督权，但是对政府方监督权的行使必须要加以一定的限制，以防止权利滥用，损害其他主体的利益、积极性和自主性，具体限制条件有以下几点：

（1）权利的行使不得干预项目的建设和运营。政府方在对项目建设和运营进行监督检查时，应该给予被检查主体以合理的通知，检查目的、检查范围事先要明确，在具体检查过程中，不得阻碍项目的正常建设和运营。

（2）充分尊重其他主体的自主权。政府方监督权的行使，要充分尊重其他主体的积极性，在自己的职权范围内行使权利，监督范围不应过度延伸，不得损害其他主体在整个项目建设和运营过程中的自主权。政府方在某些方面一般应只做原则性或者最低级的规定，具体选择和实行，应交给其他主体自由裁量。

（3）根据法律法规或者合同约定行使权利。政府方监督权的行使，必须有一定的权利来源，即根据法律法规或者合同约定行使监督权，监督权利的范围、内容都应在相关规定中有明确的根据，不得凭借政府方的优势地位滥用权利，损害其他主体利益。

4.13.2 政府方的介入权

除了上述的一般监督权，在一些 PPP 项目合同中，会赋予政府方在特定情形下（如紧急情况发生或者项目公司违约）直接介入项目实施的权利。但与融资方享有的介入权不同，政府方的介入权通常适用于发生短期严重的问题且该问题需要被快速解决，而政府方在解决该问题上更有优势和便利的情形，通常包括项目公司未违约情形下的介入和项目公司违约情形下的介入两类。需要注意的是，上述介入权是政府一项可以选择的权利，而非必须履行的义务。

4.13.2.1 定义

政府方的介入权是指政府方在特定情形下，根据相关规定直接干预项目的建设、运营和管理，以解除相关危险，使项目的建设和运营符合预定目标。政府方的介入权既包括紧急情况下的直接介入，也包括政府要求有关主体进行整改而不得进行的介入补救措施。

介入权是政府方的一项可以选择使用的权利，在这里并不能因为强调维护民事主体的平等性而否认政府的介入权，这是由 PPP 项目本身的性质决定的，PPP 项目建设周期长，影响大，涉及社会大众的生活，因此，赋予政府介入权可以使政府在协调私人利益与公共利益之间的矛盾中具有主动性。

4.13.2.2 内容

项目公司未违约情形下的介入

（1）政府方可以介入的情形。为了保证项目公司履行合同不会受到不必要的干预，只有在特定的情形下，政府方才拥有介入的权利。常见的情形包括：

第一，存在危及人身健康或安全、财产安全或环境安全的风险。

第二，介入项目以解除或行使政府的法定责任。

第三，发生紧急情况，且政府方认为该紧急情况将会导致人员伤亡、严

重财产损失或造成环境污染，并且会影响项目的正常实施。如果发生上述情形，政府方可以选择介入项目的实施，但政府方在介入项目之前必须按PPP项目合同中约定的通知程序提前通知项目公司，并且应当遵守合同中关于行使介入权的要求。

（2）政府方介入的法律后果。在项目公司未违约的情形下，发生了上述政府方可以介入的情形，政府方如果选择介入项目，需要按照合同约定提前通知项目公司其介入的计划以及介入的程度。该介入的法律后果一般如下：

第一，在政府方介入的范围内，如果项目公司的任何义务或工作无法履行，这些义务或工作将被豁免；

第二，在政府方介入的期间内，如果是采用政府付费机制的项目，政府仍应当按照合同的约定支付服务费或其他费用，不论项目公司是否提供有关的服务或是否正常运营；

第三，因政府方介入引发的所有额外费用均由政府承担。

项目公司违约情形下的介入

如果政府方在行使监督权时发现项目公司违约，政府方认为有可能需要介入的，通常应在介入前按照PPP项目合同的约定书面通知项目公司，并给予其一定期限自行补救；如果项目公司在约定的期限内仍无法补救，政府方才有权行使其介入权。

政府方在项目公司违约情形下介入的法律后果一般如下：

第一，政府方或政府方指定第三人将代项目公司履行其违约所涉及的部分义务；

第二，在项目公司为上述代为履行事项提供必要协助的前提下，在政府方介入的期间内，如果是采用政府付费或可行性缺口补助机制的项目，政府方仍应当按照合同约定就不受违约影响部分的服务或产品支付费用或提供补助；

第三，任何因政府方介入产生的额外费用均由项目公司承担，该部分费用可从政府付费中扣减或者由项目公司另行支付；

第四，如果政府方的介入仍然无法补救项目公司的违约，政府方仍有权根据提前终止机制终止项目合同。

4.13.2.3 限制条件

在PPP项目中，赋予政府方以介入权，介入权使政府获得了直接干预项目建设和运营的主动性，因此必须对政府方介入权的行使施加一定的限制，以防止权利滥用，对PPP项目进行不当或者过分干预，具体限制条件有以下几点：

(1) 权利的行使应符合特定情形。政府方的介入权必须在特定情形下才能行使，一般而言这种情形具有紧急性、危害性以及补救性的特点。紧急性是指时间上的紧迫性，如果该种情形的出现，由于其他主体反应不及时，迫切需要政府的介入，则此时需要政府行使介入权；危害性是指该种情形会造成严重的危害结果，既包括对人身也包括对环境的危害，为了阻止危害结果的出现或者遏制危害结果的加重，政府应当行使介入权；补救性是指其他主体在该种情形下无能为力或者忽视该种情形，不去进行补救，此时政府应当采取介入权。

(2) 权利的行使应符合相关规定。赋予政府介入权，也就是意味着赋予了政府一项干预其他主体自主性或者对其他主体利益有影响的强制性权利。因此该权利的来源必须符合相关规定，政府既应在项目开始前，通过相关法律法规或者文件明确说明政府的介入权，也应在与有关主体签订合同时，在合同条款中说明政府的介入权以及相应的后果承担方式。政府介入权的行使应该明确按照相关规定进行，不得滥用介入权，介入权只是作为一项备用权利，在万不得已的情况下才可以使用。

4.14 违约、提前终止及终止后处理机制

违约和提前终止条款是PPP项目合同中的重要条款之一，通常会规定违约事件、终止事由以及终止后的处理机制等内容。

4.14.1 违约

4.14.1.1 违约的定义及构成要件

我国《合同法》第一百零七条规定，当事人一方不履行合同义务或者履行合同义务不符合约定的，应当承担继续履行、采取补救措施或者赔偿损失等违约责任。PPP项目是一个复杂的合同体系，里面涉及众多合同，如果有任何一方不履行合同义务或者履行合同义务不符合规定，都构成PPP项目中的违约。

构成违约必须具备以下几个要件：

(1) 要有合法有效的合同成立。合同由当事人自由订立，除法律规定的要式合同外，一般意思表示一致即发生法律效力。但是如果合同内容不符合法律规定，合同自始无效，则不存在违约可能性。

(2) 要有明确约定的合同义务。违约行为的构成必须以事先明确约定的合同义务为前提，合同义务不仅限于给付义务，也包括附随义务。

(3) 违约行为。违约的成立以合同一方主体不履行合同义务或者履行合同义务不符合约定为前提。

违约行为的表现主要体现在以下几种：

第一，不能履行，即当事人一方在客观上已经没有履行能力，或者法律禁止相应义务的履行。如以提供劳务为标的的合同，当事人丧失工作能力，特定标的物毁损、灭失等情形。

第二，延迟履行，即当事人能够履行义务，但在履行期限届满时未能履行义务。

第三，不完全履行，即当事人虽然履行了义务，但其履行不完全，不符合合同的要求。

第四，拒绝履行，即当事人以明示或者默示的方式表示不履行合同。

第五，权利人延迟，即合同一方权利人对于已提供的给付，未为受领或未为其他给付完成所必要的协力的事实。

4.14.1.2 违约事件

在PPP项目合同中，通常会明确约定可能导致合同终止的违约事件，这些违约事件通常是由于合同一方违反PPP项目合同中的重大义务而引起的。

(1) 违约事件的界定方式。实践中，不同的PPP项目合同对于违约事件的界定方式可能不同，通常包括概括式、列举式以及概括加列举式三种，其中概括加列举式在PPP项目合同中更为常见。通过列举的方式可以更加明确构成违约事件的情形，从而避免双方在违约事件认定时产生争议。为此，在PPP项目合同起草和谈判过程中，双方应对哪些事项构成违约事件进行认真判别，并尽可能地在PPP项目合同中予以明确约定。

(2) 政府方违约事件。在约定政府方违约事件时，应谨慎考虑这些事件是否处于政府方能够控制的范围内，并且属于项目下政府应当承担的风险。对于政府一方而言，政府方可控的违约事件构成"不履行合同义务"的行为主要包括对项目资产或项目投资主体的资本进行征收或者征用的情形，未支付费用的情形。履行合同义务不符合约定则主要指违反合同规定转让合同义务。

常见的政府方违约事件包括：①未按合同约定向项目公司付费或提供补助达到一定期限或金额的；②违反合同约定转让PPP项目合同项下义务；③发生政府方可控的对项目设施或项目公司股份的征收或征用的（是指因政府方导致的或在政府方控制下的征收或征用，如非因政府方原因且不在政府方控制下的征收征用，则可以视为政治不可抗力）；④发生政府方可控的法律变更导致PPP项目合同无法继续履行的；⑤其他违反PPP项目合同项下义务，并导致项目公司无法履行合同的情形。

政府作为主体，如果需要对相关安排进行变更，要尽量在公司董事会层面和高管层面进行安排，而不要通过行政命令的方式进行。董事会的运行仍有很多规律，比如在无法形成决议时，不排除个别董事以通过董事会纪要的方式在高管的配合下推进某项安排，而这种行为只能算作公司行为，而不会上升到投资方违约的层级。

政府方确需进行征收或征用时，英国的相关行政法判例则给出了比较有利政府管理的判定。英国政府的地产管理局租给佩奇一套房地产，为期25年。在租期未满以前，该地产被政府其他部门根据紧急权力征用。佩奇因此不支付租金，而被地产管理局起诉。高等法院和上诉法院认为在行政合同中，政府并不被合同剥夺其公共管理权力。政府为了公共利益而享有自由裁量权时，它不能在签订司法契约的同时，承诺义务束缚自己对这些权力的使用或者自由裁量权的行使。所以政府应当明确自己是行使必要的行政权力，并要按照法定程序，在有上位法律法规存在或者由上级或者中央政府依法做出相关决定的前提下进行。

而在对方为外资且其国籍国或者主要营业地为与我国缔结有投资保护协定的国家，则不排除其国家政府利用代位求偿权直接与我国中央政府进行交涉的可能。近期可见的是我国平安集团根据比利时投资保护协定在ICSID起诉比利时政府的情况。所以行使相关征用权力时更应慎重。

（3）社会资本方违约事件。对于社会资本方而言，因其背后资本运作复杂，其违约方式也较为多样，规避责任也更为容易。因此，在合同中要区分实质性违约和非实质性违约加以规定。非实质性违约或者部分违约是指在该

种情况下，非违约方不能要求强制履约，而只能要求采取补救措施或者赔偿损失等违约责任。实质性违约是指未履行合同，对方有权要求强制履行或者主张赔偿的行为。

评价实质性违约的标准主要有以下几项：

第一，被违约方合理预期利益被损害的程度；

第二，被违约方所受损失可被补偿的程度；

第三，违约方被处罚的程度；

第四，违约方被处罚后受到各类担保等补偿的可能性；

第五，违约方所做行为符合诚信公平交易等原则的程度。

社会资本方对项目公司未履行出资义务、抽逃资本金或者擅自出售项目公司股权，或变更自己方树状股东结构图中的股权的应列为实质性违约。社会资本方在运营过程中，在政府履行费用支付义务的前提下，项目公司破产或者资不抵债的；或者其未在约定期间完工，造成严重后果的，应当列为实质性违约。考虑PPP项目多为公益性项目，项目公司未为项目资产购买保险应列为实质性违约。

实质性违约行为的补救措施可以是特定继续履行、采取补救措施或者赔偿损失等方式之一或者全部。特定履约是法院要求当事方履行约定的命令。通常是在金钱补偿无法弥补损失的情况下给予的一种救济手段，通常用于不动产。特别是土地具有特性而且没有其他手段可以补偿非违约方的情况下，当然特定履约的限制也是明显的，基于个人履行内容的判决较少有特定履约要求，因为其无法在强制的情况下做到合乎标准的程度。

（4）项目公司违约事件。在约定项目公司违约事件时，政府方通常希望列举的违约事件越多越好，最好能是敞口的列举，而项目公司则更倾向于明确的定义和有限的列举。需要强调的是，如果项目公司违约事件约定过多，不仅会影响项目公司参与PPP项目的积极性，而且会增加项目的融资难度和成本，进而导致项目整体成本的增加。因此在实践中，需要合理平衡双方的利益，原则上项目公司违约事件应当属于该项目项下项目公司应当承担的风险。常见的项目公司违约事件包括但不限于：①项目公司破产或资不抵债的；②项目公司未在约定时间内实现约定的建设进度或项目完工，或开始运营，且逾期超过一定期限的；③项目公司未按照规定的要求和标准提供产品或服务，情节严重或造成严重后果的；④项目公司违反合同约定的股权变更限制的；⑤未按合同约定为PPP项目或相关资产购买保险的。

4.14.1.3 违约的法律后果

在PPP项目中，如果出现违约，一般会有以下几种处理情形：

（1）继续履行。在PPP项目中，合同一方主体违约，如果合同可以继续履行，违约方根据对方当事人的请求需要继续履行义务。我国《合同法》第一百零九条规定，当事人一方未支付价款或者报酬的，对方可以要求其支付价款或者报酬。第一百一十条规定，当事人一方不履行非金钱债务或者履行非金钱债务不符合约定的，对方可以要求履行，但有下列情形之一的除外：

（一）法律上或者事实上不能履行；

（二）债务的标的不适于强制履行或者履行费用过高；

（三）债权人在合理期限内未要求履行。

（2）补救义务。在PPP项目中，由于合同一方主体违约，给对方造成损害的，违约方应该采取相应的补救措施，以消除违约行为所造成的合同履行缺陷。我国《合同法》第一百一十一条规定，质量不符合约定的，应当按照当事人的约定承担违约责任。对违约责任没有约定或者约定不明确，依照本法第六十一条的规定仍不能确定的，受损害方根据标的性质以及损失的大小，可以合理选择要求对方承担修理、更换、重作、退货、减少价款或者报酬等违约责任。

（3）赔偿损失。在PPP项目合同中，一方主体违约给另一方主体造成损失的，违约方应承当相应的赔偿责任，以支付金钱的方式弥补受害方因违约行为所减少的财产或者所丧失的利益。我国《合同法》第一百一十二条规定，当事人一方不履行合同义务或者履行合同义务不符合约定的，在履行义务或者采取补救措施后，对方还有其他损失的，应当赔偿损失。第一百一十三条规定，当事人一方不履行合同义务或者履行合同义务不符合约定，给对方造成损失的，损失赔偿额应当相当于因违约所造成的损失，包括合同履行后可以获得的利益，但不得超过违反合同一方订立合同时预见到或者应当预见到的因违反合同可能造成的损失。经营者对消费者提供商品或者服务有欺诈行为的，依照《中华人民共和国消费者权益保护法》的规定承担损害赔偿责任。

（4）责任免除。如果合同双方主体在PPP项目中所签订的合同涉及免责

条款，当事人对其违约行为免于承担违约责任。免责事由可以分为法定免责事由和约定免责事由两类。法定免责事由主要指不可抗力，我国《合同法》第一百一十七条规定，因不可抗力不能履行合同的，根据不可抗力的影响，部分或者全部免除责任，但法律另有规定的除外。当事人迟延履行后发生不可抗力的，不能免除责任。本法所称不可抗力，是指不能预见、不能避免并不能克服的客观情况。常见的不可抗力包括自然灾害，如台风、洪水、冰雹等；政府行为，如征收、征用；社会异常事件，如罢工、骚乱等。约定免责事由是指当事人约定的免责条款。

（5）扣款机制。为了约束地方政府违约行为，财政部正在研究建立上级财政对下级财政的结算扣款机制，以保障社会资本的合法权益。如果地方政府在 PPP 项目中发生违约行为，损害社会资本方以及其他主体利益，上级财政部门经过认真审核，核实情况后，将对下级政府部门的财政结算资金做扣款处理，以此促进我国履约市场环境的形成，进一步激发社会资本参与 PPP 的热情。

4.14.2 提前终止

4.14.2.1 提前终止的定义

PPP 项目的提前终止是指因特定事由出现，PPP 项目难以完成建设，因而提前终止，PPP 项目合同归于无效的情形。在提前终止的情况下，PPP 项目合同有关的权利和义务关系归于消灭，在客观上不复存在。

4.14.2.2 提前终止的事由

在 PPP 项目合同中，可能导致项目提前终止的事由通常包括：

（1）政府方违约事件——发生政府方违约事件，政府方在一定期限内未能补救的，项目公司可根据合同约定主张终止 PPP 项目合同；

（2）项目公司违约事件——发生项目公司违约事件，项目公司和融资方或融资方指定的第三方均未能在规定的期限内对该违约进行补救的，政府方可根据合同约定主张终止 PPP 项目合同；

（3）政府方选择终止——政府方在项目期限内任意时间可主张终止 PPP 项目合同。由于 PPP 项目涉及公共产品或服务供给，关系社会公共利益，因此 PPP 项目合同中，政府方应当享有在特定情形下（例如，PPP 项目所提供的公共产品或服务已经不合适或者不再需要，或者会影响公共安全和公共利益）单方面决定终止项目的权利。但在 PPP 项目实践中，政府方的此项权利应当予以明确限定，以免被政府方滥用，打击社会资本参与 PPP 项目的积极性。同时，政府方在选择终止时需要给予项目公司足额的补偿。

（4）不可抗力事件——发生不可抗力事件持续或累计达到一定期限，任何一方可主张终止 PPP 项目合同。

4.14.3 终止后的处理机制

在 PPP 项目合同中，基于不同事由导致的终止，在终止后的处理上也会有所不同。一般来讲，通常会涉及回购义务和回购补偿两方面的事项。

4.14.3.1 回购义务

在 PPP 项目终止后，政府可能并不一定希望全盘回购已经建成或者正在建设的项目设施。但如果政府方有权选择不回购该项目，对于项目公司而言可能是非常重大的风险。因为项目公司不仅将无法继续实施该项目并获得运营回报，甚至无法通过政府回购补偿收回前期投资。鉴此，在 PPP 项目合同中，对于回购的规定一般会比较谨慎。

实践中，通常只有在项目公司违约导致项目终止的情形下，政府才不负有回购的义务而是享有回购的选择权，即政府可以选择是否回购该项目。但对于一些涉及公共安全和公众利益的、需要保障持续供给的 PPP 项目，也可能在合同中约定即使在项目公司违约导致项目终止的情形下，政府仍有回购的义务。

4.14.3.2 回购补偿

根据项目终止事由的不同，项目终止后的回购补偿范围也不相同，在具体项目中，双方应对补偿的金额进行合理的评估。常见的安排如下：

（1）政府方违约事件、政治不可抗力以及政府方选择终止。对于因政府方违约事件、政治不可抗力以及政府方选择终止所导致的项目合同终止，一般的补偿原则是确保项目公司不会因项目提前终止而受损或获得额外利益（即项目公司获得的补偿等于假设该 PPP 项目按原计划继续实施的情形下项目公司能够获得的经济收益）。

补偿的范围一般可能包括：①项目公司尚未偿还的所有贷款（其中可能包括剩余贷款本金和利息、逾期偿还的利息及罚息、提前还贷的违约金等）；②项目公司股东在项目终止之前投资项目的资金总和（必要时需要进行审

计）；③因项目提前终止所产生的第三方费用或其他费用（例如支付承包商的违约金、雇员的补偿金等）；④项目公司的利润损失（双方通常会在PPP项目合同中约定利润损失的界定标准及补偿比例）。

（2）项目公司违约事件。实践中，对于因项目公司违约事件导致的项目合同终止，如果政府有义务回购或者选择进行回购时，政府需要就回购提供相应补偿。

常见的回购补偿计算方法包括：①市场价值方法，即按照项目终止时合同的市场价值（即再进行项目采购的市场价值）计算补偿金额。此种方法相对比较公平，并且在项目回购后政府必须要在市场中重新进行项目采购，因此通常适用于PPP市场相对较为成熟的国家。②账面价值方法，即按照项目资产的账面价值计算补偿金额。与市场价值方法不同，该计算方法主要关注资产本身的价值而非合同的价值。这种计算方法比较简单明确，可避免纠纷，但有时可能导致项目公司获得的补偿与其实际投资和支付的费用不完全一致。

在具体项目中适用哪一种计算方法，需要进行专项评估，但一般的原则是，尽可能避免政府不当得利并且能够吸引融资方的项目融资。此外，根据上述计算方法计算出的补偿金额，通常还要扣减政府因该终止而产生的相关费用和损失。

（3）自然不可抗力。由于自然不可抗力属于双方均无过错的事件，因此对于自然不可抗力导致的终止，一般的原则是由双方共同分摊风险。通常来讲：①补偿范围一般会包括未偿还融资方的贷款、项目公司股东在项目终止前投入项目的资金以及欠付承包商的款项；②补偿一般会扣除保险理赔金额，且不包括预期利润损失。

4.14.3.3 补偿的支付

在PPP项目合同中还会约定政府回购补偿的支付方式、时间和程序。具体支付方式包括以下两种：

（1）一次性全额支付。对项目公司而言，当然希望可以一次性获得全额补偿。但对政府而言，一次性全额支付可能会增加政府的资金压力，需要政府进行合理的财政预算安排。

（2）分期付款。分期付款可以在一定程度上缓解政府的资金压力，但是否能够采用这种方式还取决于项目公司和融资方能否同意。此外，如果采用分期付款方式，项目公司一般会向政府主张延期支付的利息，并且在未缴清补偿款前，项目公司一般不愿意移交项目资产，因此采用分期付款方式有可能会影响项目的移交时间。

4.15 项目的移交

项目移交通常是指在项目合作期限结束或者项目合同提前终止后，项目公司将全部项目设施及相关权益以合同约定的条件和程序移交给政府或者政府指定的其他机构。项目移交的基本原则是，项目公司必须确保项目符合政府回收项目的基本要求。项目合作期限届满或项目合同提前终止后，政府需要对项目进行重新采购或自行运营的，项目公司必须尽可能减少移交对公共产品或服务供给的影响，确保项目持续运营。

4.15.1 移交范围

起草合同移交条款时，首先应当根据项目的具体情况明确项目移交的范围，以免因项目移交范围不明确造成争议。移交的范围通常包括：

(1) 项目设施；

(2) 项目土地使用权及项目用地相关的其他权利；

(3) 与项目设施相关的设备、机器、装置、零部件、备品备件以及其他动产；

(4) 项目实施相关人员；

(5) 运营维护项目设施所要求的技术和技术信息；

(6) 与项目设施有关的手册、图纸、文件和资料（书面文件和电子文档）；

(7) 移交项目所需的其他文件。

4.15.2 移交的条件和标准

为了确保回收的项目符合政府的预期，PPP项目合同中通常会明确约定项目移交的条件和标准。特别是在项目移交后政府还将自行或者另行选择第三方继续运营该项目的情形下，移交的条件和标准更为重要。通常包括以下两类条件和标准。

4.15.2.1 权利方面的条件和标准

在PPP项目移交的内容中，既包括土地、房屋等不动产，也包括机器、设备等动产，因此项目的移交应符合法定的动产、不动产物权转移条件。

(1) 动产物权的移交。动产是指能够移动而不损害其经济用途和经济价值的物，在PPP项目移交中涉及的动产主要包括设备、机器、装置、零部件、备品备件以及其他动产。我国《物权法》第二十三条规定，动产物权的设立和转让，自交付时发生效力，但法律另有规定的除外。

(2) 不动产物权的移交。不动产是指不可移动或者如果移动就会改变其性质、损害其价值的有形财产，包括土地、附着于土地上的建筑物及其他定着物、建筑物的固定附属设备等，在PPP项目移交中涉及的不动产主要是相关的土地、设施等。我国《物权法》第九条规定，不动产物权的设立、变更、转让和消灭，经依法登记，发生效力；未经登记，不发生效力，但法律另有规定的除外。

(3) 权利瑕疵。在PPP项目移交过程中的权利瑕疵是指项目公司移交给政府的动产或者不动产上存在第三人的权利，该第三人的权利会妨碍政府方对移交财产的使用。一般而言可能存在的权利瑕疵有以下几种情形：

第一，全部权利属于第三人，即无权占有；

第二，权利一部分属于第三人，如共有物；

第三，权利受第三人权利的限制，即所移交标的物的权利属于项目公司，但其上附有第三人权利的限制，如负有担保物权的标的物；

第四，在所移交标的物上有他人享有的工业产权（商标权、专利权）或其他知识产权。

在PPP项目移交过程中所涉及的项目设施、土地及任何资产都不得存在权利瑕疵，其上未设置任何担保及其他第三人的权利。但在提前终止导致移交的情形下，如移交时尚有未清偿的项目贷款，就该未清偿贷款所设置的担保除外。

4.15.2.2 技术方面的条件和标准

项目设施应符合双方约定的技术、安全和环保标准，并处于良好的运营状况。在一些PPP项目合同中，会对"良好运营状况"的标准做进一步明确，例如在不再维修情况下，项目可以正常运营3年等。

4.15.3 移交程序

4.15.3.1 评估和测试

在PPP项目移交前，通常需要对项目的资产状况进行评估并对项目状况能否达到合同约定的移交条件和标准进行测试。实践中，上述评估和测试工作通常由政府方委托的独立专家或者由政府方和项目公司共同组成的移交工作组负责。经评估和测试，项目状况不符合约定的移交条件和标准的，政府方有权提取移交维修保函，并要求项目公司对项目设施进行相应的恢复性修理、更新重置，以确保项目在移交时满足约定要求。

4.15.3.2 移交手续办理

移交相关的资产过户和合同转让等手续由哪一方负责办理主要取决于合同的约定，多数情况下由项目公司负责。

4.15.3.3 移交费用（含税费）承担

关于移交相关费用的承担，通常取决于双方的谈判结果，常见的做法包括：

（1）由项目公司承担移交手续的相关费用（这是比较常见的一种安排，而且办理移交手续的相关费用也会在项目的财务安排中予以预先考虑）；

（2）由政府方和项目公司共同承担移交手续的相关费用；

（3）如果因为一方违约事件导致项目终止而需要提前移交，可以约定由违约方来承担移交费用。

4.15.4 转让

4.15.4.1 项目相关合同的转让

（1）合同转让的定义。所谓合同的转让，是指当事人一方将其合同权利、合同义务的全部或者部分转让给第三人。合同的转让只是合同主体的变更，合同的内容并不因此而改变。PPP项目合同的转让是指原来由项目公司与其他主体签订的合同，转由政府承担，政府代替项目公司作为合同的一方主体与其他主体之间互相负有相应的权利和义务。

（2）合同转让的内容。在PPP项目移交时，项目公司在项目建设和运营阶段签订的一系列重要合同可能仍然需要继续履行，因此可能需要将这些尚未履行完毕的合同由项目公司转让给政府或政府指定的其他机构。为能够履行上述义务，项目公司应在签署这些合同时即与相关合同方（如承包商或运营商）明确约定，在项目移交时同意项目公司将所涉合同转让给政府或政府指定的其他机构。实践中，可转让的合同可能包括项目的工程承包合同、运营服务合同、原料供应合同、产品或服务购买合同、融资租赁合同、保险合同以及租赁合同等。

通常政府会根据上述合同对于项目继续运营的重要性，决定是否进行合同转让。此外，如果这些合同中包含尚未期满的相关担保，也应该根据政府的要求全部转让给政府或者政府指定的其他机构。

(3) 合同转让的要件。合同的转让应该符合法律规定的要件，否则将不发生相应的法律后果，一般而言，合同的转让应该符合以下几个要件。

第一，必须以合法有效的合同关系存在为前提。如果该合同根本不存在或者被宣告无效，或者已经被解除，在此种情况下发生的转让行为都是无效的。

第二，合同从其性质和特点上来看是可以转让的，具有专属性，或者合同中明确约定不可转让的，则该合同不能转让。我国《合同法》第七十九条规定，债权人可以将合同的权利全部或者部分转让给第三人，但有下列情形之一的除外：

(一) 根据合同性质不得转让；

(二) 按照当事人约定不得转让；

(三) 依照法律规定不得转让。

第三，必须符合法律所规定的转让程序，需要通知的依法通知；需要征得对方同意的先经其同意；应当办理批准、登记等手续的，依照其规定办理相应手续。我国《合同法》第八十条规定，债权人转让权利的，应当通知债务人。未经通知，该转让对债务人不发生效力。债权人转让权利的通知不得撤销，但经受让人同意的除外。

第四，必须符合社会公共利益，且所转让的内容要合法。我国《合同法》第八十七条规定，法律、行政法规规定转让权利或者转移义务应当办理批准、登记等手续的，依照其规定。

第五，转让人与受让人之间达成合同转让的合意，具备民事法律行为的有效条件。我国《合同法》第八十四条规定，债务人将合同的义务全部或者部分转移给第三人的，应当经债权人同意。第八十八条规定，当事人一方经对方同意，可以将自己在合同中的权利和义务一并转让给第三人。

4.15.4.2 技术转让

在一些对于项目实施专业性要求较高的PPP项目中，可能需要使用第三方的技术（包括通过技术转让或技术许可的方式从第三方取得的技术）。在此情况下，政府需要确保在项目移交之后不会因为继续使用这些技术而被任何第三方进行侵权索赔。鉴此，PPP项目合同中通常会约定，项目公司应在移交时将项目运营和维护所需要的所有技术，全部移交给政府或政府指定的其他机构，并确保政府或政府指定的其他机构不会因使用这些技术而遭受任何侵权索赔。如果有关技术为第三方所有，项目公司应在与第三方签署技术授权合同时即与第三方明确约定，同意项目公司在项目移交时将技术授权合同转让给政府或政府指定的其他机构。此外，PPP项目合同中通常还会约定，如果这些技术的使用权在移交日前已期满，项目公司有义务协助政府取得这些技术的使用权。

(1) 技术转让合同的定义。在PPP项目中，项目公司需要将项目运营和维护相关的技术的使用权或者所有权转让给政府，因此需要与政府签订技术转让合同。

根据《技术合同认定规则》的规定，技术转让合同是当事人之间就专利权转让、专利申请权转让、专利实施许可、技术秘密转让所订立的合同。

根据我国《合同法》第三百四十二条规定，技术转让合同包括专利权转让、专利申请权转让、技术秘密转让、专利实施许可合同。技术转让合同应当采用书面形式。

(2) 技术转让合同的标的。根据《技术合同认定规则》的规定，技术转让合同的标的是当事人订立合同时已经掌握的技术成果，包括发明创造专利、技术秘密及其他知识产权成果。技术转让合同的标的必须具有完整性和实用性，相关技术内容构成一项产品、工艺、材料、品种及其改进的技术方案。

根据《技术合同认定规则》第三十条规定，申请认定登记的技术合同，其标的为技术秘密的，该项技术秘密应同时具备以下条件：①不为公众所知悉；②能为权利人带来经济利益；③具有实用性；④权利人采取了保密措施。

前款技术秘密可以含有公知技术成分或者部分公知技术的组合。但其全部或者实质性部分已经公开，即可以直接从公共信息渠道中直接得到的，不应认定为技术转让合同。

(3) 技术转让中应注意的事项。①应注意转让的专利和技术秘密的有效性。专利的有效性主要体现为所转让的专利或者许可实施的专利应当在有效期限内，超过有效期限的，不受法律保护，根据我国《专利法》第四十二条规定，发明专利权的期限为二十年，实用新型专利权和外观设计专利权的期

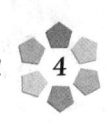

限为十年，均自申请日起计算。技术秘密的有效性主要体现在保密性上，即该技术秘密不为社会公众所知，是所有人的独家所有。②明确所转让的专利和技术秘密的使用范围及其他有关情况。项目公司和政府在转让技术时，应在转让合同中，就转让标的技术的技术项目名称，技术主要指标、作用或者用途，关键技术，生产工序流程，注意事项以及使用范围等做出明确规定。政府方应该按照约定的使用范围使用该项技术，不得对该项技术进行不恰当使用。我国《合同法》第三百四十三条规定，技术转让合同可以约定让与人和受让人实施专利或者使用技术秘密的范围，但不得限制技术竞争和技术发展。③关于转让费和使用费的约定。PPP项目公司在与政府方签订专利或者技术秘密转让合同时，应事先约定相关的转让费或使用费，在专利转让情况下，受让人应当支付转让费。转让费根据技术能够产生的实际价值计算，通常规定一个比例，便于操作。在实施许可的情况下，则根据使用的范围和生产能力以及是否是独家等因素考虑转让费或者使用费的数额。根据我国《合同法》第三百五十一条规定，让与人未按照约定转让技术的，应当返还部分或者全部使用费，并应当承担违约责任；实施专利或者使用技术秘密超越约定的范围的，违反约定擅自许可第三人实施该项专利或者使用该项技术秘密的，应当停止违约行为，承担违约责任；违反约定的保密义务的，应当承担违约责任。第三百五十二条规定，受让人未按照约定支付使用费的，应当补交使用费并按照约定支付违约金；不补交使用费或者支付违约金的，应当停止实施专利或者使用技术秘密，交还技术资料，承担违约责任；实施专利或者使用技术秘密超越约定的范围的，未经让与人同意擅自许可第三人实施该专利或者使用该技术秘密的，应当停止违约行为，承担违约责任；违反约定的保密义务的，应当承担违约责任。

4.15.5 风险转移

移交条款中通常还会明确在移交过程中的风险转移安排：在移交日前，由项目公司承担项目设施的全部或部分损失或损坏的风险，除非该损失或损坏是由政府方的过错或违约所致；在移交日及其后，由政府承担项目设施的全部或部分损失或损坏的风险。

4.16 适用法律及争端解决

4.16.1 适用法律

法律适用有广义和狭义之分。广义的法律适用是指法的实施，即国家机关及其工作人员、社会团体和公民实现法律规范的活动。狭义的法律适用是指法律规范应用于具体事项的活动，特指拥有司法权的机关及司法人员依照法定方式把法律规范应用于具体案件的活动。此处是指狭义的法律适用，而且主要是指的法律的管辖权问题。在一般的商业合同中，合同各方可以选择合同的管辖法律（即准据法）。

在PPP系列合同中，当引入外资或到境外融资时，在公司设立环节即可能出现法律适用问题。而在纯内资PPP公司日常经营和资本运营过程中，因会涉及外贸及涉外融资等手段，也会出现法律适用问题。现分类加以阐述。

4.16.1.1 公司设立过程中的法律适用

PPP项目公司设立时，根据《涉外民事法律适用法》第十四条，法人及其分支机构的民事权利能力、民事行为能力、组织机构、股东权利义务等事项，适用登记地法律。法人的主营业地与登记地不一致的，可以适用主营业地法律。法人的经常居所地，为其主营业地。根据这一规定可以看出，项目公司如在境内设立，则其公司组织架构和能力等适用中国法律；如不排除需要设立离岸项目公司，并将其主营业地设于中国境内进行经营活动。

4.16.1.2 公司日常经营行为的法律适用

公司设立后，其日常经营中经常需要处理特许经营权合同、建设合同等经营性合同法律适用问题，因公司经营多在中国国内进行，一般应按照我国《涉外民事法律适用法》处理。根据该法第四十一条规定，当事人可以协议选择合同适用的法律。当事人没有选择的，适用履行义务最能体现该合同特征的一方当事人经常居所地法律或者其他与该合同有最密切联系的法律。

4.16.1.3 公司融资行为的法律适用

公司的融资行为，包括债券、股票、信托和信贷等方式，也包括担保、委托等，因其发生地点广泛，无法明确确定。

（1）借款合同，适用贷款人住所地法。

（2）保证合同，适用保证人住所地法。

（3）委托合同，适用受托人住所地法。

（4）债券的发行、销售和转让合同，分别适用债券发行地法、债券销售地法和债券转让地法。

在PPP项目合同中，由于政府方是合同当事人之一，同时PPP项目属于基础设施和公共服务领域，涉及社会公共利益。因此，在管辖法律的选择上应坚持属地原则，即在我国境内实施的PPP项目的合同通常应适用我国法律，并按照我国法律进行解释。

4.16.2 政府对外国法院管辖权的排除

PPP公司由政府和社会资本共同发行设立，其中蕴含的法律风险就是政府有可能会卷入有关商业法律纠纷。根据美国1976年颁布的外国主权豁免法，法院对涉及外国政府行为的诉讼并非绝对不行使管辖权，而政府如果从事了商业行为，并且对美国造成了直接影响，法院则可允许将外国政府列为被告。

政府特权豁免在美国法律中属于事项管辖权（类似于我国诉讼法中对法院主管范围的规定），这种管辖权的特点是权力来源并非个人权利或者一般司法权，而来源于法律对法院的特别授权。只有当外国政府从事了法律规定的相关行为的前提下，才会被列为被告，否则外国政府仍然享受主权豁免。所以地方政府在从事与PPP相关的融资工作实践中，应当注意以下几个方面：

第一，在设立PPP项目公司时，如果地方政府拟发行地方债作为资本金，则债券发行及承销等应确保在中国境内进行，发行承销银行应当为内资银行或者外资银行国内子公司。明确约定债券的本息支付地应设定为国内或者香港等地，支付货币为人民币，以免在发生纠纷时造成政府从事商业行为而遭到诉讼。

第二，在项目公司发行公司债券的情况下，在发行说明等文件中应当较少提及政府支持项目等类似内容，以免在发生纠纷时造成政府担保资产的性质认定，从而使政府被拖入相关诉讼。

政府在公司的设立、运行，以及可能发生的破产清算等各个环节，应尽量避免以发文的方式直接干涉公司的行为，以免被认定为政府行为与商业行为有关，对相关债券持有者造成损失，从而遭到诉讼。而相关决策应当通过公司的董事会进行，在董事会内部以董事会决议或者决议之外的多种文件形式对公司加以影响。

在采取以上措施的同时，政府如果为PPP主合同、融资合同以及债券相关协议等的当事方或者受让方时，应明确规定除约定的争端解决方式外，签订相关协议不意味着政府接受任何机构对此类业务直接产生的或与此相关的任何争议行使任何形式的管辖权。

4.16.3 争议解决

由于PPP项目涉及的参与方众多、利益关系复杂且项目期限较长，因此在PPP项目所涉合同中，通常都会规定争议解决条款，就如何解决各方在合同签订后可能产生的合同纠纷进行明确的约定。尽管没有规定明确的争议解决条款，但并不意味着各方对产生的纠纷不享有任何救济。规定此类条款有助于明确纠纷解决的方式及程序。争议解决条款中一般以仲裁或者诉讼作为最终的争议解决方式，并且通常会在最终争议解决方式前设置其他的争议解决机制，以期在无须仲裁或者诉讼的情况下快速解决争议，或达成一个暂时具有约束力，但可在之后的仲裁或诉讼中重新审议的临时解决办法。

争议解决方式通常需要双方根据项目的具体情况进行灵活选择。如果项目需要各方的长期合作，应考虑对抗性更低、更利于维护各方关系的争议解决方式。常见的争议解决方式包括以下内容。

4.16.3.1 友好协商

为争取尽快解决争议，在多数PPP项目合同中，都会约定在发生争议后先由双方通过友好协商的方式解决纠纷。这样做的目的是为了防止双方在尝试通过协商解决争议之前直接启动正式的法律程序。诉讼和仲裁是非常耗时且昂贵的，而且一旦开始往往很难停止。实践中，协商的具体约定方式包括：

（1）协商前置。即发生争议后，双方必须在一段特定期限内进行协商，在该期限届满前双方均不能提起进一步的法律程序。

（2）选择协商。即将协商作为一个可以选择的争议解决程序，无论是否已进入协商程序，各方均可在任何时候启动诉讼或仲裁等其他程序。

（3）协商委员会。即在合同中明确约定由政府方和项目公司的代表组成协商委员会，双方一旦发生争议，应当首先提交协商委员会协商解决。如果在约定时间内协商委员会无法就有关争议达成一致，则会进入下一阶段的争议解决程序。

需要特别说明的是，通常协商应当是保密并且"无损实体权利"的，当事人在协商过程中所说的话或所提供的书面文件不得用于之后的法律程序。因为如果双方能够确定这些内容在将来的诉讼或仲裁中不会被作为不利于自己的证据，他们可能更愿意主动做出让步或提出解决方案。

4.16.3.2 专家裁决

对于 PPP 项目中涉及的专业性或技术性纠纷，也可以通过专家裁决的方式解决。负责专家裁决的独立专家，可以由双方在 PPP 项目合同中予以委任，也可以在产生争议之前共同指定。专家裁决通常适用于对事实无异议、仅需要进行某些专业评估的情形，不适用于解决那些需要审查大量事实依据的纠纷，也不适用于解决纯粹的法律纠纷。

4.16.3.3 仲裁和诉讼

仲裁是一种以双方书面合意进入仲裁程序为前提（即合同双方必须书面约定将争议提交仲裁）的替代诉讼的纠纷解决方式。一般而言，仲裁相较于诉讼，具有下列优点：

（1）仲裁程序更具灵活性，更尊重当事人的程序自主；

（2）仲裁程序更具专业性，当事人可以选择相关领域的专家作为仲裁员；

（3）仲裁程序更具保密性，除非双方协议可以公开仲裁，一般仲裁程序和仲裁结果均不会对外公开；

（4）仲裁程序一裁终局，有可能比诉讼程序更快捷、成本更低。

依照我国法律，仲裁裁决与民事判决一样，具有终局性和法律约束力。除基于法律明确规定的事由，法院不能对仲裁的裁决程序和裁决结果进行干预。

PPP 系列合同中，如果当事人均为中国企业，则既可规定合同争议提交仲裁，也可规定由中国法院管辖。如果合同当事一方为外国公司、其驻华分公司或者外国基金会等组织，则应优先约定采取仲裁的方式，并且明确约定排除外国法院管辖权。

需要特别注意的是，按照我国法律规定，如果合同中约定某一争议既可以依仲裁程序解决，也可以依诉讼程序解决，则原则上属于无效的仲裁条款（除非一方当事人申请仲裁后，对方当事人未在首次开庭前提出管辖权异议，使仲裁庭取得审理该案件的管辖权）。因此，PPP 项目合同的争议解决条款最好在诉讼和仲裁中任选其一，避免出现"既可以仲裁，也可以诉讼"的约定。

4.16.3.4 争议期间的合同履行

鉴于 PPP 项目通常会涉及公共安全和公共利益，为保障项目的持续稳定运营，通常会在争议解决条款中明确规定在发生争议期间，各方对于合同无争议部分应当继续履行，除法律规定或另有约定外，任何一方不得以发生争议为由，停止项目运营。

4.16.4 资产扣押

资产扣押在中国法律上称之为财产保全或者诉讼保全，这类行为常会对正在运营的公司造成意外的资金周转问题。在合同争端解决中要尽量避免这类问题产生，就需要了解各国的相关规定，早做预案。

《中华人民共和国民事诉讼法》第一百条规定：人民法院对于可能因当事人一方的行为或者其他原因，使判决难以执行或者造成当事人其他损害的案件，根据对方当事人的申请，可以裁定对其财产进行保全。第一百〇一条更是规定利害关系人因情况紧急，不立即申请保全将会使其合法权益受到难以弥补的损害的，可以在提起诉讼或者申请仲裁前向被保全财产所在地、被申请人住所地或者对案件有管辖权的人民法院申请采取保全措施。

对比而言，我国对于公司财产的扣押态度相对宽松。不仅规定了诉讼进行中的保全，甚至还规定了诉前保全，即诉讼或仲裁尚未提起时即可要求财产保全。在英美等国家及我国香港地区，仅有诉讼保全，而在美国更是规定扣押财产应当在判决生效后、执行程序之前加以保全。

4.17 合同附件

PPP 项目所涉及的合作内容和具体要求通常较为庞杂，一般会在 PPP 项目合同正文之后附加一系列的附件，用以进一步明确合同中涉及的具体技术标准、条件要求、计算公式、文书格式等。

4.17.1 常见的合同附件

鉴于不同 PPP 项目的付费机制、运作方式、融资方式以及涉及的行业标准、技术规范等各不相同，具体的合同附件也会不同。常见的 PPP 项目合同附件包括：

（1）项目场地范围。该附件用于划定项目涉及场地的地点、范围、面积等，有时会以平面图的形式列示。

（2）项目所需审批。该附件用于列明项目实施所需获得的全部或主要审批，以及政府方和项目公司在获得上述审批上的责任分工。

（3）技术附件。该附件用于详细阐述PPP项目设计、建设、运营、维护等所依据的具体技术标准和规范等。

（4）商务附件。该附件用于阐述PPP项目的商业方案，例如财务模型、融资计划、项目公司设立方案等。

（5）履约担保格式。为了确保项目公司在签订PPP项目合同后所提供的履约担保能够符合双方的约定，有时还会将履约担保的相关协议也作为合同附件，并约定项目公司将来按照该协议约定的内容和方式向政府方提供担保。

（6）移交条件。为了确保项目移交后符合政府的预期，双方可能会将项目移交的具体条件和标准在PPP项目合同的附件中予以明确规定。

4.17.2 各行业合同附件列举

下文列举了一些行业的PPP项目合同的常见附件，仅供参考.

（1）城市（集中）供水。在城市（集中）供水项目中，比较常见的附件包括：各方内部决议件，股东承诺函，集中式公共供水定义，授权文件，建设期履约保函，项目特许经营范围，普遍服务承诺，供水技术标准、规范和要求，项目资产维护方案，融资方案，初步性能测试，最终性能测试，维护保函，应急预案，保险方案(含投保险种与保险金额)，前期工作和永久性市政设施，技术方案，定期报告及临时报告（事项、周期及信息格式要求），成本申报及监审，资本投资计划及调整，排他性承诺，移交方案，等等。

（2）集中供暖。在集中供暖项目中，比较常见的附件包括：授权文件，各方内部决议件，股东承诺函，供热质量和服务标准，项目特许经营区域范围（附图），供用热合同样本，技术规范和标准，投资计划及安排，普遍服务承诺，应急预案，移交资产的程序和标准，融资方案，履约保函，保险方案，项目设施维护方案，工程进度计划表，排他性承诺，移交方案，等等。

（3）管道燃气供应。在管道燃气供应项目中，比较常见的附件包括：各方内部决议件，股东承诺函，授权书，项目特许经营区域范围（附图），项目批准文件，技术规范和要求，投资计划及安排，普遍服务承诺，管道设施维护方案，保险，融资方案，工程技术方案，燃气质量标准，燃气服务标准，安全管理标准，气源承诺及保障计划，应急预案，履约保函，工程进度计划表，排他性承诺，移交方案，供用气合同，等等。

（4）污水处理。在污水处理项目中，比较常见的附件包括：授权文件，各方内部决议件，股东承诺函，用地四至图，建设标准和技术要求，进水水质超标的处理，出水水质不合格的违约金，污水处理服务协议，调价公式，融资方案，保险方案，运营记录报表，付费申请表/形式发票，出水水质监测项目、方法和周期，履约保函，维护保函，技术方案，移交保函，工程进度计划表，移交方案，等等。

（5）垃圾焚烧处理。在垃圾焚烧处理项目中，比较常见的附件包括：授权文件，各方内部决议件，股东承诺函，垃圾处理服务协议，适用技术规范和要求，技术方案，商务方案，履约保函，维护保函，融资方案，质量保证和控制方案，项目建设进度计划，保险方案，稳定性试运行方案，购售电合同，运营维护方案，进口设备和清单，红线图，移交保函，移交方案，等等。

（6）保障性安居工程。在保障性安居工程项目中，比较常见的附件包括：授权文件，各方内部决议件，股东承诺函，项目红线图，融资方案，等等。

（7）地下综合管廊。在地下综合管廊项目中，比较常见的附件包括：授权文件，各方内部决议件，股东承诺函，走线规划图，既有管网 GIS 信息，等等。

（8）轨道交通。在轨道交通项目中，比较常见的附件包括：授权文件，各方内部决议件，股东承诺函，设计标准，运营操作和维护标准，融资协议，融资计划，融资替代解决方案，客运服务标准，客流量预测，工程价目表，融资方案，文字，公司章程，保险方案，施工合同，工程进度计划表，施工时间安排，地铁区域图，网站，操作和维修合同，前期工程进度，排他性承诺，履约担保，移交方案，等等。如涉及综合开发的，还需增加相应附件。

（9）医疗和养老服务设施。

在医疗和养老服务设施项目中，比较常见的附件包括：授权文件，各方内部决议件，股东承诺函，医院管理及服务协议，商标许可协议，目标土地规划设计要求，目标土地四至图，设计要求及建造标准，融资方案，筹备期工作方案，运营标准及绩效指标，员工招聘、培训及多点执业相关工作方案，营销方案，竞争对手列表及排他性承诺，保险安排，履约担保，移交方案，等等。

5 不同付费机制下的核心要素

付费机制是政府和社会资本合作的重要基础,关系到PPP项目的风险分配和收益回报,因而是政府和社会资本(或项目公司)共同的核心关注,也是PPP项目合同中最为关键的条款。根据PPP项目的行业、运作方式及具体情况的不同,需要设置不同的付费机制。常见的付费机制主要包括政府付费、使用者付费和可行性缺口补助三种。本部分内容就将在设置不同的付费机制时需要在PPP项目合同中予以考虑和反映的核心要素进行详细阐述。

5.1 政府付费

政府付费是指由政府直接付费购买公共产品或服务。根据财政部印发的《政府购买服务管理办法（暂行）》规定,政府购买服务是指通过发挥市场机制作用,把政府直接提供的一部分公共服务事项以及政府履行职能所需服务事项,按照一定的方式和程序,交由具备条件的社会力量和事业单位承担,并由政府根据合同约定向其支付费用。政府购买服务范围应当根据政府职能性质确定,并与经济社会发展水平相适应。属于事务性管理服务的,应当引入竞争机制,通过政府购买服务方式提供。

5.1.1 可用性付费

5.1.1.1 概述

可用性付费（Availability Payment）是指政府依据项目公司所提供的项目设施或服务是否符合合同约定的标准和要求来付费。在这里的项目设施和服务定义为公共基础设施和服务。

可用性付费通常与项目的设施容量或服务能力相关,而不考虑项目设施或服务的实际需求,因此项目公司一般不需要承担需求风险,只要所提供设施或服务符合合同约定的性能标准即可获得付费。

大部分的社会公共服务类项目（例如学校、医院等）以及部分公用设施和公共交通设施项目可以采用可用性付费。一些项目中也可能会与按绩效付费搭配使用，即如果项目公司提供设施或服务的质量没有达到合同约定的标准，则政府付费将按一定比例进行扣减。

5.1.1.2 适用条件

符合以下条件的 PPP 项目，政府可以考虑采用按可用性付费：

第一，相对于项目设施或服务的实际使用量，政府更关注该项目设施或服务的可用性。

第二，相对于项目公司，政府对于项目设施或服务的需求更有控制力，并且政府决定承担需求风险。例如，在学校 PPP 项目中，政府教育部门负责向各学校分配生源，其能够更好地管控学校设施的使用量。因此，政府可基于学校设施的可用性向项目公司付款，而不考虑实际的学生人数。

5.1.1.3 可用性付费的设置

（1）基本原则。可用性付费的一个基本原则就是在符合我国法律强制性规定的前提下，直至项目设施已建成且全面服务可用时（通常是项目开始运营时）才开始付款。但也存在一些例外，比如改造项目，有可能改造的同时也需要项目公司继续提供服务，在这种情形下，政府可能需要就项目公司继续提供的服务支付一定费用。

在按可用性付费的项目中，通常在项目开始时就已经确定项目公司的投资成本，在项目开始运营后，政府即按照原先约定的金额向项目公司付款，但如果存在不可用的情形，再根据不可用的程度扣减实际的付款。

（2）核心要素。可用与不可用的界定。可用性付费的核心要素就是要明确界定项目在什么情况下为"可用"，什么情况下为"不可用"，其中"不可用"的界定更为重要。

在 PPP 项目合同签订之前，双方应当尽早确定"不可用"的认定标准，因其会直接影响项目财务模型的确定。在设定"不可用"标准时，通常需要考虑以下因素：

一是该标准是否客观，即是否符合项目的实际情况和特点，是否可以测量和监控等。

二是该标准是否合理，即是否超出项目公司的能力范围，是否为实施本项目所必须等。

(3) 其他要素。除了"可用"与"不可用"的界定外，在设置可用性付费时，还需要考虑其他要素，例如：

第一，不同比例扣减机制的设置。设施或服务不可用所导致的经济后果通常由该设施或服务的重要程度决定。例如，在医疗服务设施项目中，手术室中的灯比走廊上的灯更为重要，因此，因手术室灯不亮而扣减的金额也应当更高。设置不同比例扣减机制可以促使项目公司优先保证更为重要的设施或服务的可用性。

第二，宽限期的设置。在出现不可用的情形时，PPP项目合同中通常会给予项目公司一个宽限期，只有在该宽限期内项目公司仍然没有纠正该不可用情形的，可用性付费才会被扣减，如果在该期限内项目公司做出了有效补救，则可用性付费不会受到影响。

此外，在一些PPP项目合同中，也可能设置多次扣减的机制。如果在宽限期结束时项目公司未能纠正不可用情形，政府将根据合同约定的比例扣减相应付费；如果该不可用情形在宽限期结束后又持续了一定时期，则可能导致政府对付费的进一步扣减。这种机制主要是为了确保项目公司能够尽快恢复正常的设施或服务供给。但在设置这种多次扣减机制时，需要注意掌握尺度，因为其会使付费机制变得非常复杂。

第三，不可用设施或服务仍需使用的情形下的处理。在一些特定情形下，即使某些服务或设施没有达到可用性要求，政府仍然需要使用。在这种情形下，政府可考虑以下两种处理方式：一是如果政府的使用将导致项目公司无法纠正部分设施或服务的问题，则可以将受政府使用影响的部分服务或设施视为具有可用性；二是仅扣减部分、而非全部比例的政府付费。

第四，计划内暂停服务的认定。为避免争议，政府和项目公司应当在合同中明确约定计划内的暂停服务是否认定为不可用，通常情况下计划内的暂停服务应作为不可用的例外情形。

(4) 豁免事由。并非所有不可用情形出现，均会影响政府付费，在PPP项目合同中通常会约定一些豁免事由，对于因发生豁免事由而导致出现不可用情形的，不构成项目公司违约，仍可按照合同约定的金额获得政府付费。常见的豁免事由包括：①政府可以提供合适的替代性服务（需由政府决定）

②项目设施或服务在不可用期间内本就未计划使用；③政府违约。

借用 PPP 业界一句非常有名的话，"PPP 不是一场婚礼，而是一段婚姻"。PPP 项目是一个长期的专业性合同，政府要高度重视 PPP 项目的运转，政府要具备商业意识和契约精神，同时要发挥第三方中介机构的作用，为政府和社会资本提供交易咨询服务是降低 PPP 项目风险、保障公平公正的重要途径。因此，要培育第三方专业机构，完善咨询中介市场，鼓励采用第三方支付体系。在 PPP 项目实施过程中，鼓励委托第三方机构提供包括实施方案编制、采购文件起草、项目协议拟定等涉及技术、财务、法律、商务等综合性的咨询服务，兼顾政府和社会资本双方利益，确保 PPP 项目顺利实施。

对企业来说，如何规避政府违约，保护自身合法权益，可以从以下几点考虑：

第一，做好项目前期调研。在项目前期即应当聘请专业的中介机构，包括法律、财务、评估机构等对项目、地方法制环境、地方政府信用等进行详细的尽职调查；如涉及与政府方平台公司共同组建项目公司，还应当对地方政府平台公司进行尽职调查（目前，贸易仲裁审理的几起特许经营纠纷都是政府违约）。

第二，特别关注特许经营项目的合法性问题。

第三，在投标阶段、合同文件谈判阶段等即应当借助经验丰富的专业机构的力量，对项目的合同条款进行利弊分析，明确了解项目的风险所在，以便于在合同谈判阶段与政府方进行协商。

第四，不要过早地在未取得施工许可证的情况下，即进场施工，导致合同谈判阶段处于非常被动的局面。

第五，通常 PPP 项目资金需求量大，会采取项目融资的方式，尽早与融资机构沟通，了解融资机构的需求，以便于在合同中进行相应安排。

第六，与政府方合作应特别关注地方政府的信用问题，落实项目担保措施。

第七，注意合同中的争议解决方式。

(4) 政府提出的变更，等等。

需要特别强调的是，尽管按可用性付费的项目对项目公司而言风险更低、可融资性更高，但政府转移给项目公司的风险也相对有限。同时，相对于使用者付费项目和按使用量付费的项目，单纯按可用性付费的项目缺乏有效的收益激励机制，通常只能通过项目公司报告或政府抽查的方式对项目进行监控，监控力度较弱，难以保证项目随时处于可用状态。因此，必要时可用性付费需要与绩效付费或使用量付费搭配使用。

5.1.2 使用量付费

5.1.2.1 概述

使用量付费（Usage Payment），是指政府主要依据项目公司所提供的项目设施或服务的实际使用量来付费。在按使用量付费的项目中，项目的需求风险通常主要由项目公司承担。因此，在按使用量付费的项目中，项目公司通常需要对项目需求有较为乐观的预期或者有一定影响能力。实践中，污水处理、垃圾处理等部分公用设施项目较多地采用使用量付费。

一些项目中，使用量付费也可能与绩效付费搭配使用，即如果项目公司提供的设施或服务未达到合同约定的绩效标准，政府的付费将进行相应扣减。优化项目管理模式，提高公共服务的质量，突出绩效评价和监督管理，重视专项资金与PPP项目绩效评价及结果运用，逐步建立绩效标杆制度。加强项目绩效评价是提高资金使用效率的重要途径。为此，《意见》从PPP项目实施层面提出了推进绩效评价工作，提出了建立独立、透明、可问责、专业化的PPP项目监管体系，实行信息公开，鼓励公众参与，接受公众监督。建立政府、服务使用者共同参与的综合性评价体系，推广第三方绩效评价，形成评价结果应用机制和项目后评价机制。激励社会资本通过管理创新、技术创新提高公共服务质量，逐步建立绩效标杆制度。

5.1.2.2 使用量付费的设置

（1）基本原则。使用量付费的基本原则就是由政府（而非使用者）依据项目设施或服务的实际使用量向项目公司付费，付费多少与实际使用量大小直接挂钩。

（2）分层级付费机制。在按使用量付费的PPP项目中，双方通常会在项目合同签订前根据项目的性质、预期使用量、项目融资结构及还款计划等设置分层级的使用量付费机制。

图5-1-1为比较典型的分层级的使用量付费机制。

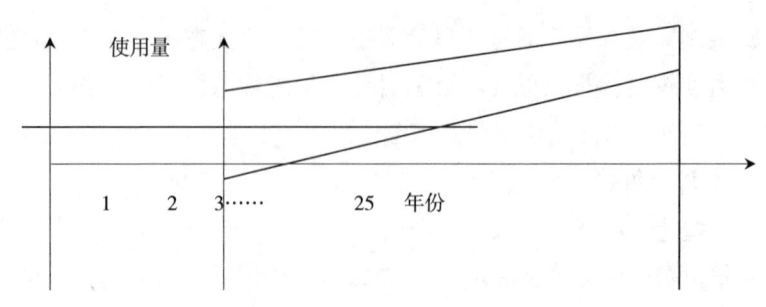

图 5-1-1 使用量分层的付费

图 5-1-1 中将使用量付费分为四个层级，其中第一层为最低使用量，第四层为最高使用量。

最低使用量：即政府与项目公司约定一个项目的最低使用量，在项目实际使用量低于最低使用量时，不论实际使用量多少，政府均按约定的最低使用量付费。最低使用量的付费安排可以在一定程度上降低项目公司承担实际需求风险的程度，提高项目的可融资性。

最高使用量：即政府与项目公司约定一个项目的最高使用量，在实际使用量高于最高使用量时，政府对于超过最高使用量的部分不承担付款义务。最高使用量的付费安排为政府的支付义务设置了一个上限，可以有效防止政府因项目使用量持续增加而承担过度的财政风险。

需要特别强调的是，即使在设置最低使用量的情形下，政府仍然需要承担实际使用量低于最低使用量的风险；即使在设置最高使用量的情形下，实际使用量低于最高使用量时，政府付费的金额仍然会因实际使用量的变化而变化，存在一定不确定性，需要进行合理的预算安排。

5.1.3 绩效付费

5.1.3.1 概述

绩效付费（Performance Payment）是指政府依据项目公司所提供的公共产品或服务的质量付费，通常会与可用性付费或者使用量付费搭配使用。

在按绩效付费的项目中，政府与项目公司通常会明确约定项目的绩效标准，并将政府付费与项目公司的绩效表现挂钩，如果项目公司未能达到约定的绩效标准，则会扣减相应的付费。

5.1.3.2 绩效付费的设置

第一，设定绩效标准。政府和项目公司应当根据项目的特点和实际情况在PPP项目合同中明确约定适当的绩效标准。设定绩效标准时，通常需要考虑以下因素：

（1）绩效标准是否客观，即该标准是否符合项目的实际情况和特点，是否可以测量和监控等。这是绩效付费能否有效实施的关键要素。

（2）绩效标准是否合理，即该标准是否超出项目公司的能力范围，是否为实施本项目所必须等。这是项目融资方的核心关键之一。

第二，绩效监控机制。在按绩效付费的项目中，通常会专门编制绩效监控方案并将其作为PPP项目合同的附件，以明确项目公司的监控义务、政府的监控措施以及具体的绩效标准。在社会公共服务项目中，绩效监控机制的设置尤为重要（关于社会公共服务项目的绩效监控机制，请见6.3）。

第三，未达到绩效标准的后果。为了对项目公司形成有效约束，PPP项目合同中通常会明确约定未达到绩效标准的后果，具体包括：

（1）扣减政府付费。PPP项目合同中通常会根据设施或服务在整个项目中的重要程度，以及未达到绩效标准的情形和影响程度，分别设置相应的政府付费扣减比例。此外，实践中还有一种"递进式"的扣款机制，即对于首次未达到绩效标准的情形，仅进行警告或少量扣款，但如果该情形在某段时期内多次发生，则会逐渐增加对于该情形的扣款比例，以促使项目公司及时采取补救措施。

（2）如果长期或者多次无法达到绩效标准，或者未达到绩效标准的情形非常严重，还有可能构成严重违约从而导致合同终止。

5.1.4 政府付费的调价机制

在长达20～30年的PPP项目生命周期中，市场环境的波动会直接引起项目运营成本的变化，进而影响项目公司的收益情况。设置合理的价格调整机制，可以将政府付费金额维持在合理范围，防止过高或过低付费导致项目公司亏损或获得超额利润，有利于项目物有所值目标的实现。常见的调价机制包括以下内容。

5.1.4.1 公式调整机制

是指通过设定价格调整公式来建立政府付费价格与某些特定系数之间的联动关系，以反映成本变动等因素对项目价格的影响，当特定系数变动导致根据价格调整公式测算的结果达到约定的调价条件时，将触发调价程序，按约定的幅度自动调整定价。常见的调价系数包括消费者物价指数、生产者物价指数、劳动力市场指数、利率变动、汇率变动等。调价系数的选择需要根据项目的性质和风险分配方案确定，并应综合考虑该系数能否反映成本变化的真实情况并且具有可操作性等。

5.1.4.2 基准比价机制

基准比价机制是指由项目公司对其自身或其分包商提供某项服务的价格与该服务的市场价格进行比较，如果与市场价格存在差异，则项目公司将与政府协商调价。但是采用基准比价机制通常不会直接导致服务提供者的更换。

通常基准比价机制的具体操作程序如下：

（1）在 PPP 项目合同中约定一个固定周期或者一个特定日期，在该周期届满或该日期到来时，由项目公司启动比价程序，就其提供某项特定服务的价格与市场上提供同类服务的一般价格进行比较。

（2）项目公司应在 PPP 项目合同中约定的比价期限内（例如 40 周）完成比价工作。具体比价期限的长短需要根据相关服务的规模和性质确定。

（3）若比价结果显示同类服务市场价高于项目公司当前定价的，通常会有以下两种情形：若现有服务分包商依其分包合同仍有义务按原价提供服务的，则无须进行调价；若现有服务分包商依其合同有权重新调价的，则可由项目公司向政府申请调价。

（4）若比价结果显示同类服务市场价低于项目公司当前定价的，PPP 项目合同通常会规定项目公司必须与政府协商对该项服务的价格进行调整。

同时，鉴于在基准比价机制下的比价工作主要由项目公司负责实施，为加强政府对项目公司比价过程的监控，通常会在合同中规定政府有权对项目公司或其分包商提供服务的相关成本分析进行评估和审核。

需要特别说明的是，基准比价机制不仅仅是一种调价机制，也是一种有效的激励机制，项目公司可以通过基准比价，对自己或其分包商提供特定服务的方式和成本进行回顾，及时改善服务的效率和质量。

5.1.4.3 市场测试机制

市场测试机制是指在 PPP 项目合同约定的某一特定时间，对项目中某项特定服务在市场范围内重新进行采购。相比基准比较机制，市场测试机制的程序更具透明性和竞争性，可以更好地实现项目的物有所值。采用市场测试机制有可能导致服务提供者的更换，市场测试后确定的采购价格既可能高于也可能低于原来的价格。

通常市场测试机制的具体操作程序如下：

（1）在合同约定的特定日期到来时，项目公司将会就特定的软性服务进行重新采购，通常原分包商可以参与采购程序，但应避免利益冲突的情况，例如项目公司的关联公司不能参与。

（2）如果采购程序结果显示，项目公司通过替换该服务的分包商，更能够实现项目的物有所值，则政府和项目公司可协议更换该服务的分包商，政府则可因此减少付费或者获得更优质的服务。

（3）如果采购程序结果显示，该服务的原分包商更能实现项目的物有所值，则不会更换分包商，也不会对当前的服务定价进行调整。

市场测试机制的采购工作通常由项目公司负责实施，项目公司有义务确保采购工作的依法实施以及分包商之间的顺利交接。

但上述的基准比价机制和市场测试机制通常适用于社会公共服务类项目，而很少出现在公共交通或者公用设施项目中（关于基准比价机制和市场测试机制的具体程序，请见5.3），主要原因有二：

一是在公共交通或者公用设施项目中，项目公司的各项服务互相关联，难以明确分割，很难对某一项服务单独进行比价或市场测试；

二是难以找到与该项目公司所处的运营情况、市场条件完全相同的比较对象。

此外，政府在考虑采用基准比价机制和市场测试机制时还需要注意，这两种调价机制既有可能减少政府付费金额，也有可能增加政府付费金额。

5.1.4.4 调价机制的选择

总体来讲，定期调价符合政府和项目公司双方的利益，但这需要以适当的调价机制为保障。

市场测试机制主要适用于社会公共服务项目中的一些软性服务，如学校项目中的清洁、餐饮、安保服务等，通常对这类服务进行重新招标不会影响到整个项目的运行。而对于一些关系到项目运行的核心服务（如医院项目中的医疗服务或学校项目中的教学服务等），如果重新进行招标，可能影响整个项目的正常运行或者需要对整个项目进行较大调整，则无法采用市场测试机制。

此外，相比基准比价机制，市场测试机制在程序上具有更强的灵活性，并且能够利用充分竞争更好地达成提高服务效率和质量的目的。但是，如果某项服务特殊性较强或者资质要求较高，能够提供该项服务的分包商过少，缺乏充分的市场竞争，则无法采用市场测试机制，而可以采用基准比价机制。

需要特别说明的是，市场测试机制和基准比价机制并不是必须二选其一的，合同中可以约定先采取某一机制，而将另一机制作为替代方案。例如，某项服务先采用市场测试机制进行重新采购，如果采购过程中出现竞争者不足的情况，则可以改用基准比价机制；反之，在采用基准比价机制时，如果政府无法与项目公司或原有分包商就价格调整达成一致的，也可以改用市场测试机制；另外，如果某一项目涉及多项服务的调价时，也可以根据需要分别选择不同的调价机制。

5.2 使用者付费

使用者付费机制是指由最终消费用户直接付费购买公共产品和服务。项目公司直接从最终用户处收取费用，以回收项目的建设和运营成本并获得合理收益。在此类付费项目中，项目公司一般会承担全部或者大部分的项目需求风险。

并非所有PPP项目都能适用使用者付费机制，使用者付费机制常见于高速公路、桥梁、地铁等公共交通项目以及供水、供热等部分公用设施项目中。

设置使用者付费机制时，需要根据项目的特性和具体情况进行详细的评估，重点考虑以下几个问题：

第一，项目是否适合采用使用者付费机制。从项目所在的行业来看，主要集中在污水处理、轨道交通、供水供暖等以"使用者付费"为特征的经营性项目。这类项目收益相对较高且较为稳定，吸引社会资本相对容易。PPP项目推广初期或将主要以轨道交通、污水垃圾处理、供水供电等适合市场化经营的项目为主。

第二，使用费如何设定。

第三，政府是否需要保障项目公司的最低收入，是否需要设置机制避免项目公司获得过高的利润。

5.2.1 使用者付费机制的适用条件

具体 PPP 项目是否适合采用使用者付费机制，通常需要结合项目特点和实际情况进行综合评估。适合采用使用者付费机制的项目通常需要具备以下条件：

（1）项目使用需求可预测。项目需求量是社会资本进行项目财务测算的重要依据，项目需求量是否可预测以及预测需求量的多少是决定社会资本是否愿意承担需求风险的关键因素。通常社会资本只有能够在一定程度上确定其可以通过使用者付费收回投资成本并且获得合理收益的情形下，才有参与 PPP 项目的动机。

（2）向使用者收费具有实际可操作性。在一些项目中，项目公司向使用者收费可能并不实际或者并不经济。例如，在采取使用者付费机制的公路项目中，如果公路有过多的出入口，使得车流量难以有效控制时，将会使采取使用者付费机制变得不具有成本效益，而丧失实际可操作性。

（3）符合法律和政策的规定。根据相关法律和政策规定，政府可能对于某些项目实行政府定价或者政府指导价，如果按照该政府定价或政府指导价无法保障项目公司回收成本并获得合理收益，则无法适用使用者付费机制，但可以考虑采用可行性缺口补助机制。

使用者付费机制的优势在于，政府可以最大限度地将需求风险转移给项目公司，而且不用提供财政补贴，同时还可以通过与需求挂钩的回报机制激励项目公司提高项目产品或服务的质量。

但需要强调的是，除非需求量可预测且较为明确或者政府提供其他的补助或承诺，否则使用者付费项目的可融资性相对较低，如果融资难度和融资成本过高，则可能会导致项目无法实施；同时，由于项目公司承担较大的需求风险，在需求不足时，项目公司为了确保能够收回成本，有可能会要求提高使用费的定价或者变相降低产品或服务质量。

5.2.2 使用者付费的定价机制

5.2.2.1 定价方式

实践中，使用者付费的定价方式主要包括以下三种：

第一，根据《中华人民共和国价格法》等相关法律法规及政策规定确定；

第二，由双方在 PPP 项目合同中约定；

第三，由项目公司根据项目实施时的市场价格定价。

其中，除了最后一种方式是以市场价为基础外，对于前两种方式，均需要政府参与或直接决定有关 PPP 项目的收费定价。

5.2.2.2 政府参与定价的考虑因素

第一，需求的价格弹性，是指需求量对价格变动的敏感程度，即使用者对于价格的容忍程度。收费价格上涨到一定程度后，可能会导致使用量的下降。

第二，项目公司的目标，即在综合考虑项目的实施成本、项目合作期限、预期使用量等因素的情况下，收费定价能否使项目公司获得合理的收益。

第三，项目本身的目标，即能否实现项目预期的社会和经济效益。

第四，有关定价是否超出使用者可承受的合理范围（具体可以参考当地的物价水平）。

第五，是否符合法律法规的强制性规定，等等。

5.2.2.3 政府参与定价的方式

根据 PPP 实践，政府参与收费定价通常可以采取以下几种具体方式：

第一，由政府设定该级政府所辖区域内某一行业的统一价（例如，某市政府对该市所有高速公路收费实行统一定价）。由于该使用费定价无法因具体项目而调整，如果社会资本在提交响应文件时测算出有关使用费定价无法覆盖其成本，则通常允许其要求政府提供一定的补贴。

第二，由政府设定该级政府所辖区域内某一行业的最高价。在具体项目中，项目公司仅能够按照该最高价或者低于该最高价的价格进行财务评估，如果社会资本在提交响应文件时测算出即使采用最高价也无法使其收回成本时，则通常允许其要求政府提供可行性缺口补助。

第三，由双方在合同中约定具体项目收费的价格。

第四，由双方在合同中约定具体项目收费的最高价。此外，在一些 PPP 项目中，双方还有可能约定具体项目收费的最低价，实际上将 PPP 项目的部分建设和运营成本直接转移给使用者承担。

5.2.3 唯一性条款和超额利润限制机制

5.2.3.1 唯一性条款

在采用使用者付费机制的项目中，由于项目公司的成本回收和收益取得与项目的实际需求量直接挂钩，为降低项目的需求风险，确保项目能够顺利获得融资支持和稳定回报，项目公司通常会要求在PPP项目合同中增加唯一性条款，要求政府承诺在一定期限内不在项目附近新建竞争性项目。

5.2.3.2 超额利润限制

在一些情形下，使用者需求激增或收费价格上涨，将可能导致项目公司因此获得超出合理预期的超额利润。针对这种情形，政府在设计付费机制时可以考虑设定一些限制超额利润的机制，包括约定投资回报率上限，超出上限的部分归政府所有，或者就超额利润部分与项目公司进行分成等。但基本的原则是无论如何限制，付费机制必须能保证项目公司获得合理的收益，并且能够鼓励其提高整个项目的效率。

5.3 可行性缺口补助

可行性缺口补贴模式是指由公共资产或公共服务的最终用户向PPP项目公司付费，但该等付费不足以支撑社会资本获得满意的收益水平，有时甚至无法回收初始投资和运营维护成本，导致项目在财务上不可行，而政府则通过财政补贴的方式弥补可行性缺口，使社会资本可以获得合理的投资和运营回报。可行性缺口补贴模式通常用于可经营性系数较低、财务效益欠佳、直接向终端用户提供服务但收费无法覆盖投资和运营回报的基础设施项目，如医院、学校、文化及体育场馆、保障房、价格调整滞后或需求不足的网络型市政公用项目、交通流量不足的收费公路等。可行性缺口补贴的方式包括：前补贴（无偿划拨资金、政府出资入股且分红比例低于股权比例、政府无偿或低价租赁项目资产）、后补贴（运营期补贴）、政策性补贴（财政贴息、税收返还、无偿划拨土地使用权）等。

可行性缺口补助是在政府付费机制与使用者付费机制之外的一种折中选择。对于使用者付费无法使社会资本获取合理收益，甚至无法完全覆盖项目的建设和运营成本的项目，可以由政府提供一定的补助，以弥补使用者付费之外的缺口部分，使项目具备商业上的可行性。但此种付费机制的基本原则是"补缺口"，而不能使项目公司因此获得超额利润。

国际上关于可行性缺口补助的定义、适用范围和补贴方式尚无统一的界定。在我国实践中，可行性缺口补助的形式多种多样，具体包括以下内容。

5.3.1 投资补助

在项目建设投资较大，无法通过使用者付费完全覆盖时，政府可无偿提供部分项目建设资金，以缓解项目公司的前期资金压力，降低整体融资成本。通常政府的投资额应在制订项目融资计划时或签订PPP项目合同前确定，并作为政府的一项义务在合同中予以明确。投资补助的拨付通常不会与项目公司的绩效挂钩。

5.3.2 价格补贴

在涉及民生的公共产品或服务领域，为平抑公共产品或服务的价格水平，保障民众的基本社会福利，政府通常会对特定产品或服务实行政府定价或政府指导价。如果因该定价或指导价较低导致使用者付费无法覆盖项目的成本和合理收益，政府通常会给予项目公司一定的价格补贴。例如地铁票价补贴。

此外，政府还可通过无偿划拨土地，提供优惠贷款、贷款贴息，投资入股，放弃项目公司中政府股东的分红权，以及授予项目周边的土地、商业等开发收益权等方式，有效降低项目的建设、运营成本，提高项目公司的整体收益水平，确保项目的商业可行性。

在我国以往所实践的PPP项目中，弥补项目资金缺口往往是财政补贴的唯一作用。必须指出的是，政府作为PPP项目的发起人或业主，其核心目标是确保公众使用者得到优质服务的同时，使项目产生更高的效率（尤其与传统政府投资模式相比）。而投资人作为PPP项目的参与者，其核心诉求往往是从项目中获取合理的回报。这就要求项目的架构和模式设计必须充分考虑如何将政府的目标和投资人的诉求有效结合。实践证明，灵活有效的财政补贴模式可以作为一项有效的手段，促进投资者按照约定提供服务，从而实现政府提高项目整体效率的目标。

5.3.2.1 PPP模式下补贴设计的目标和原则

（1）补贴机制设计的目标。在PPP项目中设计合理的补贴模式，政府应能实现以下目标：①通过补贴使项目达到财务平衡，保障PPP投资人合理回报，这是PPP投资人参与项目的前提条件，也是补贴设计的基本目标；②通过建立灵活的补贴机制，促进PPP投资人履行其合同项下的义务，以达到公众对基础设施及公用项目服务的基本要求，同时促进其通过业务创新和管理提升，提升运营标准与服务水平。

(2) 补贴机制设计的原则。

补贴模式应经政府和投资人双方达成一致，在 PPP 协议中应清晰订立，不应有模糊和歧义，避免执行中的争议。

补贴应与项目产出说明中的服务标准和绩效水平挂钩，有奖励和惩罚的补贴机制才能有效促进 PPP 投资人的服务水平。

PPP 项目的服务水平应尽可能得到量化，且政府有能力对其进行持续的计量、跟踪与评价，并且能恰当地反映到补贴计量模型中。

补贴模式不是一成不变的，政府和投资人在 PPP 项目实施过程中应定期评估现行补贴模式的合理性和适用性，必要时对补贴模式进行调整。

5.3.2.2 PPP 模式下补贴方式的选择

PPP 模式下的补贴方式可以简单分为固定补贴模式和变动补贴模式。固定补贴模式是指政府和投资人在 PPP 协议中约定了政府每年给予投资人补贴的具体金额以及补贴期限。对于政府而言，这种模式操作简单、易于执行。但在执行过程中，由于 PPP 项目的使用量、成本费用、价格水平在项目生命周期内会出现较大变动，固定补贴模式并不能完全反映项目财务状况的动态变化。具体而言，当收入下降或成本上升时，固定补贴将导致投资人回报率下降，投资人就会以牺牲服务水平为代价补偿其项目收益率的下降；反之，投资人拿到超额利润，政府财政部门若继续以固定金额补贴，往往会受到来自公众的质疑。

因此，政府在设计补贴方案时可以考虑适当采用变动补贴模式。变动补贴模式与固定补贴模式相比，优点在于通过将补贴金额与产出水平中的数量和质量进行挂钩，可以约束 PPP 投资人更好地履行责任，也可以促进投资人提高项目效率以获得更多的补贴来提高其项目回报率。但采用变动补贴模式要求政府财政部门在 PPP 项目设计之初，就必须精细化识别重要项目参数，针对参数设定合理的支付标准，并建立合理的支付模型。这对政府部门而言也是一项不小的挑战。

以下是三类常见的变动补贴模式：

（1）按照使用量进行补贴模式。在服务价格受到政府监管，而投资者没有完全定价权的项目中，政府可以建立以使用量为基础、名义价格与平衡价格差额为补贴标准的补贴方式，对投资人进行补贴。例如，在轨道交通行业实施低于市场化水平的优惠票价或者一票制定价方式的市场，政府可以采用影子票价，根据每一名乘客每次搭乘地铁作为基础，根据实际客流给予PPP投资人一定的补贴。

（2）采用可用性支付补贴模式。在这一模式下，政府根据PPP投资人所提供设施是否达到约定可用状态及其可靠程度，对补贴金额和补贴时点进行计量。

（3）采用服务水平挂钩补贴模式。在这一模式下，PPP投资人从政府获取的补贴与其所提供的服务水平和质量挂钩。政府和PPP投资人在合同中约定基准服务水平或运营标准，以及其所对应的补贴金额。以此为基础，双方进而约定当PPP投资人所提供的服务超过基准水平时，PPP投资人可以从政府获得额外补贴的计量方式；相反，当其所提供的服务低于基准水平时，投资人需要支付给政府的处罚金或基础补贴的抵扣金额。

5.3.2.3 PPP协议期内补贴模式的调整

由于在PPP协议期内，政府和投资人在最初确定补贴模式的考虑因素可能随着项目运营情况的变化而变化。因此，无论是采用固定补贴模式还是变动补贴模式，政府和PPP投资人应在合同中确定补贴模式重新厘定和调整的机制。而调整机制的核心是要清晰约定触发调整的事项、边界条件和调整周期。例如，在使用量补贴模式下，双方可在合同中作如下约定：当通货膨胀率持续X月达到Y水平时，单位补贴值可以上调Z元，反之需要下调。又如，在采用服务水平挂钩补贴模式下，双方约定每N年对服务基准指标值进行重新商议，同时对奖励和惩罚计算公式进行重新审阅。

在PPP项目中，灵活的补贴模式既是政府对PPP投资人的承诺，同时也是平衡政府与投资人目标的机制，其最终的目标是在保证投资人获得合理回报的同时，公众使用者获得更好的服务，从而提高整个项目的效率。

6 不同行业下的特定条款

受不同行业政策及行业特点的影响，不同行业的PPP项目合同中会有一些特殊的条款安排。本部分内容将会就公共交通、公用设施及社会公共服务等PPP模式应用较为广泛的行业领域内，PPP项目合同的特殊条款和机制进行详细介绍。

6.1 公共交通项目

公共交通项目通常包括机场、港口、公路、铁路、桥梁和城市轨道交通等，其共同特点是公共服务性强、投资规模较大。

高速公路项目在公共交通项目中比较典型，在世界范围内采用PPP模式的高速公路项目案例也非常多。实践中，高速公路项目主要采用BOT和委托运营两种运作方式。本文谨以采用BOT运作方式的高速公路项目为例，结合我国的实际情况，阐述公共交通项目的一些特定条款机制。

6.1.1 项目的范围和期限

6.1.1.1 项目的范围

根据具体PPP项目合同的约定，高速公路项目的合作范围，除了高速公路的建设运营外，还可能包括沿途服务设施和广告等的开发和运营。

6.1.1.2 项目期限

在采用BOT运作方式的高速公路项目中，项目期限通常包括高速公路的建设期和运营期，待项目期限届满后，通常项目公司将无偿把高速公路移交给政府。

项目期限的长短与项目公司的收益直接相关，在投资成本一定、其他条件不变的情况下，项目公司所获得利润与项目期限成正比。在设置项目期限时，需要综合考虑项目的建设运营成本、回报率、融资计划、风险分配以及政策法律规定等多种因素，合理平衡政府、项目公司和使用者的利益。需要强调的是，高速公路项目的收费期限还要同时受到我国《收费公路管理条例》以及相关地方性法律法规的限定，根据《收费公路管理条例》，我国高速公路项目的收费期限分两种情况，政府还贷公路和经营性公路。

（1）政府还贷公路的收费期限，按照用收费偿还贷款、偿还有偿集资款的原则确定，最长不得超过15年。国家确定的中西部省、自治区、直辖市的政府还贷公路收费期限，最长不得超过20年。

（2）经营性公路的收费期限，按照收回投资并有合理回报的原则确定，最长不得超过25年。国家确定的中西部省、自治区、直辖市的经营性公路收费期限，最长不得超过30年。国家实施免费政策给经营管理者合法收益造成影响的，可通过适当延长收费年限等方式予以补偿。

延时收费可能有三个主要原因：其一，确实存在收费到期，但贷款或债务尚未全部收回，需要延时收费；其二，多年的特许收费权，已经形成既得利益集团，来自于他们的阻挠和抗拒是不难想见的；其三，对于收费期限到达后的相关处置，包括制度安排，公司或机构退出和养护费收取等，相关主管部门、收费机构和路桥公司都缺乏思想准备和政策准备。本着"公平性高于收益性，社会效益高于经济效益"的原则，对于中西部、欠发达地区的公益性公路，公路投资价值偏低，而且禁止收取通行费，需要中央政府加大投入，或者由地方政府发债修路。对于经营性公路，大方向是通过特许经营权，遏制经营方暴利，降低过高的回报率，一旦超出合理回报率，政府就要获得回报，用于公共事业。

6.1.2 付费和调价机制

PPP模式是一种公私合作的方式，政府和企业共同出资，共同承担风险，在中国的基础设施投融资中已经得到了广泛的应用。基础设施属于准公共用品，具有一定的经济外部性，因此产品的价格既要考虑企业的成本并给予合理的利润率，又要体现基础设施产品准公共产品的性质。PPP项目的特许经营期一般都较长，在特许经营期内产品的价格并不是一成不变的，伴随着风险因素的产生，产品的价格也要进行适当的调整。按照《收费公路管理条例》第十六条规定，价格主管部门可以根据"公路的技术等级、投资总额、当地的物价指数、偿还贷款或者有偿集资款的期限和收回投资的期限以及交通量等因素"对收费标准重新定价。

6.1.2.1 付费机制

PPP模式下的高速公路项目存在多个利益相关方,各方均有各自的定价目标,项目公司希望利润最大化,高速公路使用者希望获得质优价廉的服务,而政府则希望尽可能实现既定区域内的社会效益最大化。合理的收费标准除了可以覆盖高速公路在各时期的建设、维护、管理等成本,还能让项目公司获得合理的利润。

高速公路付费机制。在高速公路项目中,如何收取车辆通行费是一个非常关键的问题。实践中,高速公路项目通常有三种付费机制。

(1) 使用者付费(又称为"Real Toll"):项目公司直接向高速公路使用者收费。

(2) 政府按使用量付费(又称为"Shadow Toll"):政府根据高速公路的实际使用量,即车流量向项目公司付费,车流量越大,付费越多。

(3) 政府按可用性和绩效付费:政府根据项目公司提供的高速公路是否达到合同约定的可用性标准来付费,并在此基础上根据项目公司的绩效设定相应的扣减机制。如果项目公司未能保证高速公路达到供公众使用的标准,政府将根据不达标高速公路的长度和数量以及不达标所持续的时间等,从应当支付给项目公司的费用中作相应扣减。

高速公路收费定价的影响因素。

(1) 高速公路成本:通常包括高速公路的建设成本和运营维护成本,例如工程建设费、设备购置费、道路维修费、养护费以及日常管理费用等。

(2) 车流量:收费公路项目,尤其是使用者付费或政府按使用量付费的项目中,车流量对项目公司的收入有直接影响。车流量的大小通常由该高速公路辐射区域内的经济发展状况和汽车拥有量等因素决定。

(3) 项目期限:项目期限直接影响高速公路的收益,期限过短无法保证项目公司获得合理收益;而期限过长则有可能导致项目公司暴利,甚至构成垄断。

(4) 使用者的支付意愿:高速公路使用者的支付意愿通常具有很强的主观性,主要取决于使用者个人的支付能力。使用者的支付能力通常会受当地物价水平、个人年龄层次、职业稳定与否等因素影响。

(5) 高速公路的性能和技术条件：高速公路的技术等级和服务水平越高，高速公路使用者可以接受的通行费标准也会越高。

(6) 高速公路辐射区内的其他交通运输方式及其定价：高速公路辐射区内是否有其他交通运输方式，例如普通公路、铁路和民航等，这些交通运输方式的定价通常也会影响高速公路收费的定价。

6.1.2.2 调价机制

必要性。

PPP 模式下的高速公路项目期限通常较长，在符合法律法规规定的前提下，一般为 15~30 年不等，在长期的高速公路运营过程中，诸如物价水平、车流量以及路况条件等因素均可能发生较大变化，进而对高速公路项目的运营维护成本和收益水平产生直接影响。如果不适时进行价格调整，可能会导致当前收费标准无法实现项目公司的合理收益，从而进一步影响高速公路的运营品质和社会效益。

调价原则。

(1) 保证合理回报原则：项目公司在收回高速公路的建设成本和运营维护成本后，应获得与同行业平均收益率相适应的合理收益回报。

(2) 使用者可承受原则：高速公路收费价格不应过分高于使用者可承受的合理范围，如果使用者通过使用高速公路所获得的时间节约、距离缩短和安全提高等效益，不能补偿其付出的通行费、燃油费等成本，使用者就可能不会选择使用该高速公路出行。

(3) 综合考虑原则：高速公路项目在进行价格调整时，除了应考虑项目公司的收益水平和高速公路使用者的承受能力外，还应当综合考虑通货膨胀、物价上涨和收费管理人员工资变化等各种影响因素。

6.1.2.3 唯一性条款

唯一性条款是 PPP 模式下高速公路项目中的重要条款，因为高速公路的收益直接取决于过往车辆的通行量，而且高速公路项目先期投资成本大、回收周期长，如果项目附近有性能和技术条件与本项目类似，但免费或收费较低的可替代路线，将会严重影响项目公司的成本回收及合理收益的获得，从长远来看，不利于调动社会资本的投资积极性。因此，为保证项目建成通车后项目公司有稳定的收入，项目公司在前期需要认真研究路网规划，对是否有可代替的路线以及如果存在这些路线将会对项目收益产生怎样的影响进行详细评估。在合同谈判阶段则要求政府做出相关承诺，即承诺项目期限内不在项目附近兴建任何竞争性的道路，并控制公路支线叉道口的连接，使项目公司保持较高的回报率，以避免过度竞争引起项目公司经营收益的下降。

6.1.2.4 政府对项目的优惠政策

政府对项目提供优惠政策有利于项目公司在高速公路项目中规避一定的投资风险，因此项目公司在与政府谈判时会努力争取切实可行、规避风险的优惠条件。

政府提供给项目的优惠政策可能包括向项目公司无偿划拨土地、授予周边土地或商业开发收益权以及优先审批、简化审批等。

6.2 公用设施项目

公用设施通常是指政府有义务提供的市政公用基础设施，包括供电、供气、供水、供热、污水处理、垃圾处理等，有时也包括通信服务设施。公用设施项目普遍具有公益性、自然垄断性、政府监管严、价格弹性较小等特点，但不同的公用设施项目也具有不同的特性。下文将重点阐述公用设施项目中一些特别的条款和机制。

6.2.1 付费和调价机制

由于多数公用设施项目的产品或服务均可以量化，因此此类项目通常采用以实际使用量为基础的付费机制，例如按使用量付费的政府付费机制或者使用者付费机制。同时，由于公用设施项目的产品，如水、电、燃气等，涉及公共安全和公众利益，通常受到政府的严格监管并由政府统一定价，因此，如果在使用者付费机制下，政府的定价无法使项目公司收回成本并获得合理收益，也可以考虑采用可行性缺口补助机制。

不同类型公用设施项目的付费和调价机制各有特点，下文中将以供电项目为例对公用设施类 PPP 项目的付费和调价机制进行详细介绍。

供电项目的一个主要特点是购买主体的唯一性。在我国，电力供应属于政府实行严格管制的自然垄断行业，项目公司通常不能直接将项目所发的电销售给最终用户，而须先将电统一销售给政府电力主管部门或国家电力公司，再由政府电力主管部门或国家电力公司销售给最终用户。实践中，项目公司通常会与购电方（可能是PPP项目合同的政府方，也可能是政府的电力主管部门或国家电力公司，以下统称为"购电方"）另行签署电力购买协议，或者在PPP项目合同中设置具体条款，以明确具体购电安排和定价调价机制。

6.2.1.1 购电安排

对于供电项目而言，购电安排是最为核心的条款，直接关系到项目公司的投资回报。为了确保供电项目建成后能够通过售电收回成本并获取收益，在电力购买协议或PPP项目合同中有可能会为购电方设定一些强制性的购电安排。常见的购电安排包括以下两种：

一是照付不议。是指规定一个最小净输出发电量，只要项目公司达到该最小净输出量的发电能力并且不存在项目公司违约等情形，购电方就有义务按照该最小净输出发电量向项目公司支付电费，而不论项目公司是否实际生产了该部分的电量。如果能够超出最小净输出发电量的发电能力，购电方则可根据其需求和实际购得的电量支付电费。这种购电安排，可以为项目公司的收入提供一定保障，有助于提高项目的可融资性，一般在煤电项目中较为常见。

二是强制购买。是指购电方有义务购买该供电项目所发的全部电量并根据所发的电量支付电费，而无论购电方是否真正需要。但如果非因政府方原因，项目公司没有实际发出电量，则项目公司将无法获得付费。这种安排在风力发电、太阳能发电等新能源发电项目中较为常见。

6.2.1.2 电价组成要素

在不同供电项目中的电价组成要素可能不同，通常包括容量电价和电量电价中的一种或两种。

一是容量电价。容量电价是基于项目是否达到合同约定的容量标准而支付的电价，与项目是否被实际使用无关，可以看作是可用性付费的一种形式。根据项目的具体情况，容量电价通常由项目的建设成本、固定的运营维护成本等组成。

在采用容量电价时，合同中通常会就发电机组的额定功率、可用小时数等设定严格的标准，如果项目公司无法达到该标准，则会扣减相应的付费；如果项目的实际性能优于合同约定的标准，在一些项目中还有可能获得相应的奖励。

二是电量电价。电量电价是基于项目公司每月实际供应的电量来进行支付的电价形式。电量电价通常会根据季节及用电的峰谷时段设置不同的价格，以激励项目公司在电力供应紧张时期多供电。电量电价的组成通常包括燃料成本以及非固定的运营维护成本等。

6.2.1.3 电价调整机制

电价的调整机制主要包括基于公式调整机制和协商调整机制两种。

一是公式调整机制。在电价调整公式中，通常可能会以燃料价格变动、利率变动、消费者物价指数等作为主要的调价系数，当上述系数变动达到约定的幅度时即可触发调价程序，按调价公式自动调整电价。

二是协商调整机制。在一些供电项目中，双方会在项目采购阶段根据项目预算成本初步确定电价和电价组成要素，待项目建成后，如果实际结算成本与预算成本差别较大的，双方再根据实际结算成本对电价和电价组成要素进行重新谈判。这种调价方式，也称为成本加成电价模式。

与之相对应的是馈网电价模式，即双方在项目采购阶段确定一个固定的馈网电价，并且在项目实施过程中不会因实际成本与预算成本有差别而对该电价进行调整。但在国际PPP实践中，一些以馈网电价为基础的供电项目，也可能设定一些调价机制，但通常调价幅度有限，并且一般不需要双方再次协商。

6.2.2 连接设施建设

与其他领域项目不同，一些公用设施项目需要建设一些与公共管网连接的设施才能实现运营。例如，供电项目中与国家电网连接的输变电设施，供热项目中与城市现有供热管网连接的换热站、管道等。因此，在这类公用设施项目的PPP项目合同中，通常会详细规定有关连接设施的建设条款。

实践中，根据项目具体情况的不同，关于连接设施的建设责任由哪一方承担通常有以下三种情形：

第一，全部由政府负责建设。由于连接设施需要与公共管网直接连接，因此，为了确保其与管网的配套统一性且不影响公共管网的正常运作，一些项目中，政府会主张自己建设此部分设施。但在这种情形下，为了确保该连接设施建设与项目建设和运营配合，通常会在PPP项目合同中规定：

（1）建设标准，以确保政府所建设的连接设施能够与项目设施相连接，并且符合项目正常运营的要求。

(2) 完工时间要求。如果必要的连接设施没有完工，即使项目已达到开始运营的条件，也仍然无法开始运营。因此，在PPP项目合同中通常会规定，政府有义务在项目设施完工时或之前完成连接设施的建设。如果政府无法按照合同约定的要求完工，项目公司将可能获得一定的救济，如项目期限延长、损害赔偿等。

(3) 政府建设连接设施的费用承担，通常由双方在合同中约定。

第二，由项目公司和政府方共同负责建设。即项目公司和政府方每方负责一部分连接设施的建设。对于这种情况，合同条款中应当特别注意设施边界和双方责任的划分，同时要重点关注连接设施的建设标准和工程进度的统一性问题。为此，PPP项目合同中通常会规定：

(1) 各方的义务和责任范围，包括应建设的工程范围、建设的标准以及完工时间和进度要求等；

(2) 双方互相通知和报告的义务，以确保一方能够及时了解对方设施的建设情况；等等。

第三，全部由项目公司负责建设。如果全部由项目公司负责建设，该连接设施通常会包含在整个项目设施的范围内，并在项目的建设条款中对连接设施设计、建设标准和要求进行规定。与此同时，在PPP项目合同中可能不会专门针对连接设施规定完工时间，而是与整个项目开始运营的时间相结合（关于项目的建设条款请见6.6）。

6.2.3 原料供应

一些公用设施项目的运营通常会与原料供应紧密相关。例如，在污水处理、垃圾处理以及火电项目中，污水、垃圾、煤炭等原料的供应量直接决定项目产出的产品或服务的数量。因此，保障原料的持续稳定供应是这些公用设施项目需要解决的关键问题。具体项目的原料供应由哪一方负责，需要根据原料的特性、项目公司取得原料的能力等进行综合评估。

6.2.3.1 由项目公司负责

对于可在公开市场上购买的原料，例如原煤、水泥等，原料供应的风险和责任通常由项目公司自行承担。为了确保原料供应能够满足项目运营的要求，项目公司通常会根据项目的需求，制订详细的供应计划，并力争与原料供应商签订长期的原料供应合同，以尽可能地降低原料供应风险。

为了确保项目所用原料的保质保量和持续稳定供应，PPP项目合同中有时也会规定政府在原料供应商选择、供应合同签订等方面的协助义务和监管权。

6.2.3.2 由政府方负责

在原料无法从公开市场上取得，仅能由政府供应（例如污水、垃圾），或者项目公司无法承担有关原料供应风险的情形下，通常会约定由政府负责供应原料，同时会在合同中对原料的质量和数量予以明确约定。

（1）原料质量。通常原料的质量标准应根据项目的成本和运营标准等进行评估，原则上原料的质量应确保项目在不增加预计成本的情形下实现正常的运营。如果因政府供应的原料质量未达到约定标准而导致项目公司的运营成本增加，政府应给予相应的补偿。

（2）原料数量。在多数的公用设施项目中，原料供应的数量将直接决定项目提供产品或服务的数量，并且可能直接与项目公司的收益挂钩。因此，有必要对供应原料的数量进行明确约定。例如，一些污水处理项目的PPP项目合同中规定，政府应确保在整个项目期限内，收集和输送污水至污水处理项目指定的交付地点，并满足合同约定的基本水量（如日均污水量）和进水水质等。

6.2.4 环境保护责任

一些公用设施项目的运营会产生"三废"和噪声，对环境造成不利影响，因此，在PPP项目合同中会明确规定这类项目的建设运营所应遵守的环保标准和应履行的环境保护责任。项目公司的环境保护责任通常包括：

第一，按照有关环保要求，建设相应的环保设施，并采取环境污染防治措施，确保项目建设、运营期间产生的废水、废气、固体废弃物以及噪声满足相应的环保标准。

第二，遵守有关公共卫生和安全生产等法律法规的规定。

第三，在项目的建设、运营期间，应采取一切合理的措施，尽量减少对项目设施周围建筑物和居民区的干扰。

6.3 社会公共服务项目

社会公共服务领域的项目通常包括医疗服务设施、学校、监狱、养老院、保障性住房等。在社会公共服务 PPP 项目中，项目公司有可能负责社会服务设施的建设和运营维护，或者为社会服务设施提供部分或全部的运营和管理服务，或者直接负责提供社会公共服务。此外，在一些 PPP 项目中，合作范围还可能包括项目周边土地开发和设施经营，例如餐厅、商店等。

社会公共服务项目中的付费调价机制和绩效监控机制通常较为关键且特点鲜明，下文将对此进行详细阐述。

6.3.1 付费和调价机制

6.3.1.1 付费机制

实践中，社会公共服务项目通常采用政府付费或者可行性缺口补助机制，很少采用单纯的使用者付费机制。这主要是因为社会公共服务项目通常具有较强的公益性（如学校、医疗机构等），其所提供的公共服务通常是免费的或者收费较低，项目公司很难通过单纯的使用者付费机制回收成本并获得合理收益。

政府付费。社会公共服务项目通常采用依可用性和绩效付费的政府付费机制。例如，在公立学校项目中，由项目公司负责学校设施的建设并提供部分运营管理服务，在学校设施建成后，政府根据学校设施的可用性和项目公司的运营表现，按月向项目公司支付一笔固定费用。但是，如果项目公司没有达到学校设施的可用性标准（如教室数量不符合合同要求），或者一些项目公司提供的运营管理服务没有达到合同约定的绩效标准（如安保工作、卫生状况等未达标），则政府会在固定支付的费用中作相应的扣减。

可行性缺口补助。在一些服务定价较低、使用者付费无法完全覆盖项目公司的投资成本和合理收益的项目中，可以考虑采用可行性缺口补助机制。例如，在养老服务和保障性住房项目中，使用者可以优惠价格购买服务或住房，而政府就该优惠价与市场价之间的差额部分向项目公司提供适当的补助，以保证项目公司收回成本并获得合理的收益。

6.3.1.2 调价机制

由于社会公共服务项目通常实施期限较长，在项目实施过程中劳动力成本、物价指数等价格影响因素可能会发生较大变化，并对项目的运营维护成本和收益水平产生影响，因此，设置合理的调价机制能够更好地平衡政府和项目公司的利益，促进社会公共服务项目实现物有所值。

常见的调价机制包括基准比价机制和市场测试机制两种。

基准比价机制。基准比价机制是指由项目公司对其自身或其分包商提供某项服务的价格与该服务的市场价格进行比较，如果与市场价格存在差异，则项目公司将与政府协商调价。但是采用基准比价机制通常不会直接导致服务提供者的更换。

通常基准比价机制的具体操作程序如下：

(1) 在 PPP 项目合同中约定一个固定周期或者一个特定日期，在该周期届满或该日期到来时，由项目公司启动比价程序，就其提供某项特定服务的价格与市场上提供同类服务的一般价格进行比较。

(2) 项目公司应在 PPP 项目合同中约定的比价期限内（例如 40 周）完成比价工作。具体比价期限的长短需要根据相关服务的规模和性质确定。

(3) 若比价结果显示同类服务市场价高于项目公司当前定价的，通常会有以下两种情形：若现有服务分包商依其分包合同仍有义务按原价提供服务的，则无须进行调价；若现有服务分包商依其合同有权重新调价的，则可由项目公司向政府申请调价。

(4) 若比价结果显示同类服务市场价低于项目公司当前定价的，PPP 项目合同通常会规定项目公司必须与政府协商对该项服务的价格进行调整。

同时，鉴于在基准比价机制下的比价工作主要由项目公司负责实施，为加强政府对项目公司比价过程的监控，通常会在合同中规定政府有权对项目公司或其分包商提供服务的相关成本分析进行评估和审核。

需要特别说明的是，基准比价机制不仅仅是一种调价机制，也是一种有效的激励机制，项目公司可以通过基准比价，对自己或其分包商提供特定服务的方式和成本进行回顾，及时改善服务的效率和质量。

市场测试机制。市场测试机制是指在 PPP 项目合同约定的某一特定时间，对项目中某项特定服务在市场范围内重新进行采购。相比基准比较机制，市场测试机制的程序更具透明性和竞争性，可以更好地实现项目的物有所值。采用市场测试机制有可能导致服务提供者的更换，市场测试后确定的采购价格既可能高于也可能低于原来的价格。

通常市场测试机制的具体操作程序如下：

(1) 在合同约定的特定日期到来时，项目公司将会就特定的软性服务进行重新采购，通常原分包商可以参与采购程序，但应避免利益冲突的情况，例如项目公司的关联公司即不能参与。

（2）如果采购程序结果显示，项目公司通过替换该服务的分包商，更能够实现项目的物有所值，则政府和项目公司可协议更换该服务的分包商，政府则可因此减少付费或者获得更优质的服务。

（3）如果采购程序结果显示，该服务的原分包商更能实现项目的物有所值，则不会更换分包商，也不会对当前的服务定价进行调整。

市场测试机制的采购工作通常由项目公司负责实施，项目公司有义务确保采购工作的依法实施以及分包商之间的顺利交接。

调价机制的选择。总体来讲，定期调价符合政府和项目公司双方的利益，但这需要以适当的调价机制为保障。

市场测试机制主要适用于社会公共服务项目中的一些软性服务，如学校项目中的清洁、餐饮、安保服务等，通常对这类服务进行重新招标不会影响到整个项目的运行。而对于一些关系到项目运行的核心服务（如医院项目中的医疗服务或学校项目中的教学服务等），如果重新进行招标，可能影响整个项目的正常运行或者需要对整个项目进行较大调整，则无法采用市场测试机制。

此外，相比基准比价机制，市场测试机制在程序上具有更强的灵活性，并且能够利用充分竞争更好地达成提高服务效率和质量的目的。但是，如果某项服务特殊性较强或者资质要求较高，能够提供该项服务的分包商过少，缺乏充分的市场竞争，则无法采用市场测试机制，而可以采用基准比价机制。

需要特别说明的是，市场测试机制和基准比价机制并不是必须二选其一的，合同中可以约定先采取某一机制，而将另一机制作为替代方案。例如，某项服务先采用市场测试机制进行重新采购，如果采购过程中出现竞争者不足的情况，则可以改用基准比价机制；反之，在采用基准比价机制时，如果政府无法与项目公司或原有分包商就价格调整达成一致的，也可以改用市场测试机制；另外，如果某一项目涉及多项服务的调价时，也可以根据需要分别选择不同的调价机制。

6.3.2 绩效监控机制

操作指南规定，政府有支付义务的，项目实施机构应根据项目合同约定的产出说明，按照实际绩效直接或通知财政部门向社会资本或项目公司及时足额支付。设置超额收益分享机制的，社会资本或项目公司应根据项目合同约定向政府及时足额支付应享有的超额收益。项目实际绩效优于约定标准的，项目实施机构应执行项目合同约定的奖励条款，并可将其作为项目期满合同能否展期的依据；未达到约定标准的，项目实施机构应执行项目合同约定的惩处条款或救济措施。该指导意见将绩效收益原则拔高到PPP模式的支柱地位。

(1) 全生命周期绩效评价.

指导意见明确指出，要建立全生命周期绩效管理机制，在事前要设定绩效目标，事中进行绩效跟踪，事后进行绩效评价。这也就意味着，政府应在选择社会资本的环节即公布并确认最低绩效指标，并将绩效指标贯通在与社会资本进行竞争性谈判的过程中。在项目运营过程中，应定期对项目运行进行绩效评价，并出具评价报告，以此监测PPP项目的实施，保证PPP项目良好运行。在PPP项目实施结束后，可对项目的成本收益、公众满意度、可持续性等进行评价，将其作为完善PPP模式制度体系的依据。

(2) 收费确定及调整。

在PPP的定义中，指导意见就已明确，PPP项目应根据公共服务绩效评价结果向社会资本支付相应对价。在此前财政部制定的文件中，其将PPP模式的付费分为使用者付费、可行性缺口补助、政府付费。而将政府付费又分为可用性付费、使用量付费及绩效付费。指导意见则明确，不论是政府付费抑或使用者付费，均与绩效评价挂钩，并将绩效评价结果作为调价的重要依据。在诸如地铁、供水、高速公路等基础设施领域，如果PPP项目采用使用者付费模式，由于该类项目的收费价格需要物价部门的确定，调价程序往往需要听证等程序。对于此类项目，可以将绩效评价结果作为价格决策听证的一个重要依据。同时，可以设置政府奖惩机制，将绩效评价结果作为实施奖励或惩罚的依据。而对于政府需要提供可行性补助缺口或是政府直接付费的情况下，政府则可以完全通过绩效评价结果确定向社会资本提供的补助及费用的金额，当然也包括了对该补助或费用的调整。除了收费的确定及调整，绩效评价也可作为PPP项目期限调整、PPP合同终止等的参考依据。

(3) 绩效评价的实施.

鉴于绩效评价对PPP项目实施的重要性，必须保证绩效评价结果的合理性和公正性，这主要体现在两个方面：第一，关键绩效指标的设置；第二，实施绩效评价的机构。关键绩效指标的设置（包括权重的设置），都将决定绩效评价结果，并会进一步影响社会资本的收益。设置合理的关键绩效指标，既要有一个统一的、原则性的框架，又要针对不同类型的项目做出相应的调整。在这一点上，我们可以借鉴一些发达国家的经验。例如，英国国家审计署的 PFI Construction Performance 是从政府部门支出费用的确定性、建筑移交时间、设计和建设质量三方面来展开 PFI 项目绩效。也有学者对苏格兰 PPP 项目绩效评价进行总结，总结了四个主要方面：采购、设计和建设、运营绩效、资金价值。

考虑到绩效评价往往会因产业领域的不同而千差万别，这就需要有专业的机构与人员参与制定一个合理的可信的绩效评价体系，并出具具体的绩效评价报告。政府与社会资本应共同委托一个中立的第三方机构，完成 PPP 项目过程中的绩效评价工作。绩效收益原则，不仅能够保证社会资本的合理收益，还能从政府角度出发，最大限度地提高社会服务的质量和效率。

在社会公共服务项目中，公共服务的质量至关重要，因此在实践中，通常会设置一些机制以保障对项目相关设施和服务的绩效进行有效监控，确保实现项目物有所值。

（4）绩效监控方案。

在社会公共服务项目，尤其是将绩效作为付费依据之一的项目中，政府方和项目公司通常会在项目合同中约定一个详细的绩效监控方案，以确保项目公司能够达到合同要求的绩效标准。

绩效监控方案通常会明确约定项目公司的监控义务，包括：①运营情况监测，例如医院就诊人数、接诊率监测；②信息发布，例如向公众公布医疗收费价格；③定期报告，项目公司通常按月或按季向政府方提交绩效情况报告；④保证相关信息的真实性、准确性和完整性等等。除此之外，绩效监控方案还会列明各项设施和服务的具体绩效标准。

（5）政府监控措施。

除项目公司负责实施的绩效监控方案外，通常 PPP 项目合同中还会规定政府方的一些监控措施，例如：①使用者满意度调查；②独立审计；③定期或不定期检查；④使用者反馈等等。

（6）运营委员会。

在一些社会公共服务项目中，还会设立运营委员会来对项目的绩效进行监控。运营委员会一般由政府方和项目公司指派的至少两位代表组成，其职责根据项目的具体情况而定。运营委员会通常会定期（至少一月一次）审议项目的绩效情况报告，并处理项目有关运营、管理、媒体关系等事项。

（7）未达到绩效标准的后果。

项目公司未达到绩效标准的，通常会根据该未达标情形对项目的影响程度扣减相应的付款（关于扣款机制，请见 3.1.3）。如果长期或多次未达标，或者未达标的情形非常严重，则可能构成严重违约从而导致合同终止。

参考文献

[1] 王春成.PPP模式法律文本体系、核心条款及公共利益[J].中国财政,2014,09:29-31.

[2] 贾康,林竹,孙洁.PPP模式在中国的探索效应与实践[J].经济导刊,2015,01:34-39.

[3] 贾康,孙洁.公私合作伙伴关系(PPP)的概念、起源与功能[J].中国政府采购,2014,06:12-21.

[4] 贾康,孙洁.公私合作伙伴机制:新型城镇化投融资的模式创新[J].中共中央党校学报,2014,01:64-71.

[5] 徐霞,郑志林.公私合作制(PPP)模式下的利益分配问题探讨[J].城市发展研究,2009,03:104-106.

[6] 贾康,孙洁.公私伙伴关系模式的特征与职能[J].经济纵横,2009,08:7-10.

[7] 亓霞,柯永建,王守清.基于案例的中国PPP项目的主要风险因素分析[J].中国软科学,2009,05:107-113.

[8] 彭涛.论公私合作伙伴关系在我国的实践及其法律框架构建[J].政法论丛,2006,06:80-87.

[9] 陆晓春,杜亚灵,岳凯,崔智鹏.政府和社会资本合作(PPP)项目的监管问题研究[J].天津经济,2014,08:56-58.

[10] 李祝平等.再生资源理论政策及其应用.西宁:青海人民出版社,2011.03.

[11] 刘戒骄等.垃圾处理产业引入竞争机制与民营化的方式公用事业:竞争、民营与监管.北京:经济管理出版社,2007.10.

[12] 张乃琦.我国城市垃圾处理产业发展现状与对策[J].北方环境,2012,(第3期).

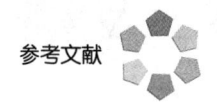

［13］ "BOT项目提前终止关键影响因素——基于多案例的研究".宋金波,常静,靳璐璐.管理案例研究与评论.2014-7-1.

［14］ "私营资本参与基础设施PPP项目的政府激励措施".柯永建,王守清,陈炳泉.清华大学学报(自然科学版).2009-49-9.

参与本书编写的其他成员：

董华路　吴禺兵　梁丝秋　邱红燕　宋韶君　高树花